古典文獻研究輯刊

六編

潘美月・杜潔祥 主編

第3冊

歐陽修著述考

許秋碧 著

兩宋《孟子》著述考

趙國雄 著

國家圖書館出版品預行編目資料

歐陽修著述考 許秋碧著／兩宋《孟子》著述考 趙國雄著－初版－台北縣永和市：花木蘭文化出版社，2008〔民97〕

序 2+ 目 2+98 面 + 敘 2 目 4+98 面；19×26 公分
（古典文獻研究輯刊 六編；第 3 冊）

ISBN：978-986-6657-01-6（精裝）
1.（宋）歐陽修 2. 孟子 3. 宋代 4. 個人著述目錄 5. 著述考

017.2515　　97000877

ISBN 978-986-6657-01-6

古典文獻研究輯刊
六 編 第 三 冊　　ISBN：978-986-6657-01-6

歐陽修著述考
兩宋《孟子》著述考

作　　者　許秋碧／趙國雄
主　　編　潘美月　杜潔祥
企劃出版　北京大學文化資源研究中心
出　　版　花木蘭文化出版社
發 行 所　花木蘭文化出版社
發 行 人　高小娟
聯絡地址　台北縣永和市中正路五九五號七樓之三
　　　　　電話：02-2923-1455／傳眞：02-2923-1452
電子信箱　sut81518@ms59.hinet.net
初　　版　2008 年 3 月
定　　價　六編 30 冊（精裝）新台幣 46,500 元

歐陽修著述考

許秋碧　著

作者簡介

許秋碧

本書為許秋碧老師於生前授權本公司出版。茲為紀念許老師，由本公司編輯部同仁負責校對，收入《古典文獻研究輯刊》第六編。於此謹以本書之出版告慰許老師在天之靈。

提　要

前人著作目錄，有自定者、有他人代撰者。自定之目錄，始於魏之曹植。若晉《稽康集目錄》、宋鄭樵《夾漈書目》一卷，亦是。蓋其時撰述繁富者，每自為目錄，或附載別集，或單行問世。至他人代撰者，近代於先哲之著作，多所考訂，故「著述考」一類，作者滋多，追本溯源，清王昶《鄭氏書目考》實開其風。

歐陽公天才縱逸，文章道誼，世所宗仰。繼韓柳之後，倡明道宗經之說，天下靡焉從風，儼然宋代文壇之領袖也。其論經史，亦多所發明，影響後世至鉅。有關其人其事之論述，不勝枚舉，惟關於其著作之考述，尚付闕如。然公奮乎百世之上，令百世之下誦其詩、讀其書，而莫不躍然興起者，又舍此而莫由，余雖駑鈍，竊願從事於斯。以公著述浩繁，囿於識見，體例之未備，取材之不周，實所難免。儻承大雅碩彥，有以教我，則幸甚焉。

目次

序

前人著作目錄，有自定者、有他人代撰者。自定之目錄，始於魏之曹植。若晉《稽康集目錄》、宋鄭樵《夾漈書目》一卷，亦是。蓋其時撰述繁富者，每自爲目錄，或附載別集，或單行問世。至他人代撰者，近代於先哲之著作，多所考訂，故「著述考」一類，作者滋多，追本溯源，清王昶《鄭氏書目考》實開其風。

歐陽公天才縱逸，文章道誼，世所宗仰。繼韓柳之後，倡明道宗經之說，天下靡焉從風，儼然宋代文壇之領袖也。其論經史，亦多所發明，影響後世至鉅。有關其人其事之論述，不勝枚舉，惟關於其著作之考述，尙付闕如。然公奮乎百世之上，令百世之下誦其詩、讀其書，而莫不躍然興起者，又舍此而莫由，余雖駑鈍，竊願從事於斯。以公著述浩繁，囿於識見，體例之未備，取材之不周，實所難免。儻承大雅碩彥，有以教我，則幸甚焉。

茲編之作，蒙　胡師自逢提綱挈領，悉心指導，而　家大人朝夕策勵，愛我扶我，始克有成。師恩親情，扶植培育，固永矢弗諼矣。

中華民國六十五年六月　許秋碧於國立政治大學中文研究所

凡 例

一、本編分經、史、子、集四部，各部中每書之排列，一仍《四庫全書總目》各類次序之舊貫。

二、每書之下，標出殘、存、輯、佚等字，以明各書之現狀。或有出於後人之僞作者，亦標明之。

三、每考一書，雖不另標小目，然首列書名、卷數。次考其著書之原委、全書之主旨、成書之年代、簡介全書之內容、體例。次爲詳述、引述後人對該書之論，並斷以己意。最後考一書之板本，凡其卷冊存闕、行款、板式、序跋、批校題識等，皆據所見與諸家藏目所載，參酌而記之，如有未具，則從闕。

四、考一書之板本時，諸家藏目，皆以簡稱標之，如陸心源《皕宋樓藏書志》簡稱爲《陸志》，以下類推。

五、本編末有附錄一項，舉凡歐陽修之著作，爲後人所編、選、節錄者，皆入此目。

第一章　引　言

歐陽公生平事蹟，前人考證論述者多，茲不贅述，唯作公之小傳，期無繁瑣之失，又可見公平生之梗概，竊有取焉。

歐陽公，名脩，字永叔。

〈歐陽文忠公神道碑〉:「公諱脩，字永叔。」

《三朝名臣言行錄》卷二:「公名脩，字永叔。」

《宋史》卷三百十九:「歐陽脩，字永叔。」

嘗自號醉翁。

《居士集》卷四十〈醉翁亭記〉:「太守與客來飲于此，飲少輒罪，而年又最高，故自號曰醉翁也。」

同書，卷四十四〈六一居士傳〉:「六一居士初謫滁山，自號醉翁。」

晚年更號六一居士。

《居士集》卷四十四〈六一居士傳〉:「既老而衰且病，將退休於穎水之上，則又更號六一居士。……吾家藏書一萬卷，集錄三代以來金石遺文一千卷，有琴一張，有碁一局，而常置酒一壺，……以吾一老翁於此五物之間，是豈不爲六一乎。」

廬陵人。

〈歐陽公墓誌銘〉:「自公祖始徙居吉水，後吉水析爲永豐，今爲永豐人。」

〈歐陽公行狀〉:「本貫吉州永豐縣。」

《三朝名臣言行錄》卷二:「吉州永豐人。」

《巽齋文集》卷二十九〈書歐公帖〉:「歐陽氏居廬陵，自唐率更令之孫爲刺史，於此郡始。」

《東都事略》卷七十二：「吉州廬陵人。」

《宋史》卷三百十九：「廬陵人。」

案：歐陽公序其譜圖云：「自琮八世生萬，又爲吉州安福令。其後世或居安福、或居廬陵、或居吉水。而修之皇祖，始居沙溪，至和二年，分吉水置永豐縣，而沙溪分屬永豐，今譜雖著廬陵，而實爲吉州永豐人也。」蓋公生平自稱本貫，雖必曰廬陵，實爲吉州永豐人也。

四歲而孤，母守節自誓，居貧，躬教誨之。

《居士集》卷二十五〈瀧岡阡表〉：「脩不幸，生四歲而孤，太夫人守節自誓，居窮，自力於衣食，以長以教，俾至于成人。」

天聖中，進士及第，充西京留守推官，時年二十四。

《居士外集》卷十二〈胥氏夫人墓誌銘〉：「當天聖八年（一〇三〇），脩以廣文館生舉，中甲科。」

〈歐陽公行狀〉：「天聖中進士甲科，補西京留守推官。」

始為館閣校勘，以言事忤宰相，貶饒州。公貽書諫官高若訥，謂不知人間有羞恥事，貶峽州夷陵令。

《居士集》卷二十九〈夷陵縣至喜堂記〉：「某有罪，來是邦。」

〈歐陽文忠公神道碑〉：「范文正公知開封府，每進見，輒論時政得失，宰相惡之，斥守饒州。公見諫官高若訥，若訥詆誚范公以爲當黜，公爲書責之，坐貶峽州夷陵令。」

移乾德縣令，為武成軍節度使判官。遷集賢校理，同知太常禮院，求補外，通判滑州。又還京師知諫院，出使河東，任河北都轉運按察使。慶曆中，杜正獻、范文正、韓忠獻，富文忠公以黨論相繼去，公上書辨之，為群小所嫉惡，以流言誣陷，出知滁州。

《續資治通鑑長編》卷一百四十：「慶曆三年癸巳，集賢校理歐陽修爲太常丞，並知諫院。」

同書，卷一百四十八：「慶曆四年夏四月己亥，……乃命右正言知制誥歐陽修往河東，與轉運使議之。」

同書，卷一百五十一：「慶曆四年八月癸卯，右正言知制誥歐陽修爲龍圖閣直學士河北都轉運使。」

同書，卷一百五十七：「慶曆五年八月甲戌，降河北都轉運按察使龍圖閣直學士右正言歐陽修爲知制誥，知滁州。」

《宋史》卷三百十九：「方是時，杜衍等相繼以黨議罷去，脩慨然上疏，於是邪黨益忌脩，因其孤甥張氏獄，傅致以罪，左遷知制誥，知滁州。」

案：歐陽公因張甥案貶知滁州事，《續資治通鑑長編》卷一百五十七慶曆五年八月甲戌條、《默記》頁四十三皆詳載，蓋公平素大忤權貴所致也。

居二年，轉起居舍人，移知揚州。皇祐元年，轉禮部郎中，移知潁州。二年，知應天府，留守南京。丁母憂，歸葬母吉州瀧岡。

《北宋經撫年表》：「慶曆八年閏正月乙卯，滁州歐陽修知揚州。」

《表奏書啓四六集》卷一〈謝轉禮部郎中表〉：「蒙恩授臣禮部郎中知制誥，依舊知潁州者，恩出非常。」

《居士集》卷二十五〈瀧岡阡表〉：「脩爲龍圖閣直學士尚書吏部郎中，留守南京，太夫人以疾終于官舍。」

《獨醒雜志》卷五：「歐陽公自南京留守，奉母喪歸葬于瀧岡。」

至和元年，除服入京，任翰林學士，奉詔修《唐書》。次年，出使契丹。嘉祐二年，權知貢舉，遂變文格，漸以復古。

〈歐陽文忠公神道碑〉：「至和初，服除入見，……留刊修《唐書》。」

《宋史》卷三百十九：「嘉祐二年貢舉，時士子尚爲險怪奇澀之文，號太學體，脩痛排抑之，凡如是者黜，……場屋之習，從是遂變。」

嘉祐三年，知開封府，簡易循理，首都稱治。五年，《新唐書》成，因功拜禮部侍郎，兼侍讀學士。

《續資治通鑑長編》卷一百八十七：「嘉祐三年六月庚戌，翰林學士歐陽修兼龍圖閣學士權知開封府，修承包拯威嚴之後，一切循理，不事風采。」

〈歐陽文忠公神道碑〉：「（嘉祐）三年，加龍圖閣學士，權知開封府事，所代包孝肅公，以威嚴御下，名震都邑，公簡易循理，不求赫赫之譽。」

同上：「《唐書》成，拜禮部侍郎，俄兼翰林侍讀學士。」

治平四年，神宗即位，公力求引退，為觀文殿學士，刑部尚書，知亳州。乞致仕，不允，改知青州。又以請止散青苗為安石所詆，故求歸愈切。熙寧四年，以觀文殿學士太子少師致仕，歸隱於潁州，越年病卒。贈太子太師，謚曰文忠。

《石林燕語》卷九：「治平間，歐陽永叔罷參知政事，知亳州，除觀文殿學士。」

《續資治通鑑長編》卷一百二十四：「熙寧四年六月甲子，觀文殿學士兵部尚書知蔡州歐陽修爲太子少師觀文殿學士致仕。」

《史質》卷三十七：「神宗立，遷兵部尚書，知青州，以止散青苗錢爲安石所詆。熙寧四年，以太子少師致仕，卒贈太子太師，謚曰文忠。」

公體弱早衰，又患近視，晚年精力耗損。

《默記》頁二十九：「晏元獻知貢舉，出司空掌輿地之圖賦，既而舉人上請者，皆不契元獻之意。最後一目眊疲弱少年，獨至簾前上請云，……少年舉人乃歐陽公也。」

案：公時年二十四

《居士集》卷三十九〈醉翁亭記〉：「蒼顏白髮，頹然乎其間者，太守醉也。……太守謂誰，廬陵歐陽脩也。」

案：公時年四十。

《表奏書啓四六集》卷四〈亳州乞致仕第一表〉：「風霜所迫，鬢髮凋殘，憂患已多，精神耗盡，加之肺肝渴涸，眼目眊昏，去秋以來，所苦增劇，兩脛惟骨，拜履俱艱，雙瞳雖存，黑白纔辨。」

案：公時年六十二。後於亳州所上〈表五〉、〈箚子五〉，於青州所上〈箚子三〉、〈乞壽州箚子二〉、〈辭判太原府箚子六〉、〈蔡州乞致仕表三〉、〈箚子三〉等，皆以衰病請辭，是公晚年健康實欠佳，此亦其致仕之主因。

然公為人剛正，可否明白，襟懷坦易，獨立不回。

王安石〈祭文〉：「果敢之氣，剛正之節，至晚而不衰。」

韓琦〈祭文〉：「日親高誼，可否明白，襟懷坦易，事貴窮理，言無飾僞。」

曾鞏〈祭文〉：「不挾朋比，不虞訕嫉，獨立不回，其剛仡仡。」

案：公爲人處事，永爲後世仰慕者，指不勝屈。《避暑錄話》卷上：「（歐陽公）在政府，薦可以爲相者三人，同一箚子，呂司空晦叔、司馬溫公與荊公也。呂申公本嫉公爲范文正之黨，滁州之謫實有力。溫公議濮廟，力排公而佐呂獻可，荊公又以經術自任而不從公，公於晦叔則忘其嫌，於溫公則忘其議論，於荊公則忘其學術，世服其能知人。」此即公襟懷坦易，器度恢廓宏大之明證也。

重交遊，篤於故舊，不以貴賤生死易意。

《東都事略》卷七十二：「脩篤於朋友，不以貴賤生死易意。尹洙、孫復、石介、梅堯臣既沒，皆經理其家，或言之朝廷，官其子弟。」

平生好賢樂善，獎掖後進，不遺餘力。

《東都事略》卷七十二：「當時文士一有所長，必極口稱道，唯恐人不知也。」

《周文忠公集》卷十七〈跋蘇石帖〉:「歐陽文忠公好賢樂善。」

案:歐陽公舉薦賢才,不勝枚舉,今僅舉數端以見。

一、舉薦蘇洵

《奏議集》卷十四〈薦布衣蘇洵狀〉:「伏見眉州布衣蘇洵履行純固,性識明達,亦嘗一舉有司不中,遂退而力學,其論識精於物理,而善識變權,文章不爲空言,而期於有用。其所撰權書衡論機策二十篇,辭辯閎偉,博於古而宜於今,實有用之言,非特能文之士也。其人文行,久爲鄉閭所稱,而守道安貧,不營仕進,苟無薦引,即遂棄於聖時,……乞賜甄錄。」

二、舉薦梅堯臣

同書,同卷,〈舉梅堯臣充直講狀〉:「伏見太常博士梅堯臣性純行方,樂道守節,辭學優贍,經術通明,長於歌詩,得風雅之正。雖知名當時,而不能自達。竊見國學直講之員,必能論述經言,教導學者,使與國子諸生歌詠聖化於庠序,以副朝廷育材之美。如後不如舉狀,臣等並甘同罪。」

三、舉薦王安石、呂公著

同書,同卷,〈薦王安石呂公著劄子〉:「伏見殿中丞王安石,德行文學,爲衆所推,守道安貧,剛而不屈。司封員外郎呂公著,是夷簡之子。器識深遠,沈靜寡言,富貴不染其心,利害不移其守。安石久更吏事,兼有時才,曾召試館職,固辭不就。公著性樂閑退,淡於世事,然所謂夫人不言言必有中者也。往年陛下上遵先帝之制,增置臺諫官四員,已而中廢,復止兩員,今諫官尚有虛位。伏乞用此兩人,補足四員之數,必能規正朝廷之得失,裨益陛下之聰明。」

案:歐陽公尚舉薦姚光弼、李允知、陳烈、丁寶臣、章望之、蘇軾、劉攽、宋敏求、朱光濬、孫直方、劉羲叟、張旨、陸詢武諸人。其劄子見《奏議集》卷四、卷七、卷十四、卷十六、卷十七、卷十八及《河東奉使奏草》卷上、卷下。

性嗜金石文字,有《集古錄》一千卷,並有跋尾。

《澠水燕談錄》卷七:「(歐陽公)獨好古刻,自岐陽石鼓岱山鄒繹之篆,下及漢魏已來碑刻,山崖川谷荒林破塚,莫不皆取以爲《集古錄》。因其石本,軸而藏之,撮其大要,列爲目錄,并載可以正史學之闕謬者,以傳後學,跋尾多公自題,復爲之序,請蔡君謨書之,眞一代絕筆也。」

《皇宋書錄》卷中:「公好集古刻,因得筆意,有《集古錄》一千卷,遺墨流傳,人皆寶之,遒勁可愛。」

《書簡》卷五〈與劉侍讀原父書〉:「某集錄前古遺文,往往得人之難得,自三代以來，莫不皆有。」

其著述浩繁，傳世者有《歐陽文忠公全集》一五三卷、《附錄》五卷、《新唐書》二百二十五卷、《五代史記》七十四卷、《詩本義》十五卷等。

案：詳見後章「歐陽公之著述考」。

第二章　經部著述考

《易童子問》三卷　存

諸家藏目著錄皆同，無異說。

陳直齋謂此書乃歐陽公設為問答，以明己意之作。其上下卷專言〈繫辭〉、〈文言〉、〈說卦〉而下，皆非聖人所作〔註1〕。案歐陽公嘗自謂其著作之旨趣：

> 蓋夫使學者知大傳爲諸儒之作，而敢取其是而捨其非，則三代之末，去聖未遠，老師名家之世學，長者先生之餘論，雜於其間者在焉，未必無益於學也。使以爲聖人之作，不敢有所擇而盡信之，則害經惑世者多矣，此不可以不辨也。

《史記・孔子世家》曰：「孔子晚而喜《易》，序〈彖〉、〈繫〉、〈象〉、〈說卦〉、〈文言〉。讀《易》韋編三絕。曰：假我數年，若是，我於《易》則彬彬矣。」自是，後人遂以《十翼》爲孔子作，無另持異議者。故孔穎達《易正義・序》曰：「其〈彖〉、〈象〉等〈十翼〉之辭，以爲孔子所作，先儒更無異論。」唐中葉以來，批評研究之風以起，至宋而愈盛，則公此書之疑〈繫辭〉以下非孔子所作，實開宋人辨僞之風。

此書之著作年代，約在慶曆年間。皮錫瑞云：

> 經學自漢至宋初，未嘗大變。至慶曆始一大變也。……陸游曰：唐及國初，學者不敢議孔安國、鄭康成，況聖人乎。……自慶曆後，諸儒發明經旨，非前人所及。然排〈繫辭〉、毀《周禮》、疑《孟子》、譏《書》之〈允征〉、〈顧命〉、〈黜詩〉之序，不難於議經，況傳注乎。（皮氏）案宋儒撥棄傳注，遂不難於議經。排〈繫辭〉，謂歐陽修。毀《周禮》，謂修與蘇軾、蘇轍。……皆慶曆及慶曆稍後人。〔註2〕

〔註 1〕《直齋書錄解題》，卷一「詩本義」條。

〔註 2〕《經學歷史》，頁 48，經學變古時代。

蓋經學變古，起於慶曆。而開慶曆之風，以歐陽公爲首，則此書之作，當於慶曆年間耳。歐陽公曰：

> 童子問曰：「〈繫辭〉非聖人之作乎。」曰：「何獨〈繫辭〉焉，〈文言〉、〈說卦〉而下，皆非聖人之作。」

其所舉理由如下：

第一：〈文言〉、〈繫辭〉、〈說卦〉多繁衍叢脞之語，而孔子之文章，其言愈簡，其義愈深，當不致繁衍叢脞也。

（一）如〈乾卦〉初九曰：「潛龍勿用。」〈小象〉傳釋曰：「陽在下也。」其文已顯而義已足，而〈文言〉又曰：「龍德而隱者也。」又曰：「陽在下也。」又曰：「陽氣潛藏。」又曰：「潛之爲言，隱而未見。」

（二）〈繫辭〉曰：「乾以易知，坤以簡能，易則易知，簡則易從，……。」是其義已盡，又曰：「廣大配天地，變通配四時，陰陽之義配日月，易簡之善配至德。」又曰：「夫乾確然示人易矣，夫坤隤然示人簡矣。」又曰：「夫乾，天下之至健也，其德行常易以知險，夫坤，天下之至順也，其德行常簡以知阻。」

（三）〈繫辭〉曰：「六爻之動，三極之道也。」其義無不包矣。又曰：「易之爲書也，……有天道焉，有人道焉，有地道焉。兼三材而兩之，故六，六者，無他也，三材之道也。」而〈說卦〉又曰：「立天之道曰陰與陽，立地之道曰柔與剛，立人之道曰仁與義。兼三材而兩之，故易六畫而成卦，分陰分陽，迭用柔剛，故易六位而成章。」若果〈繫辭〉與〈說卦〉皆出孔子一手，必不前後煩重如此。

（四）〈繫辭〉曰：「聖人設卦觀象繫辭焉而明吉凶。」乃又自相重複，曰：「辨吉凶者存乎辭。」又曰：「繫辭焉以斷其吉凶。」又曰：「繫辭焉所以告也，定之以吉凶，所以斷也。」又曰：「設卦以盡情僞，繫辭焉以盡其言。」是其說雖多，要其旨歸，止於〈繫辭〉明吉凶爾，可一言而足也。

第二：其說自相矛盾，足以害經而惑世也。

（一）〈文言〉曰：「元者，善之長也。亨者，嘉之會也。利者，義之和也。貞者，事之幹也。是謂乾之四德。」然其又曰：「乾元者，始而亨者也。利貞者，性情也。」則又非四德矣。此二矛盾之說，必非出於一人。

（二）〈繫辭〉曰：「河出圖，洛出書，聖人則之。」是八卦者，非人之所爲，乃天之所降也。然又曰：「包羲氏之王天下也，仰則觀象於天，俯則觀法於地，觀鳥獸之文與地之宜，近取諸身，遠取諸物，於是始作八卦。」

是又以八卦爲人之所爲。而〈說卦〉又曰：「昔者聖人之作易也，幽贊於神明而生蓍，參天兩地而倚數，觀變於陰陽而立卦。」則卦又出於蓍矣。謂此三說出於一人，殆非人情也。

第三：〈繫辭傳〉曰：「原始反終，故知死生之說。」又曰：「精氣爲物，遊魂爲變，是故知鬼神之情。」此則與孔子平生之語「未知生，焉知死。」、「未能事人，焉能事鬼。」〔註3〕相乖戾。

第四：其曰：「知者觀乎彖辭，則思過半矣。」又曰：「八卦以象告，爻彖以情告。」乃其以常人之情而推聖人，不自知其謬矣。

第五：其以乾坤之策三百有六十當期之日，而不知七八九六之數同而乾坤無定策，此雖筮人皆可知，而作者反不知矣。

第六：〈文言〉傳四德，乃魯穆姜之言，見《左・襄九年傳》。後十有五年而孔子始生，又數十年而始贊《易》。是方左氏傳《春秋》時，世猶未以〈文言〉爲孔子作也。謂〈文言〉爲孔子作者，乃出後人揣測之辭，並非眞相。

第七：子曰、何謂者，講師之言也。

第八：〈說卦〉、〈雜卦〉者，筮人之書也。

歐陽公乃宋代疑經之第一人，故其論〈繫辭〉各節，時人亦多以爲不然，嘗自言曰：

> 予謂〈繫辭〉非聖人之作，初若可駭。余爲此論，逭今二十五年矣，稍稍以余言爲然也。〔註4〕

然宋人亦有以歐陽公排〈繫辭〉爲是者，如王景山，謂〈繫辭〉源出於孔子，而後相傳於易師，其來也遠，其傳也久，其間失墜而增加者，不能無也，故有聖人之言，亦有非聖人之言〔註5〕。繼有朱新仲，明謂〈序卦〉非聖人書〔註6〕。李心傳則疑〈繫辭〉、〈說卦〉二傳，乃後人取夫子之說而彙次之者，故文勢節目頗與《中庸》相似〔註7〕。至葉適撰《習學記言》，其卷四專辨〈繫辭〉以下與〈彖〉、〈象〉不合處，皆非孔子所作；又謂「〈序卦〉最淺，於易有害。」趙汝談嘗撰《南塘易說》三卷，專辨《十翼》非孔子作，陳直齋謂其說多自得之見〔註8〕。惜其書已佚，不得而詳。

〔註3〕《論語・先進篇》。
〔註4〕《歐陽文忠公全集》卷一三〇「試筆繫辭說」條。
〔註5〕《儒志編》，頁36。
〔註6〕《經義考》卷四引程迥說。
〔註7〕《丙子學易編》，頁31。
〔註8〕同註1。

繼宋儒之後，學者如顧炎武，謂〈序卦〉、〈雜卦〉皆旁通之說，或者夫子嘗言之，而門人廣之〔註 9〕。崔述則以為《易》傳必非孔子所作，而亦未必一人所為，蓋皆孔子之後通於《易》者為之〔註10〕。近人梁啓超則以為〈繫辭〉、〈文言〉以下各篇，乃孔門後學受道家與陰陽家影響而作之書〔註11〕。蓋自歐陽公以下，諸家考辨《周易》經傳，證《十翼》非孔子作，已無疑義，則歐陽公以其疑古之治學精神，蔚為風氣，其功實不可滅。且其謂〈緊辭〉、〈文言〉如為孔子自撰，不應自著「子曰」，以此類推，凡篇中著某子曰者，即非某子之親筆，此辨偽之原則，久為學林公認，追本溯源，則又歐陽公首創之功耳。

此本刻入《歐陽文忠公全集》中，今未見單行本。

《詩本義》十五卷　附《鄭氏詩譜補亡》一卷　存

〈歐陽公墓誌〉等皆云《詩本義》十四卷。江浙閩本亦然，仍以〈詩圖總序〉、〈詩譜補亡〉附卷末。惟蜀本增〈詩解統序〉，並〈詩解〉，凡九篇，共為一卷。又移〈詩圖總序〉、〈詩譜補亡〉，自為一卷，總十六卷。故《四庫提要》著錄，即總作十六卷。《晁志》作十五卷，蓋不數〈詩譜〉。《陳錄》作十六卷，〈圖譜〉附。《馬考》、《宋志》並同。《宋志》又別出〈補注毛詩譜〉一卷，當據單行本著之。故《通志・藝文略》於《詩本義》失載，僅載《詩譜補闕》三卷，三乃一之誤耳。

其卷十四〈本末論〉曰：

> 察其美刺，知其善惡，以為勸戒。所謂聖人之志者，本也。求詩人之意，達聖人之志者，經師之本也。

又卷十五〈詩解經序〉曰：

> 毛鄭二學，其說熾辭辨，固已廣博，然不合于經者，亦不為少。或失於疏略，或失於謬妄，蓋《詩》載〈關雎〉，上兼商世，下及武成、平桓之間，君臣得失、風俗善惡之事，濶廣邃邈，有不失者鮮矣，是亦可疑也。予欲志鄭學之妄，益毛氏疏略而不至者，合之於經。

是「求詩人之意，達聖人之志。」「志鄭學之妄，益毛氏疏略而不至者，合之於經。」實此《本義》之所由作也。

華孳亨《增訂歐陽文忠公年譜》以公於卷首之題官，定此書成於嘉祐四年。然檢今流傳之本，卷首皆未有題官，或華氏所見為另一本也，姑存疑。

〔註 9〕《日知錄》，卷一「序卦雜卦」條。

〔註10〕《洙泗考信錄》卷三。

〔註11〕《古書眞僞及其年代》卷二。

本書前十二卷，凡一百九篇，以詩之篇名標目，摭篇爲論。其中〈有女同車〉與〈山有扶蘇〉、〈思文〉與〈臣工〉乃兼二篇爲一題。〈十月〉、〈雨無正〉、〈小旻〉、〈小宛〉乃四篇爲一題者。每篇先爲論以辨毛鄭之失，然後斷以己意，曰「本義」。若論已詳晰，則不加「本義」。第十三卷爲一義解、取舍義。第十四卷爲〈時世〉、〈本末〉二論，及豳、魯、序三問。第十五卷爲詩解八篇並序，序中作十篇，刊者之誤。末一卷爲〈鄭譜補亡〉並後序，終以〈詩圖總序〉，大意以爲毛鄭之已善者，皆不改，不得已乃易之，非樂求異於先儒也。其卷二〈騶虞篇〉闕失二十二行，止賸末二行，竟無從據別本以補之矣。

至其補鄭玄之《詩譜》，有〈後序〉云：

> 慶曆四年，奉使河東，至于絳州，偶得焉。其文有注而不見名氏，然首尾殘缺，自周公致太平已上皆亡之。其圖譜旁行，尤易爲訛舛，悉皆顛倒錯亂不可復。……初予未見《鄭譜》，嘗略考《春秋》、《史記‧本紀》、〈世家〉、〈年表〉，而合以毛鄭之說，爲詳圖十四篇。今因取以補《鄭譜》之亡者。……凡補譜十有五，補其文字二百七（譜序自周公致太平已上，皆亡其文。予取孔穎達《正義》所載之文補足，因爲之注，自周公已下，即用舊注云。）增損塗乙，改正者八百八十三，而鄭氏之譜復完矣。

其體例乃於詩止之君旁繫于周以世相當，而詩列右方，依鄭所謂循其上而省其下及旁行而考之之說也。然有一君之世當周數王者，則考其詩當在某王之世，隨事而列之。其詩不可知其早晚，其君又當數世之王，則皆列於最後。

歐陽公文章名一世，而經術亦復湛深，此書實其經學思想之精髓。朱子即謂其《詩本義》二十餘篇，煞說得有好處〔註12〕。然林艾軒謂初得之如洗滌腸胃，讀之三載，旋覺得有未穩處云云；又以爲《詩本義》不當謂之「本義」，若論「本義」，何嘗如此費辭說〔註13〕。晁公武以歐陽公能就毛鄭說「質之先聖，則悖理，考於人情，則難行者。」而易之，讚許其所得比諸儒最多，然以〈生民〉、〈玄鳥〉之詩爲怪說，則頗不以爲然〔註14〕。蘇子瞻亦以爲〈生民〉、〈玄鳥〉之詩，不可誣爲怪說〔註15〕。除此，周中孚亦以爲毛鄭之學漸微，諸儒以爲小序可刪，經文可刪，乃濫觴於歐陽公此書〔註16〕。《四庫提要》爲之辯，以爲濫觴之始，非歐

〔註12〕《朱子語類》卷八〇。
〔註13〕《艾軒集》卷六〈與趙著作子直書〉。
〔註14〕《郡齋讀書志》卷二「歐陽詩本義」條。
〔註15〕見註14，晁公武引蘇氏說。
〔註16〕《鄭堂讀書記》卷八「詩本義」條。

陽公之過。其卷十五云：

> 修作是書，本出於和氣平心，以意逆志，故其立論未嘗輕議二家，而亦不曲徇二家，其所訓釋，往往得詩人之本志。後之學者，或務立新奇，自矜神解。至於王柏之流，乃併疑及聖經，使〈周南〉、〈召南〉俱遭刪竄，則變本加厲之過，固不得以濫觴之始歸咎於修矣。

大凡一說之形成，非朝夕之事，雖有個人推波助瀾之力，然勢之所趨，亦沛然莫之能禦。蓋自孔穎達後，言經學者，皆墨守注疏，家無異說。然官定之注疏，或羼雜讖緯之說，實難厭服人心，歐陽公之前，已有議舊注者，故公之起，亦勢之使然。且其未嘗輕議二家之短長，而僅指其不然，以達詩人之本旨，使後人接踵而起，發明三百篇之理趣，不啻爲宋代開肇新風氣矣。

此書向來於《全集》外單行，流傳不盛，今所傳之本有三，分述如下：

一、宋刻本

潘記著錄。每半葉十行，行二十字。前五卷、末一卷皆鈔補。卷十之末有點校周見成姓氏，中有顧元慶印。案臺灣商務印書館《四部叢刊・三編・詩本義》，即據此本影印。

二、通志堂經解本

此本乃據錢遵王所藏宋本而刻。每半葉十一行，行二十字。《翁錄》注云：「遵王宋本，伊人校勘未精，深爲可惜。」

三、明萬曆間刊本

美國普林斯敦大學《葛思德東方圖書館中文善本書目》著錄。每半葉十行，行二十字。屈萬里先生云：「是書明代僅有此刻，而傳本頗少，張氏《愛日精廬》、陸氏《皕宋樓》兩書志雖均著錄，而未言何時所刻。今（屈先生）按此本書口下端鐫『戴惟孝刊』四字，以戴氏所刻他書證之，知乃萬曆間刊本也。此書今習見者爲《通志堂經解》本，《通志堂》本雖據錢遵王所藏宋本傳刻，然校勘粗疎，頗多訛誤，不如此本之善，《愛日精廬藏書志》所言如此。」

四、四庫全書本

《左傳節文》十五卷　存　僞

《廬陵縣志》、《江西通志》著錄，皆題歐陽修撰。《四庫提要》卷三十存其目，曰：

> 舊本題宋歐陽修編。明萬曆中刊版也。取《左傳》之文，略爲刊削。

> 每篇之首，分標敘事、議論、詞令諸目。又標神品、能品、眞品、具品、妙品諸名，及章法、句法、字法諸字。前有慶曆五年修自序，序中稱胡安國《春秋傳》及眞德秀《文章正宗》，是不足與辨矣。

胡玉縉《四庫全書總目提要補正》卷七，春秋類存目，「左傳節文」條云：「案《明史・藝文志》載汪道崑《左傳節文》十五卷，丁氏藏書志有明李事道《左概》六卷，云凡例稱章法、句法、字法者，仍汪南明《節文》標出，是此本即汪氏所編。」

案：今傳《春秋左傳節文》十五卷，已明題乃明汪道崑編，前有萬曆五年汪氏自序，其中所標敘事等目皆與《四庫提要》所云同，是此本實非歐陽公所編，當日四庫館臣所見之本，或藏書家作僞，以圖蒙混後人之眼目矣。

第三章　史部著述考（上）

《新唐書》二百二十五卷　存

《晁志》、《陳錄》、《馬考》俱著錄，並作二百二十五卷，惟《宋志》作二百五十五卷，《四庫提要》亦作二百二十五卷。案是書本紀十、志五十、表十五、列傳一百五十，共二百二十五卷，其中卷有分上、中、下者，數之共二百四十八卷，亦不滿《宋志》之數，曾公亮〈進新唐書表〉亦止作二百二十五卷〔註 1〕，則《宋志》卷數有誤也。

後晉劉昫等本修有《舊唐書》二百卷，因「五代衰世之士，氣力卑弱，言淺意陋，不足以起其文，而使明君賢臣，雋功偉烈，與夫昏虐賊亂，禍根罪首，皆不得暴其善惡，以動人耳目，誠不可以垂勸戒，示久遠。」則此書不免「紀次無法，詳略失中，文采不明，事實零落。」〔註 2〕故仁宗下詔重修。王應麟《玉海》卷四十六，藝文古史「嘉祐新唐書條」云：

> 慶曆五年（五月四日己未），詔王堯臣、張方平、宋祁刊修（慶曆四年賈昌朝建議修唐書），久而未就，至和初（至和元年八月戊申），乃命歐陽修撰紀表志，宋祁撰列傳，范鎮、王疇、宋敏求、呂夏卿、劉羲叟同編修（嘉祐二年十一月庚子，命參政曾公亮提點，編修唐書），凡十有七年，至嘉祐五年而成，提舉曾公亮上之（七月戊戌，一本云：六月二十四日進呈）。紀十、志五十、表十五、列傳百五十。凡廢舊傳六十一，增新傳三

〔註 1〕曾公亮於嘉祐間提舉唐書局事，故書成，由彼具名上表，惟此表乃歐陽公所代作，見公《表奏書啓四六集》卷二。又表中有「百又五十年」之語，此乃歐陽公誤書，蓋自開運二年至嘉祐五年，實僅一百一十五年也。

〔註 2〕曾公亮〈進新唐書表〉。

百三十一。又增三志、四表，凡二百二十五卷，錄一卷（舊史凡一百九十萬字，新史凡一百七十五萬九百三十字。制詞謂閎富精覈，度越諸子。）

是新書之修〔註3〕，實始於慶曆五年。初詔王、張、李三人爲刊修，日久未就。至和元年，復詔歐陽公刊修，至編修則有范、王、宋、呂、劉等五人。各史臣入局〔註4〕修書，時間未盡相同，其中任職最久者爲宋祁、范鎮，歐陽公較短，入局僅七年而已。公《表奏書啓四六集》卷二〈辭轉禮部侍郎箚子〉云：

> 竊緣臣與他修書官不同，檢會宋祁、范鎮，到局各及一十七年，王疇一十五年，宋敏求、呂夏卿、劉羲叟，並各十年以上。內列傳一百五十卷，並是宋祁一面刊修，一部書中，三分居二。……如臣者，蓋自置局已十年後，書欲有成，始差入局，接續殘零，刊撰紀志六十卷。

其後書成，朝廷以一書出於兩手，體不能一，遂詔歐陽公看詳，令刪修爲一體，公退而歎曰：「宋公於我爲前輩，且人所見多不同，豈可悉如己意。」於是一無所易。舊例修書只列官高者一人姓名，云某等奉勅撰，而公官高當書，公曰：「宋公於傳，功深而日久，豈可掩其名而奪其功乎。」於是紀志書公名，列傳書宋公名〔註5〕。諸人皆以公謙讓，一時傳爲佳話。考修書分題三人之名，《隋書》已有此例〔註6〕，實不始於歐陽公與宋公也。

《舊書》本紀二十一帝，分居二十卷，《新書》則只存十卷。《新書》較《舊書》增三志，即第十三卷上至十三卷下之〈儀衛志〉，第三十四卷至三十五卷之〈選舉志〉和第四十卷之〈兵志〉。《舊書》有〈禮儀志〉七卷、〈音樂志〉四卷，《新書》併二者爲〈禮樂志〉，凡十二卷，然所述事多《舊書》所未載。《舊書》有〈曆志〉三卷，《新書》不易篇名，而益爲六卷，列第十五至二十卷下，而十七、十八、二十三卷又各分上下二卷。《舊書》有〈天文志〉二卷，《新書》益爲三卷，列第二十一至二十三卷。《舊書》有〈五行志〉一卷，《新書》益爲三卷，列第二十四至二十六卷。《舊書》有〈地理志〉四卷，《新書》益爲七卷，列第二十七至三十三卷下。《舊書》有〈職官志〉三卷，《新書》改稱〈百官志〉，益爲四卷，列第三十六至三十九卷下。《舊書》有〈輿服志〉一卷，《新書》易爲〈車服志〉，列第十四卷。《舊書》有〈經籍志〉二卷，《新書》易爲〈藝文志〉，且益爲四卷，列第四十七至五十卷。《舊書》有〈食

〔註3〕爲行文之便，以下凡《新唐書》、《舊唐書》，皆簡稱「新書」、「舊書」。

〔註4〕當時稱修書機關曰「唐書局」，事見《歐陽公奏議集》卷十六。

〔註5〕張邦基《墨莊漫錄》卷八。

〔註6〕《四庫提要》卷四十五「隋書」條云：「此書每卷所題撰人姓名，在宋代已不能畫一。至天聖中重刊，始定以領修者爲主，分題徵及無忌也。」

貨志〉二卷，《新書》益爲五卷，列第四十一至四十五卷。《舊書》有〈刑法志〉一卷，《新書》仍之，列第四十六卷。《舊書》無表，此乃《新書》所創製，計有十五卷。第一卷至三卷爲〈宰相表〉，第四卷至九卷爲〈方鎮表〉，第十卷上至十卷下爲〈宗室世系表〉，第十一卷上至十五卷下爲〈宰相世系表〉〔註7〕。

欲論史書之內容，必先究其所據之史源廣否，信否，則書之內容可一目瞭然矣。趙翼《二十二史劄記》卷十六「新唐書」條云：

> 《舊書》當五代亂離，載籍無稽之際，掇拾補葺，其乃較難。至宋時文治大典，殘編故冊，次第出見，觀《新唐書・藝文志》所載唐代史事，無慮數十百種，皆五代修唐書時所未嘗見者，據以參考，自得精詳。又宋初績學之士，各據所見聞，別有撰述，如孫甫著《唐史記》七十五卷，……又趙瞻著《唐春秋》五十卷、趙鄰幾追補《唐實錄》會昌以來日曆二十六卷、陳彭年著《唐紀》四十卷，諸人皆博聞勤采，勒成一書，必多精核，歐、宋得藉爲筆削之地。

《舊書》修於五代紛擾之時，援據較少，大半取材於國史、實錄〔註8〕。而修《新書》時，文治大興，殘編故冊，次第出現，所據史料，自視《舊書》爲廣。觀其〈藝文志・乙部〉所載唐人關於唐史事作品，不可勝計。中如吳兢《唐書備闕記》、王彥成《唐典》、蔣乂《大唐宰輔錄》、淩璠《唐錄政要》、薛璠《唐聖圖》……等書，皆《舊書》所無者，故知《新書》之增於舊，有由然也。

《新書》之書法，可云力求簡約，多用古文，刪削駢儷。然矯枉過正，則必有所失。以〈本紀〉而言，西漢十三帝，不過二百年，唐則二十帝三百年，而班固《漢書・本紀》十三卷（十二卷內有一卷分上下者），共一百三十二頁；《新書・本紀》十卷，共一百五十八頁，則紀漢事反詳，紀唐事反簡，甚有五帝合爲一卷者，無乃太簡乎？《四庫提要》謂：

> 唐代詞章體皆詳贍，今必欲減其文句，勢必變爲澀體，而至於詰屈。

王鳴盛亦謂紀唐而以班、陳、范之筆行之，於情事必有所不盡〔註9〕。是過求簡淨而不免於晦澀，實《新書・本紀》之失也。

《新書》多用古文，盡削駢儷之文。故凡詔令，如德宗〈奉天之詔〉、〈討李懷光之詔〉等，本紀皆不載。不惟詔令，即羣臣章疏，文用駢儷者，皆所不錄。偶或節取，亦必點竄字句，易雙成隻，自難免爲諸家所詆。余嘉錫《四庫提要辨證》攻

〔註7〕此編主論歐陽修之著述，故新書有關宋祁所撰列傳部分，限於篇幅，略之矣。

〔註8〕《二十二史劄記》「舊唐書前半全用實錄國史舊本」條。

〔註9〕《十七史商榷》卷七十，「新紀太簡」條。

之尤力，其卷四云：

> 夫禮樂征伐，賞罰號令，皆國之大事，必宣之以詔令，書之於簡策，此乃古今之所同，唐與宋豈有異哉。今修官翰院，則於本朝依樣壺盧之文章，皆取而類聚之，不使有遺。秉史筆則雖有唐大手筆之制作，亦奮然芟除之惟恐不盡，貴近賤遠，薄古愛今，一至於此。……韓愈名能爲古文，號稱起八代之衰，其所作《順宗實錄》，采錄對偶詔令甚多，修平生以愈自命，及作《唐書・本紀》，盡棄詔令不錄，主張乃欲過於愈，究之終不及愈，正在於此。

自《新書》行，《舊書》漸微，明代南北監本二十一史皆不及《舊書》，其史學價値，不待言已知矣。然非之者，亦不乏其人。方《新書》成，吳縝即上《新唐書糾繆》，攻駁《新書》於修書之初，其失有八：一曰責任不專，二曰課程不立，三曰初無義例，四曰終無審覆，五曰多採小說而不精擇，六曰務因舊文而不推考，七曰刊修者不知刊修之要而各循私好，八曰校勘者不舉校勘之職而惟務苟容云云。其所舉雖不無是處，然吹毛索瘢，大肆抨擊，終難服人心也。蓋其初登第，欲因范鎭請於文忠公，願預官屬之末，文忠公以其年少輕佻屛之，心不能平，遂作此書詆譭之〔註10〕。錢大昕即謂其「讀書既少，用功亦淺，其所指摘，多不中要害。」又云：「廷珍所糾，非無可采，但其沾沾自熹，祇欲快其胷臆，則非忠厚長者之道，歐公以輕佻屛之，宜矣。」〔註11〕此蓋爲公論矣。

《新書・本紀》之失，前已述及。其較勝之表志中，〈藝文志〉於撰人出處，略有記述，較《舊書》稍優。然其著錄有名而無書者十之五六，即作者未見之書，亦憑當時之傳聞而收入，此則非藏書目錄也〔註12〕。而《新書》增〈兵志〉、〈選舉志〉、〈儀衛志〉，載有唐一代之府兵彍騎，並可稽考明經進士諸科之沿革，均較《舊書》爲詳備。

《舊書》無表，《新書》有〈宰相表〉、〈方鎭表〉、〈宗室世系表〉，以增《舊書》之所無。然趙翼《陔餘叢考》卷十有「新唐書編訂之失」條，其云：

> 立〈宗室世系表〉，李唐一代支屬，固屬燦然。然列傳中既有諸王傳，則其子孫已附於其祖之後，雖無表，亦自可稽。至〈宰相世系表〉，其一

〔註10〕王明清《揮麈後錄》卷二，錢大昕《潛研堂文集》卷二八，「跋唐書糾繆」條。

〔註11〕同前《潛研堂文集》卷二八，「跋唐書糾繆」條。

〔註12〕姚名達《中國目錄學史・史志篇》：「新唐書藝文志加錄唐代學者自爲之書，多至二萬八千四百六十九卷，而後唐人所著與唐代官府所藏，約略具備焉。然唐末廣明之亂，祕書業已蕩然，新唐志所新收者，必非盡宋室所藏。」

門數相，如蕭氏、崔氏等爲之疏，其支派尚屬有說，其一姓僅一相，而必爲之詳敘家世，不幾於代作族譜乎。若欲以見譜學之博，則又非可僅譜宰相而已，此歐公好博之過也。

明朱鎬亦以爲〈宰相世系表〉紕繆不一，當刪而不刪，是《新書》之失也〔註13〕。然唐初重門第，猶有六朝餘習，此表實可存六朝氏族之學〔註14〕。李唐一代譜學之眞相及彼時譜學之體裁，亦可一目瞭然。

《新書》之得失，已如上述。誠如金毓黻先生所言「《新書》之可貴，不在改撰，而在補綴。向使歐、宋二氏，於舊史之佳者，多用舊文，不爲刪併，專就唐末史事，去其煩冗，補其闕遺，則爲《新書》之佳本，而無可議矣。」〔註15〕而朱鎬《史糾》卷四所論，至爲公允，可爲諸家評論《新書》之總結。其云：

《新書》較《舊書》本勝，歐宋之功，自不可沒。顧其中流品不分者有之、持論失中者有之、安置乖方者有之、事蹟漏逸者有之、前後錯亂者有之、譜系混淆者有之、秉筆率意者有之、挾義太苛者有之、……《新書》之失，既章章矣。《新書》之美，亦復指不勝屈，諸志之整麗，列傳之博綜，立意簡嚴，第篇周贍，勝劉昫遠甚。

嘉祐五年，中書省奉旨下杭州鏤《新唐書》二百二十五卷。昔人以此本宋諱避至「禎」字，不及英宗以下，定爲嘉祐進書後第一刊本也。南渡之後，內府物力艱難，所謂國子監本者，實皆臨安府及各州郡所刻。乃至《新唐書》及《新五代史》，爲吳興思溪王氏所刊，亦以其板入監〔註16〕。當時之私宅，如建安魏仲立宅、水南麻沙鎮劉仲吉宅，皆刻《新唐書》。元時諸刻，首推國子監本，而正史尤當推各路儒本。其可徵者，爲大德建康道廉訪使徇太平路之請，分牒九路儒學刻《十七史》。然所謂「十七史」者，實沿宋人舊稱，猶言諸史而已，非眞有十七種也。《新唐書》乃建康路（即集慶路）儒學於大德九年乙巳所刻也。

明有天下，入覲餽遺，均用「書帕」，且有出俸刊書之制，實出於宋漕司郡齋刻書之習，沿爲故事，然校勘不善，訛謬滋多。明時南監諸史，本合宋監及元各路儒學板湊合而成，年久漫漶，則罰諸生補修，以至草率不堪，並脫葉相連〔註17〕。北監即據南監以重刊之。蓋南北監刻《二十一史》，一則肇始於嘉靖七年，至十一

〔註13〕《史糾》卷四。
〔註14〕朱一新《無邪堂答問》卷一。
〔註15〕《中國史學史》第六章「新唐書之得失」。
〔註16〕陳振孫《直齋書錄解題》卷四「新唐書」條。
〔註17〕葉德輝《書林清話》卷七「明南監罰款修板之謬」。

年成書,《新書》則有八至十年補版。此外尚有萬曆四年、十年、十六年、十七年、二十六年、三十七年、三十九年、四十四年、四十五年補版。一則即萬曆二十四年,北監開雕《二十一史》,閱十一載至三十四年而竣事,世稱北監本,皆從南監本繕寫刊刻,雖較整齊工正,然校勘不精,訛舛彌甚,且有不知而妄改者〔註 18〕。其版沿及清初尚存江寧藩庫,順康之間,疊經修補。《新唐書》則有康熙二十年補刊。萬曆啓禎間,海虞毛晉刻《十七史》,蓋自宋元以來,所刊諸史,十七爲止,毛刻承南北監《二十一史》之後,而仍惟《十七史》者,愼於選本之故也。然其校對草率,不盡據善本,致錯誤甚多,久爲後人所譏〔註 19〕。其板後歸江蘇常熟席氏掃葉山房。

清代文教蔚興,其刻書率能訪求善本,精校愼刻。乾隆四年,武英殿校刊《十三經》畢,乃開雕《二十一史》。其校刻雖號精審,然亦有不盡滿人意者,海鹽張元濟先生曾慨乎言其有檢稽之略、修訂之歧、纂輯之疏、刪竄之誤,校刻之鱺忽者〔註 20〕。而數十年來,其又最爲世所通行,後有嶺南陳氏葄古堂仿刊殿本,有湖南寶慶三味書坊繙刻殿本。除此,諸史合刻之本尚有席氏掃葉山房刊《二十一史》本、趙氏書業堂汲古閣《十七史》繙刻本。

涵芬樓,即商務印書館所影行者,於民國九年輯影《四部叢刊》,其中二十四史大多得宋元舊本,《新唐書》即得宋本以校殿本,定名爲「百衲本二十四史」。中華書局有《四部備要》聚珍仿宋本二十四史,雖非善本,而字蹟頗清朗。開明書局增柯劭忞《新元史》爲二十五史,以殿版《二十四史》作底本,書報合作社增明柯維騏《宋史新編》爲《二十六史》,則皆以節省經費,便於檢查爲觀點〔註 21〕。民國四十五年,胡偉克先生會同國內知名學者設「二十五史編刊館」,精選史籍善本影印,以成「仁壽二十五史」。其所據亦多宋元舊本,《新唐書》即據北宋刊本,版本堪稱精良。近年,成文出版社以國防研究院所刊正之《清史》,一併編入,都二十六史,則吾人於中國正史之研究,可謂無遺漏矣。

今就所見及諸家藏目所記各本,分述如下:

一、北宋嘉祐五年刊本

每半葉十四行,行二十五字。板心有刻工姓名,紀志表傳各分起訖。仁宗以上

〔註 18〕顧炎武《日知錄》卷十八「監本二十一史」條。

〔註 19〕孫從添《藏書紀要》頁 4。

〔註 20〕《百衲本二十四史》序。

〔註 21〕以上新書之板本源流,參考自王紹曾〈二十四史版本沿革考〉,見於《國專月刊》第一卷第 1 期至第一卷第 4 期。

諱匡、胤、炅、恆、禎及嫌名殷、敬、鏡、貞等字，皆缺筆甚謹，不及英宗以下，蓋仁宗時刊本也。《天祿目》、《錢日記抄》、《汪目》、《丁志》（每半葉十五行，行二十五字）、《陸志》、〈陸跋〉、《邵注目》、《莫錄》、《學部館目》及《靜嘉堂漢籍分類目錄》皆著錄。

《日本足利學校善本書目》有此本卷一六三首及卷二○一尾，及卷尾官銜書影，並有上杉憲實識語。

二、宋刊中字本

每半葉十行，行十九字。板心有刻工姓名及字數。大題在下，匡、胤、殷、敬、炅、恆、貞、頊、桓、構皆缺避。《瞿目》、《陸志》、《邵注目》、《莫錄》、《莫目》、《學部館目》皆著錄。

三、宋建安魏仲立刊本

國家圖書館藏一部。殘存一九三卷。每半葉十行、行十九字、版心線口。前有目錄，目錄卷上末有「建安魏仲立宅刊，收書賢士伏幸詳鑒」雙行木記一方。宋諱玄、炫、鉉、朗、敬、竟、境、弘、殷、匡、炅、恆、禎、湞、貞、徵、慎、敦字缺末筆，馴字不避，當刻於寧宗時。《繆記》著錄。

又寶禮堂藏有一部，行款、板式與此本悉同，各行起訖亦無差別，唯寧宗諱字及嫌諱，無一缺筆。

四、宋紹興庚辰劉氏刊本

此本今未見。《錢日記抄》、《邵注目》著錄。卷末有墨記一方，云麻沙鎮水南劉仲吉宅，紹興庚辰口月誌。

五、宋刊本

每半葉十六行，行二十九字。此本爲汪士鍾所藏，後歸錢塘丁丙。《莫錄》、《莫目》著錄。

六、宋元明三朝本

每半葉十行，行十九字，黑口。又一部行款同。《學部館目》著錄。

七、十行二十二字邋遢本

每半葉十行，行二十二字。其板較宋嘉祐本四面大一指，卷端題名但云歐陽修奉敕撰，當元明初間刻，不似嘉祐本。《邵注目》、《莫錄》、《莫目》著錄。

八、元大德建康路儒學刊本

國家圖書館藏四部。每半葉十行，行二十二字。版心白口，上記字數，下記刻工姓名。一部殘一百七十六卷，附釋音二十五卷。此帙印略早，尚無補版。另一部六十冊，卷末附釋音二十五冊、一部五十冊、一部殘存四十八冊，皆有成化十八年及嘉靖八、九、十等年南監修補版。

又北平圖書館藏四部(今藏國立故宮博物院圖書館)。《范目》、《錢日記抄》、《張志》、《丁志》、《邵注目》著錄。

九、明南監本

每半葉十行,行二十一字。《孫目內編》、《丁志》、《邵注目》、《學部館目》(黑口本,印有補版)、《彙刻目》皆著錄。

十、明北監本

每半葉十行,行二十一字。《天祿目》、《丁志》、《邵注目》、《彙刻目》皆著錄。

十一、明汲古閣刊本

國家圖書館藏一部。每半葉十二行,行二十五字,白口,單魚尾。有「琴川毛鳳苞氏審定宋本」墨印之鈐,並有朱筆批校。《孫目內編》、《瞿目》、《邵注目》、《彙刻目》及《內閣文庫漢籍分類目錄》皆著錄。

十二、武英殿刊本

每半葉十行,行二十一字。白口,左右雙欄,單魚尾。板心有「乾隆四年校刊」字樣。每卷皆附考證,卷末有沈德潛考證跋語。《四庫提要》所著錄,即爲此本。

國家圖書館及國立故宮博物院圖書館皆藏有此本。又《丁目》、《邵注目》、《莫目》、《彙刻目》著錄。

案覆刻殿本及汲古閣本者,因其行款皆同,不再贅述。

《五代史記》七十四卷　存

《晁志》、《馬考》著錄並同,作七十五卷。《陳錄》、《宋志》則作七十四卷。《四庫提要》亦作七十五卷。案是書凡〈本紀〉十二、〈傳〉四十五、〈考〉三、〈世家〉及〈年譜〉十一、〈四夷附錄〉三,總七十四卷,晁氏等以目錄充一卷也。又《玉海》引《中興書目》、《晁志》皆作「五代史記」,是此書之本名爲「五代史記」,後作「新五代史」者,蓋欲與薛居正等奉勅編之《五代史》分別而已。〔註22〕

歐陽公以《薛史》繁猥失實〔註23〕,致五十有餘年間,廢興存亡之迹,姦臣賊子之罪,忠臣義士之節,不傳於後世,來者無所考〔註24〕,乃慨然自任,以作此書。嘗自云:「昔孔子作《春秋》,因亂世而立法,余爲本紀,以治法而正亂君,

〔註22〕爲行文之便,以下凡《舊五代史》、《新五代史》,皆簡稱「薛史」、「歐史」。
〔註23〕晁公武《郡齋讀書志》卷五「五代史記」條。
〔註24〕陳師錫序。

發論必以嗚呼，曰此亂世之書也。」〔註25〕又曰：「予於五代書，竊有善善惡惡之志。」〔註26〕則其撰述之宗旨可知也。

華孳亨《增訂歐陽文忠公年譜》於景祐四年——歐陽公三十一歲之年條下云：

正月有書與師魯，約分撰《五代史》。

其小注云：

明年與李淑書云：收拾綴緝，粗若有成，首尾顛倒，未有卷第。嘉祐五年，知制誥范鎮奏取公《五代史》付唐書局繕寫上進。公辭云：往任夷陵及知滁州，以負罪謫官，閒僻無事，因將五代史試加補緝，而外方難得文字檢閱，所以詮次未成云云。以此知公撰著《五代史》，始于是年。

此說日人佐中壯深以爲不然〔註27〕。蓋公雖於景祐四年約師魯分撰《五代史記》，然書中有云「如前歲之議」。又公〈免進五代史狀〉（《奏議集》卷十六）云：

往者曾任夷陵縣令，及知滁州，以負罪謫官，閑僻無事，因將《五代史》試加補輯，而外方難得文字檢閱，所以銓次未成。

案公貶夷陵縣令在景祐三年，是公於此年，已將《五代史》「試加補輯」，則其撰述之計畫，當又早於此年。公〈答李淑內翰書〉（《居士外集》卷一八）云：

問及五代紀傳，修曩在京師，不能自閑，輒欲妄作。幸因餘論發於教誘，假以文字，力欲獎成，不幸中間自罹咎責，爾來三年，陸走三千，水行萬里，勤職補過，營私養親，偷其暇時，不敢自廢，收拾綴緝，粗若有成。

又歐陽公與尹師魯相識於天聖九年〔註28〕，佐中壯氏遂以爲《五代史記》撰述之計畫，可遠溯至天聖九年與景祐三年之間。而王闢之《澠水燕談錄》卷六亦云：

天聖中，歐陽文忠公與尹師魯議公撰，後師魯別爲《五代春秋》，……而文忠卒重修五代，文約而事詳，褒貶去取得《春秋》之法。

此可證佐中壯氏之說也。今吾人或可云公於景祐三年之前，即有《五代史記》之撰述計畫，景祐三年，方爲其撰述之始。而公雖嘗約尹師魯分撰，實公獨成此書。苟非如此，以公謙讓之德，宋祁尚不忍沒，何況師魯〔註29〕。章學誠即謂觀七十四篇，實出一手，雖有牴牾，亦是一人精力檢點未到〔註30〕。而邵伯溫尚疑《五代史》「內

〔註25〕陳振孫《直齋書錄解題》卷四「新五代史」條，又歐陽發等述歐陽公事迹。
〔註26〕公《居士集》卷三九〈王彥章畫像記〉。
〔註27〕〈新五代史撰述の事情〉，見《史學雜誌》五〇卷11期。
〔註28〕胡柯《歐陽公年譜》。
〔註29〕華孳亨《增訂歐陽文忠公年譜》。
〔註30〕《章氏遺書・外編》卷一，〈信摭〉。

果有師魯之文乎，抑歐陽公自爲之耶。」〔註31〕其未加詳考之矣。

至皇祐五年，草稿已大致完成〔註32〕。後亦曾多方修改，至和元年有〈與徐無黨書〉云：「《五代史》昨見曾子固議，今却重頭改換，未有了期。」〔註33〕嘉祐五年，知制誥范鎮奏取公《五代史》付唐書局繕寫上進，公以「銓次未成」、「未成次第」力辭〔註34〕。至神宗熙寧五年八月，公卒後，朝廷方「詔潁州令歐陽修家上修所撰《五代史》。」〔註35〕時當王安石當政，高似孫《史略》記有神宗常問歐陽修所爲《五代史》如何，王安石謂其文辭多不合義理。或因而擱置五年，至熙寧十年五月庚申始詔藏祕閣〔註36〕，而刊行於世。薛、歐二史乃得以並行，至金章宗泰和七年，詔削《薛史》，止用《歐史》，於是《薛史》漸湮〔註37〕，《歐史》遂躋身於正史之列，而爲唐後所修諸史之私撰者也。

《薛史》乃梁、唐、晉、漢、周各自爲書。《歐史》則錯綜記載，若合爲一代者。各帝總敘在前，次將各代后妃皇子類敘爲家人傳，次類敘專仕於一代者爲梁臣、唐臣、晉臣、漢臣、周臣等傳，下依次爲死節傳、死事傳、一行傳、唐六臣傳、義兒傳、伶官傳、宦者傳，次臚列歷事累朝者爲雜傳，其次爲世家年譜，又其次爲四夷附錄。

《歐史》所採擇之史料極博，《二十二史箚記》卷二十一，「歐史不專據薛史舊本」條：

> 《歐史》雖多據《薛史》舊本，然采證極博，不專恃薛本也。宋初《薛史》雖成，而各朝實錄具在，觀《通鑑考異》，尚引梁太祖、唐莊宗實錄，則歐公時尚在可知也。《歐史》〈郭崇韜傳・贊〉云：「余讀梁宣底」，則實錄之外，又有宣底等故籍，皆不遺也。劉昫之《舊唐書》，修成亦未久，其所援據底本，方藉以修《新唐書》，凡唐末交涉五代之事，又足資考訂。至宋末諸臣記五事者尤多，案《宋史》，范質嘗述朱梁至周爲《通鑑》六十五卷（質傳），王溥亦采朱梁至周爲《五代會要》，共三十卷（溥傳），王子融集五代事爲《唐餘錄》六十卷（子融傳），路振采五代九國君臣事

〔註31〕邵氏《聞見前錄》卷十五。

〔註32〕公《書簡》卷六皇祐五年〈與梅聖俞書〉云：「閑中不曾作文字，秖整頓了《五代史》，成七十四卷。」

〔註33〕公《書簡》卷七。

〔註34〕公《奏議集》卷十六〈免進五代史狀〉。

〔註35〕《宋會要稿》五六冊「崇儒」五之二六。

〔註36〕李燾《續資治通鑑長編》卷二八三。

〔註37〕《金史・章宗本紀》卷十二。

> 跡作世家、列傳（振傳），鄭向以五代亂亡，史多缺漏，著《開皇紀》三十卷（向傳）。此外，又有孫光憲《北夢瑣言》、陶岳《五代史補》、王禹偁《五代史闕文》、劉恕《十國春秋》、龔穎《連歷圖》，見於《宋藝文志》及晁公武《讀書志》者，皆在歐公之前，足資考訂。其出自各國之書，如錢儼之《吳越備史》、《備史遺事》、湯悅之《江南錄》、徐鉉之《吳錄》、王保衡之《晉陽見聞要錄》，又皆流布。而徐無黨注中所引證之《唐摭言》、《唐新纂》、《九國志》、《五代春秋》、《鑒戒錄》、《起年錄》、《三楚新編》、《紀年通譜》、《閩中實錄》等書，又皆歐史所參用者。

可知《歐史》採證羣籍極博，雖無所採證之書，或存或佚，或僅存輯本，以今存者與《歐史》互證，猶可考見其爲《歐史》所本之迹。近人林瑞翰先生作《歐陽修五代史記之研究》〔註38〕，以《北夢瑣言》、《五代史補》、五代史闕文之文與《歐史》互證，其文詞雖有異同詳略，其爲《歐史》所本，則皦然可見，故《歐史》所據之史源，不可謂不富也。

歐陽公於《五代史記》，自言其法曰：「大事則書，變古則書，非常則書，意有所示則書，後有所因則書，非此五者則否」〔註39〕。蓋歐史有其特殊不苟之體例與書法也。《二十二史箚記》卷二十一，「薛歐二史體例不同」條：

> 《薛史》梁祖紀開首即以帝稱之，《歐史》則先朱溫，賜名後稱全忠，封王後稱王，僭位後始稱帝，蓋薛則仿宋、齊、梁、陳書之例，歐則仿《史記》之例也。《薛史》於各國僭大號者，立僭僞傳，其不僭號而自傳子孫者，立世襲傳。歐則概列爲世家，亦仿《史記》也。《薛史》凡除官，自宰相至於刺史，皆書於本紀，幾同腐爛朝報。《歐史》則但書除拜宰相及樞密使，其餘不書，以省繁冗也。五代革易頻仍，惟梁、唐創業各三十餘年，故其臣有始終在一朝者，其他未有不歷仕數朝，《薛史》則以死於某朝者，即入於某朝傳內，……《歐史》則以專仕一朝者係於某朝，其歷仕數朝者，則另爲雜傳，以敘其歷官之蹟，此又創例之最得者。

除此，據徐注所釋本紀之書法，如兩相攻曰「攻」，以大加小曰「伐」，有罪曰「討」，天子自往曰「征」，是用兵之四例。易得曰「取」，難得曰「克」，是爲得地之二例。他如以身歸曰「降」，以地歸曰「附」，立后得正者曰「以某夫人某妃爲皇后」，立不以正者曰「以某氏爲皇后」，凡此皆先立一例，而各以事從之，褒貶自見。是歐史之書法，實無一字苟作也。

〔註38〕見《臺大文史哲學報》第23期。

〔註39〕《五代史記》徐無黨梁本紀開平元年注。

雖金章宗於泰和七年詔學官止用《歐史》,《薛史》漸微，然諸家於《歐史》，亦多所攻駁。與公同時之吳縝，嘗撰《五代史纂誤》，旨趣與《新唐書糾繆》略同〔註 40〕。明人楊陸榮撰有《五代史志疑》，皆欲訂正《歐史》之譌謬者。而歐陽公以五代之事錯綜記載，若合一代者，爲王鳴盛所責難〔註 41〕。其並於列傳中，刪去舊史所詳記之年月，最可議者，乃因重書法而輕事實,《四庫提要》亦不滿其「事實不甚經意」。至若本紀之紀事太簡，雖亦可於列傳中搜尋較詳之記載，然讀者需對照閱讀，諸多不便；諸志僅具司天、職方二考，皆頗爲人所訴，案歐陽公之意，蓋以爲五代典制，荒略不足爲法，故存司天、職方，使有稽考而已〔註 42〕。其論贊不云論曰、贊曰、或史臣曰，而以嗚呼領之，王鳴盛以爲可怪〔註 43〕，章學誠則以其用嗚呼發端，祇可作誄祭文集，未可稱史才〔註 44〕。然歐陽公蓋以此爲亂世之書也，其自有義例存在，未可一概非之矣。

《歐史》之失，誠有之矣，然其亦未嘗苟作，其書中所立死節、死事、一行、伶官、宦者諸傳，悉寓儆戒後人之意，其意則於論中發之。曩者王鳴盛嘗以《歐史》晉臣、周臣兩傳各祇收三人，大覺寂寥可笑〔註 45〕，不知此正歐陽公精意所寄，立雜傳以處歷仕數朝數姓之人，明其非某一代之臣，此亦寓有深意也。其所增添之死節、死事之類，實可謂發前人之所未發，則《歐史》之編訂，固可云勝於《薛史》也。至其書法體例之善,《二十二史箚記》卷二十一，「歐史書法謹嚴」條云：

> 不閱《薛史》，不知《歐史》之簡嚴也。《歐史》不惟文筆潔淨，直追《史記》，而以《春秋》書法寓褒貶於紀傳之中，則雖《史記》亦不及也。

前曾提及之林瑞翰先生則歸納《歐史》書法異於《薛史》者有三：一曰謹實，二曰無諱，三曰褒貶，並各與以舉例說明〔註 46〕，益可見歐陽公著作之審慎不苟也。而就文學觀點而言，新史文章之簡潔有力，遠超舊史之上，舊史大體以四字六字作單位行文，新史則不僅縮短句法，且增多奇數字句，以賦與聲律感，新史之較舊史緊湊，其原因在此〔註 47〕。

《歐史》旁求羣籍，至如《北夢瑣言》等說部之書，亦採之。何義門即云：「雖

〔註 40〕周密《齊東野語》卷十九有劉義仲以五代史糾繆示東坡之語，疑此即吳氏之纂誤，非別有一書也。
〔註 41〕《十七史商榷》卷九三，「斷代爲史」、「錯綜非是」條。
〔註 42〕同註 30。
〔註 43〕《十七史商榷》卷九四，「新史意在別立體裁」條。
〔註 44〕《章氏遺書・外編》卷一〈信摭〉，又卷三〈丙辰箚記〉。
〔註 45〕同註 41。
〔註 46〕《歐陽修五代史記之研究》，同註 38。
〔註 47〕〈新五代史的文體特色〉，見《書和人》第 51 期，爲日人小川正樹著，陳淑女譯。

五代事多闕軼，然說家所記，未必實錄，焉可悉取。」〔註48〕而王鳴盛爲之辯，以爲「不可偏執」〔註49〕，此乃爲公論也。亦因《歐史》採證羣籍極博，其於前史之考訂極精詳，而爲《薛史》所不及，如其考朱邪本部族名，後轉爲姓，或考入閤之制始末，或考侍親軍之號始于唐明宗，或考三銓分合始末諸例，並爲宋儒考繹唐宋制度者如葉夢得《石林燕語》、李心傳《建炎以來朝野雜記》、馬端臨《文獻通考》所本，則章宗之詔止用《歐史》，亦非無因由。而如《四庫提要》所論，可謂能折其中矣：

（歐史）大致褒貶祖《春秋》，故義例謹嚴，敘述祖《史記》，故文章高簡，而事實則不甚經意。……《薛史》如左氏之紀事，本末賅具，而斷制多疏，《歐史》如公、穀之發例，褒貶分明，而傳聞多謬，兩家之並立，當如三傳之並存。

其所傳各本，分述如下：

一、北宋刊本

國家圖書館藏一部。每半葉十二行，行二十一或二十二字。宋諱玄、弦、絃、鉉、朗、敬、驚、警、境、竟、弘、殷、匡、胤、恆、貞、湞、徵、勗、佶字缺筆。欽宗以下廟諱不避。書中間有補版，殆北宋原刻而經南宋修補者。卷三十四至四十一、四十九、五十、五十五至五十七，凡十三卷鈔配。

傳記（殘存十二卷）、《楊志》、《張目》著錄。

二、宋慶元五年刊本

每半葉十行，行十八字，白口。左欄外有書耳，記篇目。國家圖書館藏二部，一部二十冊，卷前有近人瑞諾手書題記，遞經修補至明正德六年。又一部二十四冊，修補同前帙，卷末有黃丕烈題識一則，蕘圃藏書題識未載，審其筆跡，係出僞託，前有咸豐丁巳韓應陛手書題記。

《瞿目》及《書影》、《丁志》、《學部館目》、《王記》及《盋山書影》皆著錄。

三、宋末元初本

每半葉十行、行十八字。《丁目》著錄。

四、元大德十年儒學刊本

國家圖書館藏三部。有十冊、二十冊裝。另一部殘存十八卷，八冊。每半葉十行，行二十二字，版心白口。有嘉靖八、九、十年修補版。

《丁志》、《學部館目》、《繆續記》、《傅目》、《王記》著錄。又國立故宮博物院

〔註48〕《義門讀書記》卷二九「五代史」條。

〔註49〕《十七史商榷》卷九三「歐史喜采小說」、「薛史多本實錄」條云：「大約實錄與小說，互有短長，去取之際，實考核斟酌，不可偏執。」

圖書館藏一部（即前北平圖書館所藏）。

五、元宗文書院本

每半葉十行，行二十二字。何義門謂此本勝於汲古閣本〔註 50〕。《張志》、《瞿目》、《邵注目》及《內閣文庫漢籍分類目錄》著錄。

六、明汪文盛刊本

每半葉十二行，行二十二字。國家圖書館及國立故宮博物院圖書館各藏一部。《陸志》、《丁志》、《鄧目》、《學部館目》、《傅目》、《楊志》、《莫目》及《內閣文庫漢籍分類目錄》皆著錄。

七、明南監本

每半葉十行，行二十一字。余有丁所校刊。《孫目內編》、《瞿目》、《丁志》、《邵注目》、《莫目》、《彙刻目》皆著錄。

國家圖書館藏二部，一部十冊，有清嘉慶間應叔雅手校並跋，兼過錄諸家批校。另一部八冊，有民國二十五年陶紹萊手跋。

八、明北監刊本

每半葉十行，行二十一字。《內閣目》、《天祿目》、《莫目》、《丁志》、《邵注目》、《彙刻目》著錄。

九、明吉州刊本

此本乃安成泰山從孫徽柔重刊，首有萬曆丁丑周子義識，是重刊南監本，有徽柔手跋。《繆續記》著錄。

十、明汲古閣本

每半葉十二行，行二十五字。國家圖書館及中央研究院歷史語言研究所傅斯年圖書館各藏一部。又《孫目內編》、《丁目》、《瞿目》、《邵注目》、《莫目》、《張目》、《彙刻目》、《內閣文庫漢籍分類目錄》著錄。

十一、武英殿刊本

每半葉十行，行二十一字。《四庫提要》所著錄即爲此本。見前《新唐書》此本所述。

十二、乾隆十一年歐陽氏刊本

《邵注目》、《莫目》著錄。

〔註 50〕瞿鏞《鐵琴銅劍樓藏書目錄》，卷八「五代史記元刊本」條。

第四章　史部著述考（下）

《濮議》四卷　存

宋仁宗病歿，英宗即位。宰臣韓琦等於治平元年五月癸亥奏「請下有司議濮安懿王及譙國太夫人王氏、襄國太夫人韓氏、仙遊縣君任氏，合行典禮。……詔須大祥後議之。」〔註 1〕次年四月戊戌，詔禮官及待制以上議崇奉濮安典禮〔註 2〕。司馬光、王珪等主尊濮王爲皇伯，三夫人改封大國太夫人〔註 3〕。而歐陽公乃引〈喪服記〉，謂爲人後者，爲其父母服，降三年爲期，而不沒父母之名，以見服可降，而名不可沒也，若本生之親，改稱皇伯，歷考前世，皆無典據，進封大國，則又禮無加爵之道云云〔註 4〕，以爲當稱皇考。侍御史呂誨、范純仁、監察御史呂大防，曾引議固爭，以王珪爲是，而斥歐陽公首開邪議，欲累濮王以不正之號〔註 5〕，皇太后乃手詔濮王稱皇，三夫人稱后〔註 6〕，呂誨等抗議，至是兩派爭論益烈，卒調呂等知外州，濮議亦寢。

此書即歐陽公記當時議論本末，其〈自序〉云：

> 自漢以來，議事者何嘗不立同異，而濮園之議，皆當世儒臣學士，特以爲人後之禮，世俗廢久，卒然不暇深究其精微，而一議之失，出於無情，

〔註 1〕《續資治通鑑長編》卷二〇一「治平元年五月癸亥」條。

〔註 2〕同書，卷二四〇，「治平二年夏四月戊戌」條。

〔註 3〕同書，卷二五〇，「治平二年六月己酉」條，又《宋文鑑》卷一五〇有〈司馬光濮安懿王典禮議〉，《溫國公司馬光集》卷三三〈翰林學士王珪等狀〉，卷三四〈司馬光奏濮王劄子〉所載略同。

〔註 4〕《宋史》卷三一九。

〔註 5〕《續資治通鑑長編》卷二七〇「治平三年春正月壬午」條。

〔註 6〕王稱《東都事略》卷十六「濮王世家」。

> 未足害其賢。惟三數任言職之臣，挾以他事，發於憤恨，厚誣朝廷，而歸惡人主，借爲奇貨以買名，而世之人不原其心迹，不辨其誣罔，翕然稱以爲忠，使先帝之志，鬱鬱不明於後世，此臣子之罪也。臣得其事而知其詳者，故不得已而述焉。

此則此書之所以作也。卷一、卷二爲當時議論之原委，卷三、卷四爲當時所上諸箚子及〈爲後或問上〉、〈爲後或問下〉、〈漢魏五君篇〉及〈晉問〉諸文。

觀公〈自序〉前之官銜爲「觀文殿學士行刑部尚書知亳州軍州事臣」，是公序此議而進之神宗時，罷政而出爲觀文殿學士行刑部尚書，知亳州。考之年譜，實治平四年三月，時神宗已即位，故序稱先帝議，乃指英宗。其第四卷〈箚子注〉云：「是歲十月撰，不曾進呈。」謂治平三年也。三月以言者指濮議爲邪說，求去不允，十月成而不及進者，英宗時已服藥，故併進之神宗也。其〈爲後或問〉二篇及〈漢魏五君篇〉、〈晉問〉，未知所著年月，或亦不出治平三年至四年之間所作也。

濮議雖爲兩派之爭，然當時「眾議洶洶，莫可曉諭，而有識之士，知皇伯之議爲非者，微有一言佑朝廷，便指爲姦邪，……皆鉗口畏禍矣。」〔註 7〕洛學派之程顥則代御史彭思永上疏反對歐陽公〔註 8〕。南宋之道學派以朱熹爲首，承繼洛學，也以爲公之說「斷不可」〔註 9〕，獨公門人曾子固作〈爲人後議〉，贊成歐陽公〔註 10〕，曾子固之友劉原文亦隨作〈爲兄後議〉，以擁護歐陽公〔註 11〕。《三朝名臣言行錄》卷二嘗引《蘇氏談訓》，謂「歐公之論爲中理公平」。清朝若干學者論及此事，亦皆以歐陽公爲是。如段玉裁云：「僅稱皇考，不稱皇帝，固無礙於大統也，司馬公等失之拘泥，歐陽何失哉。」〔註 12〕錢大昕亦謂「皇伯之稱，於禮無稽，歐陽之議，於禮於情，本無可易。」〔註 13〕蓋此議本非因禮而起，實肇始於政治之不合，權衡始末，亦未可歸過一方矣。

《奏議集》十八卷　存

《宋志》著錄《歐陽公奏議集》十八卷。《仁宗實錄》、《續資治通鑑長編》因事

〔註 7〕公集《濮議》卷一。
〔註 8〕《二程文集》卷四「代彭思永上英宗皇帝渝濮王典禮疏」。
〔註 9〕《朱子語類》卷一二七。
〔註 10〕《元豐類藁》卷九。
〔註 11〕《公是集》卷四一。
〔註 12〕楊希閔《歐陽文忠公年譜》，頁 29 引段玉裁云。
〔註 13〕《潛研堂文集》卷十三答問。

而書者八十有八，以校集本，頗多增損。蓋古史官往往於制誥奏疏，時有修潤，《續資治通鑑長編》則本之實錄，故其語欲簡，其事欲首尾相貫，此其所以異同，當以公集爲正。

《宋志》及《四庫提要》尚著錄《歐陽公從諫集》八卷，然公家書目無此名，蓋編公集者以《從諫集》併入《奏議集》中，二者總十八卷，仍以公歷官先後爲序。

卷一至卷十諫院之劄子、狀。卷十一河北轉運之狀。卷十二詮部劄子、翰苑劄子、狀、書。卷十三翰苑劄子、狀。卷十四翰苑疏、狀、劄子。卷十五翰苑疏、書、劄子。卷十六翰苑狀、劄子。卷十七樞府劄子、政府劄子。卷十八政府狀、劄子。

歐陽文忠公奏劄，其言直切而婉，至反覆而不窮，《廬陵縣志》謂其「移人之性情，入人之深，爲前古奏議所未有。」〔註14〕未爲過也。

《內制集》八卷　存

歐陽公於嘉祐六年八月二日序云：

> 余在翰林六年，……既罷職，院吏取余直草，以日次之，得四百餘篇。因不忍棄，況其上自朝廷，內及官禁，下曁蠻夷海外，事無不載，而時政記日歷與起居郎舍人有所略而不記，未必不有取於斯焉。嗚呼，余且老矣，方買田淮潁之間，若夫涼竹簟之暑風，曝茅簷之冬日，睡餘支枕，念昔平生仕宦出處，顧瞻玉堂，如在天上，因覽遺藁，見其所載職官名氏，以較其人盛衰先後，孰在孰亡，足以知榮寵爲虛名而資談笑之一噱也。

是公於嘉祐八年轉戶部侍郎參知政事時，取其前於翰林學士職中之直草，以日次之，得四百餘篇，因不忍棄，取可以資談笑，遂編次爲此書。

凡上自朝廷，內及宮禁，下曁蠻夷海外，事無不載，首尾凡八卷。有詔、國書、敕書、批答、口宣、帖子詞、青詞、密詞、齋文、祝文、功德疏右語、制、上梁文、祭文、御札、表、詔敕、默表、冊文、內中御侍賀節詞語等。

《外制集》三卷　存

歐陽公〈自序〉云：

> 慶曆三年春，予時雖掌誥命，猶在諫職，常得奏事殿中，從容盡聞天

〔註14〕卷二八叢志，逸事上。

> 子所以更張庶事，憂憫元元而勞心求治之意，退得載于制書，以諷曉訓勅在位者。……明年秋，予出爲河北轉運使。又明年春，權知成德軍事，少間發嚮所作制草而閱之，雖不能盡載明天子之意於其所述，而得一二足以章示後世。蓋王者之訓在焉，豈以予文之鄙而廢也，於是錄之爲三卷。

歐陽公雖於慶曆三年，即就當時天子「所以更張庶事，憂憫元元而勞心求治之意」，載于制書，至慶曆五年春，方得錄之爲三卷，以章示後世，是此書成於此時也。

卷一勅二首、制四十七首，卷二制五十首，卷三制五十首並附拾遺一十五首。案歐陽公嘗自云所作纔一百五十餘篇，然周必大編訂此書時，衢本僅百五十篇，而京閔諸本乃多十五篇，因恐其中或有出公手者，且諸本散在四方，又恐後人疑爲脫逸，遂復收之，故曰拾遺，則此拾遺十五首實未有定論矣。

《表奏書啟四六集》七卷　存

《宋志》作《六一集》七卷，《四庫提要》著錄並同，蓋從《宋志》也。然公〈行狀〉、〈墓碑〉並云《四六集》七卷，其卷末有跋，謂表奏書啓，古皆散文，後世始駢儷，不應以四六名集，疑非當時定本云云。而改編後又以此名集，蓋謂不敢失元目也，故今亦從之。

全書凡七卷，卷一至卷五爲狀、表、箚子，或附有御札，卷六、卷七爲書、啓等。

案以上由《濮議》至《表奏書啓四六集》等書，皆收入《歐陽文忠公全集》中，今未見單行之本。

《歐陽氏譜圖》不著卷數　存

《焦志》著錄《歐陽公族譜》二卷，今未之見。案公《居士外集》有《歐陽氏譜圖》石本與集本二種，未知《焦志》所云《族譜》與此《譜圖》爲同書否？其序云：

> 自唐末之亂，士族亡其家譜，今雖顯族名家，多失其世次，譜學由是廢絕。而唐之遺族，往往有藏其舊譜者，時得見之，而譜皆無圖，豈其亡之，抑前世簡而未備歟。因采太史公史記表、鄭玄詩譜，略依其上下旁行，作爲《譜圖》。

蓋歐陽公慨歎當時譜牒之亡失，故自爲《譜圖》。斷自可見之世，以爲高祖，下至五世玄孫，而別自爲世，乃圖以五世爲限，五世以後，格盡別起，世經人緯，每人下僅著生幾子，其事跡之見於史傳及家譜者，附於圖後，此即後世所謂「歐譜法」也。

其譜例曰：

> 姓氏之出，其來也遠，故其上世多亡不見。譜圖之法，斷自可見之世，即爲高祖，下至五世玄孫，而別自爲世，如此世久，子孫多則官爵功行載於譜者，不勝其繁，宜以遠近親疏爲別。凡遠者疏者略之，近者親者詳之，此人情之常也。玄孫既別自爲世，則各詳其親，各繫其所出，是詳者不繁，而略者不遺也。凡諸房子孫，各紀其當紀者，使譜牒互見，親疏有倫，宜視此例而審求之。

歐陽公自序謂其當皇祐至和之間，以其家之舊譜，問于族人，各得其所藏諸本，以考正其同異，列其世次，爲《譜圖》一篇云云，是此《譜圖》即作於皇祐至和之間也，而其序作於熙寧二年，或此時方完成歟？

此《〈譜圖〉有石本與集本兩種，大致相類，惟子孫之多寡，名次之先後，微有不同。如石本猛生二子爲麗、綬，而集本作綬、麗。石本託生三子，爲鄠、彬、邦，而集本作生二子，無邦。又集本載寬四子，素一子，皆不名曉，而石本則謂寬之第四子，素之第二子皆名曉，豈曉嘗出繼耶？集本肅生一子顗，《唐書・宰相世系表》亦同，而石本無之。此外，《唐書・宰相世系表》所載歐陽氏世系，與譜所載世次，竟多差疏，三書皆經公手，不應異同如此，豈《唐書・宰相世系表》乃傳刻而致誤耶？茲依石本《歐譜》與〈世系表〉所列，爲表於後〔註15〕。

石本《歐譜》

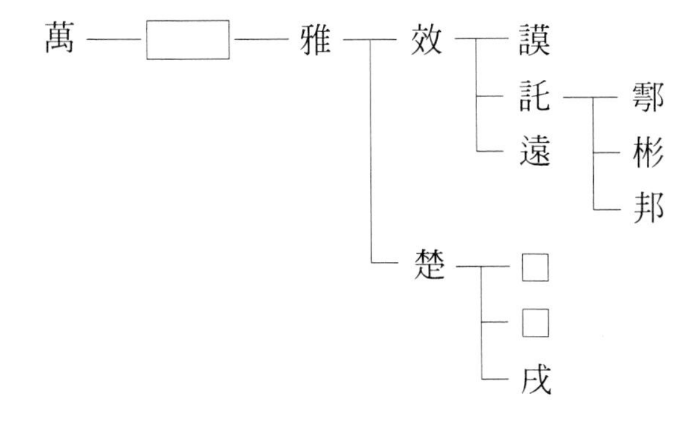

〔註15〕此表參考自楊殿珣〈中國家譜通論〉一文，見於《圖書季刊》新第三卷第1、2期合刊本。

《唐書·宰相世系表》

- 萬 — □
  - 雅
    - 效
      - 謨 — 鄴
      - 託
        - 鄠
        - 彬
        - 邦
    - 遠 — 鉉
  - 楚
    - □ — 鄠
    - 成

《太常因革禮》一百卷　殘

《宋志》著錄《歐陽修太常因革禮》一百卷。《晁志》、《陳錄》均不載此書。《四庫未收書目》所著錄者，乃從舊鈔本影寫，失去卷五十一至卷六十七，凡十七卷，書中亦多闕文，無從訪補。而諸家藏目所著錄者，亦皆此舊鈔殘本也。

此書題歐陽修等奉勅撰，並有公自序，謂昔太祖皇帝始命大臣約唐之舊，爲《開寶通禮》，其後更歷三朝，隨事損益，與《通禮》異者十常三四，故天聖中，禮官王皥等論次已行之事，名曰《禮閣新編》，止於天禧之五年。《太常新禮》，止於慶曆三年，又多遺略，故嘉祐中修奉勅重定此書，至治平中止之于朝，英宗賜名「太常因革禮」云云。然後有淳熙十五年李壁序，云因革體，老蘇先生奉詔所修也。考《居士集》卷三十四歐陽公《蘇老泉墓誌》云：

> 會太常修纂建隆以來禮書，乃以爲霸州文安縣主簿，使食其祿，與陳州項城縣令姚闢同修禮書，爲《太常因革體》一百卷。書成，方奏未報，而君以疾卒。

是此書雖爲歐陽公所上，其體裁出于蘇洵者居多。書中分總例二十八卷、吉禮三十三卷、嘉禮九卷、軍禮三卷、凶禮三卷、廢禮一卷、新禮二十一卷、廟議十二卷。總例內子目二十八、吉禮子目三十七、嘉禮子目十七、軍禮子目六、凶禮子目二十五、廢禮子目九、新禮子目三十七、廟議子目二十六，計共百又一十卷，八門，一百八十五子目。其所採擇者，頗爲賅備。《四庫未收書目提要》謂：

> 其書所採擇者，自《開寶通禮》、《禮閣新編》、《太常新禮》三書之外，復有《會要》、《實錄》、《禮院儀注》、《禮院例冊》、《封禪記》、《明堂記》、《慶曆祀儀》等書，至爲賅備。蓋治平之際，正宋室最盛之時，而又出於

名臣名儒之所訂定，汴京四朝，典禮粲然具備，足以資考鏡者固不少矣。

《太常禮院祀儀》三十四卷　佚

《宋志》著錄，題歐陽修撰。今已亡佚，內容不可考。

《三朝太平寶訓》二十卷　佚

《宋志》著錄，不著撰人。考《玉海》卷四十九「慶曆三朝太平寶訓」（原注云：亦曰祖宗故事，亦曰太平故事。）條引《中興書目》云：

> 《三朝太平寶訓》二十卷（原注云：三朝政要，釋明策備。），門類始於賞罰，終於延諫臣（原注云：一云納直諫。），其間典法深入，今世不能遵守者，於逐事之後，各釋其意，意相類者，止釋一事，明白者不復釋（原注云：紹興八年七月，呂源爲增釋，上之。）慶曆三年九月，樞密副使富弼請考祖宗故事可行者爲書（原注云：言欲選官置局，將三朝典故及未來諸司所可用文字，分門類編，編成一書。）置在二府，俾爲模範，得以遵守，上嘉其奏。丙戌，命史館檢討王洙，集賢校理余靖、歐陽修、祕閣校理孫甫等同編，命弼領之，名曰「太平故事」，四年九月上之，凡九十六門，二十卷，弼爲序。凡三朝賞罰之權，威德之本，責任將帥之術，升黜官吏之法，息費強兵之制，禦戎平寇之略，寬民恤災之惠，睦親立教之本，御臣防患之機，察納諫諍之道，率編錄焉。

案《宋志》又著錄王洙《祖宗故事》二十卷，雖所題不同，實爲一書，《宋志》誤以爲二書也。考歐陽公子發等述公事迹，云「公在館職日，與同時諸公撰《崇文總目》、《祖宗故事》。」《玉海》又已明言，是歐陽公嘗參預修撰此書矣。

《崇文總目》六十六卷　輯

《陳錄》、《玉海》引《國史經籍志》、《通志・藝文略》、《宋志》均作六十六卷。衢本《晁志》、《馬考・經籍考》則作六十四卷、《皇宋事實類苑》作六十七卷。《續資治通鑑長編》及《麟臺故事》作六十卷。梁任公謂「作六十七卷者，當係合敘錄一卷言之。」〔註 16〕餘作六十卷、六十四卷等，《四庫提要》以爲「南宋諸家或不見其原書，故所記卷數各異。」〔註 17〕又或南宋時有多數闕本，各家據其所見之本著錄，原本實六十六卷也。

〔註 16〕《圖書大辭典・簿錄之部》頁 22。
〔註 17〕卷八五「崇文總目」條。

宋制以集賢院、昭文館、史館爲三館。太宗太平興國三年於左升龍門東北建崇文院，謂之三館新修書院〔註 18〕。端拱元年，詔分三館之書萬餘卷，別爲書庫，名曰秘閣，以別貯禁中之籍，與三館合稱四館〔註 19〕。仁宗景祐元年閏六月，以此三館、秘閣所藏，有謬濫不全之書，命翰林學士張觀、知制誥李淑、宋祁等將館閣正副本看詳，定其存廢，譌謬重複，並從刪去，內有差漏者，令補寫校對，仿《開元四部錄》，約《國史藝文志》，著爲目錄，仍令翰林學士丁度等看詳。慶曆元年十二月己丑翰林學士王堯臣等上新修《崇文總目》，定著三萬六百六十九卷，同功撰集者爲聶冠卿、郭稹、呂公綽、王洙、歐陽修、張觀、宋庠等〔註 20〕。因王堯臣領銜奏上，歐陽修於諸人中名重，且文集中頗徵引之，故題王堯臣、歐陽修撰。

《崇文總目》原書已佚，今僅由清錢東垣等所輯之本，知其類目如下：

經部——易、書、詩、禮、樂、春秋、孝經、論語、小學九類。

史部——正史、編年、實錄、雜史、僞史、職官、儀注、刑法、地理、氏族、歲時、傳記、目錄十三類。

子部——儒家、道家、法家、名家、墨家、縱橫家、雜家、農家、小說家、兵家、類書、算術、藝術、醫書、卜筮、天文占書、曆數、五行、道書、釋書二十類。

集部——總集、別集、文史三類。

其著錄各書，首書名，次卷數，最後爲撰人或注釋者之姓名。據錢氏所輯，知姓名上有注明年代及官銜，而其下並略考存闕情形，又有對作者及書名略加介紹與說明者。每類並有一行總計是類部卷數之文字，每類並有小序，即今收於《歐陽文忠公全集》中之敘釋，體例堪稱完善，惜書闕無徵耳。

《隋書・經籍志》以後，官修目錄能恪守四部分類之疆界而不踰越者，惟《崇文總目》與清修《四庫全書總目》及其提要耳。則《崇文總目》之重要，可想而知。其中或有相重，或有可取而誤棄不用者〔註 21〕，後世諸家，時有糾正。如黃伯思《東觀餘論》校正十七條，焦竑《國史經籍志》糾二十二條，而鄭樵《通志・校讎略》更譏其每書下之序釋文繁無用，其言曰：

〔註 18〕《玉海》卷五二「太平興國三館」條，《續資治通鑑長編》卷十九、《職官分紀》卷十五所記略同。

〔註 19〕《宋會要稿》職官 18-47。

〔註 20〕《續資治通鑑長編》卷一三四。

〔註 21〕同書，同卷，「慶曆元年十二月己丑」條。

《崇文總目》出新意，每書之下必有說焉。據標類自見，何用更爲之說。且爲之說也，已自繁矣，何用一一說焉。至於無說者，或後書與前書不殊者，則強爲之說，使人意怠。

書之有敘錄以論析一書之大旨，非始於《崇文總目》，其體制實淵源於劉向《別錄》。以吾人觀今存之《崇文總目・序釋》，猶覺太簡，而鄭氏以其繁者，《四庫提要》謂鄭氏乃出於忌刻之心，其云：

鄭樵作《通志》二十略，務欲凌跨前人。而〈藝文〉一略，非目睹其書，則不能詳究原委。自揣海濱寒畯，不能窺中秘之全，無以駕乎其上，遂惡其害己而去之，此宋人忌刻之故智，非出公心。

總之，《崇文總目》既爲館閣合併著錄之總目，載籍浩繁，牴牾誠所難免。然古來著作之目，總滙於斯，百世之下，驗存佚，辨眞僞，核異同，固不失爲目錄學上之佳作。

此書原本久佚，《晁志》著錄有一卷本，《陳錄》亦著錄，並謂「惟見六十六卷之目，題云紹興改定。」則陳氏當時所見只一卷本，原書似南宋時已佚。然年代較後之《玉海》及《馬考》尚多徵引，惟所引僅及經史子三部，集部全缺，知原書於宋末元初尚存，而後半已佚矣。明修《永樂大典》，所錄無出《馬考》外者，明《文淵閣目》卷十一「類書」條：「《崇文總目》，一部二冊完全。」此斷非原本，則明初並殘帙而亡佚矣。

南宋又流傳一紹興改定本，朱竹垞謂鄭樵以爲每書之下，必出新意著說，嫌其文繁無用，紹興中，因從其言而去序釋，六十六卷本之亡，實由於此云云〔註22〕。杭世駿、錢大昕已駁其說，《四庫提要》不察，仍沿朱誤，其漏殊甚。然杭氏謂「王應麟、馬端臨尚引原書，知此書宋時原未有闕，後世傳鈔者畏其繁重，乃率意刪去。」〔註23〕案朱說固非，而杭謂又不然也。惟錢大昕之說爲得之，其《十駕齋養新錄》卷十四曰：

《崇文總目》一冊，予從范氏天一閣鈔得之。其書有目而無序釋，每書之下，多注闕字，陳直齋所見，蓋即此本，題云紹興改定，今不復見題字，或後人傳鈔去之耳。朱錫鬯跋是書，謂因鄭漁仲之言，紹興中從而去其注釋。今考《續宋會要》載紹興十二年向子堅言，乞以《唐藝文志》及《崇文總目》闕之書，注闕字於其下，付諸州軍搜訪，是今所傳者，即紹興中頒下諸州軍搜訪之本，有目無釋，取其便於尋檢耳，豈因漁仲之言，

〔註22〕《曝書亭集》卷四四，「崇文總目跋」。
〔註23〕《道古堂集》卷二五「崇文總目跋」。

而有意刪之哉。且漁仲以薦入官，在紹興之末，未登館閣，旋即物故，名位卑下，未能傾動一時，若紹興十二年，漁仲一閩中布衣耳，誰復信傳其言。

是此書之一卷本，有目無釋，實取便尋檢耳，固非因鄭漁仲之言而改定，以棄六十六卷本，亦非南宋時別無一卷本，而後人輾轉傳鈔而致殘缺也。此書流傳之本如下：

一、六十六卷本

此書六十六卷本已佚，前已明言，殆無疑義矣。然梁任公曰：「徧閱清代藏目，則大有可異者——《天一閣目》載有六十五卷鈔本，《孝慈堂目》、《結一廬目》、《善本書志》、《江南圖書館目》俱載六十六卷鈔本。《皕宋樓志》、《靜嘉堂目》俱載六十二卷鈔本。據此，似六十六餘卷之原本，巋然尚在人間，且傳鈔不只一部，甚可怪也。」〔註24〕

考清代此書之流傳，當以范氏天一閣為祖本。其最初傳鈔者為朱竹垞，其跋存《曝書亭集》中，云：「《崇文總目》六十六卷，予求之四十年不獲，歸田之後，聞四明天一閣有藏本，以語黃岡張學使，按部之目，傳鈔寄予，展卷讀之，祇有其目，當日之敘釋，無一存焉。」〔註25〕是朱氏所鈔，即當日陳直齋所見之本，亦即紹興所定之本耳。天一祖本不知流落何所。朱鈔本則輾轉歸歸安陸氏，《陸志》之六十二卷本明題「竹垞舊藏」，可證也。至《靜嘉堂目》，乃全鈔《陸志》原文。《孝慈堂目》題六十六卷，不詳淵源所自，其與朱竹垞交，每得秘籍，必互相借鈔，然則此本殆亦鈔自朱氏耳。《丁志》亦未言傳鈔所自，今其書歸江南圖書館，彼館書目亦題六十六卷，僅一冊。蓮涇書什九為黃蕘圃所得，而丁氏所藏，又多得諸黃氏。則江南館本或即蓮涇本、亦本范本或朱本也。〔註26〕

又《結一廬目》著錄有六十六卷本，下注云：「共十本，明鈔本，每條均有解題，千頃堂藏書。」據此，似范藏之外，別有一本，乃晁、陳、王、馬所未睹，然諸家題跋亦未有一字提及者，今唯闕疑。

二、一卷本

宋高宗紹興十二年頒行。《晁志》、《陳錄》著錄。現存天一閣舊鈔本，江南圖書館藏傳鈔本。見前所述。

三、永樂大典本

此本乃清修《四庫全書》，由《永樂大典》中輯出，釐為十二卷。《四庫提要》

〔註24〕同註16，頁23。
〔註25〕同註22。
〔註26〕以上之考證，皆本梁啓超之說，見註16頁24。

曰：「《永樂大典》所引，亦即從晁、陳二家目中採出，無所增益，已不能復覩其全，然蒐輯排比，尚可得十之三四，是亦較勝於無矣。謹依原次，以類補入，釐爲一十二卷，其六十六卷之原次，仍注于各類之下。」

四、輯釋本

嘉慶間，嘉定錢東垣與弟繹、侗及金錫鬯、秦鑑等，依天一閣簡目，據《歐陽全集》、《元豐文集》、《東觀餘論》、《讀書志》、《書錄解題》、《通志・校讎・藝文》二略、《孟子疏》、《輿地碑目》、《雲谷雜記》、《困學紀聞》、《三家詩考》、《漢藝文志考證》、《宋史・藝文志》、《陝西通志》、《經義考》諸書，暨宋元人敘跋，輯爲五卷，補遺一卷，附錄一卷。計得原敘三十，原釋九百八十條，引證四百二十條〔註27〕。視四庫館臣所輯敘三十七條，原釋二百十七條，引證二十一條者，溢出甚多。則其所采佚文既加增，考證亦更精審，當爲此書之一善本矣。

此本嘉慶四年秦鑑刊入《汗筠齋叢書》（後改名《蘭芬齋叢書》），咸豐間刊入《粵雅堂叢書》，光緒間刊入《後知不足齋叢書》。後臺灣商務印書館編印《叢書集成》，據粵雅堂本以鉛字排印，又收入《國學基本叢書》。廣文書局則據粵雅堂本影印收入《書目續編》。

《集古錄跋尾》十卷　存

《陳錄》、《馬考》並作《集古錄跋尾》十卷。《宋志・經部・小學類》著錄公《集古錄跋尾》六卷、又二卷。而史部目錄類又著錄公《集古錄》五卷。以《跋尾》與《集古錄》分別著錄，蓋非重出，或有所本。或有疑《集古錄》五卷者，即歐陽棐《集古錄目》，惟作五卷，又非吾人所知矣。《四庫提要》則作「《集古錄》十卷」。案公墓誌及公子發等述公事迹，皆作「《集古錄跋尾》十卷」，今從之。

至其「跋尾」之名，似非歐陽公原定。考公《集古錄目・序》云：

> 又以謂聚多而終必散，乃撮其大要，別爲錄目。並載夫可與史傳正其闕謬者，以傳後學，庶益於多聞。

是公自言其所作名「錄目」，意至顯也。此其一。清黃本驥以爲此序乃公子棐錄目之序，非《集古錄跋尾》之序，後不知，「遂以錄目之序，移冠集古錄之首。」〔註28〕。然公此序作於嘉祐七年，而棐受命撰作錄目在熙寧二年，豈棐書未撰，而公於六年前已爲之作序耶？此其二。又公序明言「並載夫可與史傳正其闕謬者」，今黃輯錄目，僅記書撰之人與立碑之時地，絕無補正史闕謬之處，此其三。又公《集・書簡》卷

〔註27〕見《崇文總目輯釋》錢侗序。
〔註28〕黃本驥〈集古錄目後序〉。

五〈與劉原父書〉云：

> 愚家所藏《集古錄》，嘗得故許子春爲余言，集聚多且久，無不散亡，此物理也。不若舉其要，著爲一書，謂可傳久，余深以其言爲然。昨在汝陰居閑，遂爲《集古錄目》，方得七八十篇。

有此四理，蓋可斷今傳《集古錄跋尾》一書，其原名當爲「集古錄目」，或編公集者，爲免與棐之「集古錄目」混淆，遂改今名。

又歐陽棐〈錄目記〉云：

> 《集古錄》既成之八年，家君命棐曰：吾集錄前世埋沒缺落之文，獨取世人無用之物而藏之者，……跋於諸卷之尾者三百九十六篇〔註29〕，序所謂可與史傳正其闕謬者，已粗備矣。若撮其大要，別爲目錄，則吾未暇，後不可以闕而不備也。棐退而悉發千卷之藏而考之，……於是各取其書撰之人，事迹之始終，所立之時世而考之，爲二十卷〔註30〕，以附於跋尾之後。

審〈錄目記〉之「若撮其大要，別爲目錄，則吾未暇。」與公自序「乃撮其大要，別爲錄目。」之語，實相牴牾，蓋〈錄目記〉:「別爲錄目」之「別」，原當作「盡」，因涉公序而譌〔註31〕。是熙寧二年，公家千卷之藏，公已作錄目三百九十六篇，跋於諸卷之尾，大體粗備。乃將其餘未跋者，命子棐「撮其大要，盡爲目錄」，以續其成。今傳棐之錄目，別爲一書，清黃本驥自陳思《寶刻叢編》中輯出，凡五百十六篇，以與今傳跋尾相較，重複者極少，合二者計之，差近千卷之數，足證今傳《跋尾》與《錄目》，原爲先後賡續之作，而非分別並行之書，並統名爲「集古錄目」，益可見跋尾之原名爲「錄目」也。

《集古錄》千卷，《四庫提要》據〈錄目記〉以爲成於嘉祐六年，然公《居士外集》卷十九〈與蔡君謨書〉云：

> 在河朔，不能自閑，嘗集錄前世金石之遺文，自三代以來古文奇字，莫不皆有。……蓋自慶曆乙酉逮嘉祐壬寅，十有八年而得千卷。

此以爲《集古錄》千卷始集於慶曆五年，完成於嘉祐七年。而繆荃孫乃謂完成於嘉祐八年，上溯十八年，即爲慶曆五年也〔註32〕。蓋諸人於年代之運算，不盡相同，致完成之年不一。然吾人可斷者，《集古錄》千卷之藏，始集於慶曆五年也。案慶曆

〔註29〕據周必大考證196篇當改爲396篇。

〔註30〕同上，十卷當改爲二〇卷。

〔註31〕本姚薇元〈歐陽修集古錄目考〉，見《廣州學報》第一卷第1期。

〔註32〕《雲自在龕隨筆》卷三「金石」。

五年公任河北都轉運按察使，故書云「曏在河北」，魏劉熹學生碑跋尾亦云：「在河北，始集錄古文。」且慶曆六年時，公已改知滁州，不在河北，則公初集金石文字，在慶曆五年，無庸置疑也。

至今傳《集古錄跋尾》之作，當始於至和元年間。前引公〈與劉原父書〉：「昨在汝陰居閑，遂爲集古錄目，方得八九十篇，……其後來京師，遂不復作。」汝陰即爲潁州，考《歐陽公年譜》：

公於皇祐元年知潁州。皇祐二年七月改知應天府，四年三月丁母憂，歸潁州。五年八月，自潁州護母喪歸葬吉州之瀧岡，是冬，復至潁。至和元年五月服闋，除舊官職，赴闕。

是皇祐四年三月至至和元年五月，公「在汝陰居閑」，然其時公丁母喪，哀痛適恆，自無摩崖金石之興緻。皇祐五年，公〈與梅聖俞書〉云：「閑中不曾作文字，祇整頓了五代史。」〔註33〕公與梅堯臣爲密友，此時苟有新作，必舉以相告，故知皇祐五年前，公尚未著手耳。皇祐六年，公〈與張職方書〉云：「縣中有好碑，試爲訪之，別後所收必多也。」〔註34〕皇祐六年三月改元至和，此書簡當作於三月之前，此時公方訪拓碑。蓋此時葬事已了，徵勑未至，所作《五代史》又已整頓，公著手整理其所好之碑拓，乃極其自然之事。又公〈與劉敞書〉有云「其後來京師，遂不復作。」必指五月赴闕而言，故《集古錄跋尾》當始作於至和元年三月至五月之間也。當時僅作八九十篇，至京師遂不復作。今傳其蹟，多跋於嘉祐八年及治平元年，蓋是時公在政府，官清年高，得有餘暇與雅興爲之也。至熙寧二年，凡跋三百九十六篇，以後續有跋，直至熙寧五年四月，題前漢〈雁足鐙銘〉，其後數月，公即逝世，殆即此跋尾之絕筆也。

此書卷一至卷十收有自三代、秦、漢、魏、吳、晉、南北朝至隋、唐及歲月未詳等石刻碑碣跋尾，凡四百一十二篇，其內容可分評字、考史及論文辭之優劣三者。評字者，如卷七〈唐顏魯公二十二字帖〉：

斯人忠義，出於天性，故其字畫，剛勁獨立，不襲前蹟，挺然奇偉，有似其爲人。

考史者，如卷八〈唐鴈門王田氏神道碑〉：

右唐魏博節度使鴈門郡王田承嗣碑，營田副使裴抗撰。子緒碑，節度判官丘絳撰。按《唐書》列傳，承嗣十一子，維、朝、華、繹、綸、綰、緒、繪、純、紳、縉，而緒次當第七。此二碑以緒爲第六子而無綰，自緒

〔註33〕公《集・書簡》卷六。
〔註34〕同書，卷四。

而下，有繪、純、紛、縉，與史不同。二碑當時故吏所作，必不誤，舊史之謬也。

其論文辭之優劣者，如卷九〈唐元稹修桐柏宮碑〉：

其文以四言爲韻語，既牽聲韻，有述事不能詳者，則自爲注以解之，爲文自注，非作者之法。

以上所舉，僅一端而已，公千卷之藏，大半爲求法書，故跋尾所述，評論字畫者，居十之六七。且公爲唐宋八大家之一，於跋尾中屢論及文章之優劣，蓋欲鳩集前人之作以資觀摩耳。又公序明言「並載夫可與史傳正其闕謬者」，故《跋尾》所載補正史之闕謬者，實《跋尾》之精粹也。詳其所載，訂年如〈後漢武班碑〉、〈魏賈逵碑〉、〈魏受禪碑〉、〈東魏造石像記〉、〈唐張九齡碑及唐裴公紀德碣銘諸跋〉。考封如〈後漢劉寬碑〉、〈南鄉太守碑陰〉、〈南齊海陵王墓誌〉、〈隋陳茂碑〉、〈唐李靖碑〉及〈唐徐王元禮碑〉諸跋。正名如〈秦祀巫咸神文〉、〈魏鄧艾碑〉、〈北齊浮名圖記〉、〈唐薛仁貴碑〉、〈唐李憕碑〉、〈唐孔穎達碑〉及〈唐顏勤禮神道碑〉諸跋，皆極精審，非博學有識者不能爲也。此外，如補遺史事者，有〈唐開元聖像碑〉、〈唐張中丞傳〉、〈唐裴虬怡亭銘〉等跋。考見制度者，有〈叔高父煮簋銘〉、〈後漢修西嶽廟復民賦碑〉、〈後漢魯相晨孔子廟碑〉、〈後漢魯相置孔子廟卒吏碑〉、〈唐郎穎碑陰題名〉及〈唐濟瀆廟祭器銘〉等跋。補正國號地名者，有〈大代修華嶽廟碑〉、〈晉南鄉太守碑〉、〈唐汾陽王廟碑〉等跋。訂核譜牒世系者，有〈唐乙連孤神慶碑〉、〈唐歐陽琟碑〉、〈唐鴈門王田氏神道碑〉等跋。

歐陽公自序其詮次之體例云：「有卷帙次第而無時世之先後，蓋其取多而未已，故隨其所得而錄之。」是原本但隨得隨錄，不復詮次年月。至周益公編公《全集》，則「自周秦至於五季，皆隨年代爲之序，庶幾時世先後，秩然不紊。間有書撰出於一手，其歲月相邇，則類而次之。又於每卷之末，備存當時卷帙之次第。」然周益公此舉頗致非議，錢曾以爲「失其初意」〔註 35〕。《四庫提要》卷八十六嘗引毛晉跋曰：「自序謂上自周穆王以來，則當以吉日癸巳石刻爲卷首。毛伯敦三銘，是作序目後所得，宜在卷末，即子棐亦未敢妄爲詮次，蓋周益公未能考訂。」而今刻公文集者，甚而但序時代，不復存每卷末之原次，益疎耳。

《四庫全書簡明目錄》卷八著錄此書云：

其所考證，雖不及洪適諸人，而亦時有所達。其文多所改竄，故眞蹟集本，互有異同。書中兩本並存，參觀其點定之意，亦頗有裨於文章。

〔註 35〕《讀書敏求記校證》卷一下「集古目錄條」。

案今日考古學蓬勃發展，東西史家咸重金石收集，其搜羅之廣，致力之專，或有過之，然歐陽公實有系統收集金石之創始者，朱文忠公即謂「集錄金石，於古初無，蓋自歐陽文忠公始。」〔註 36〕故其《集古錄》千卷，《跋尾》十卷，微有小疵，亦所不免，然其考覈，不可謂不精審，其論斷之識地，不可謂不卓越，故就史學之評價而言，此書爲金石學登峯造極之作，實毋庸置疑耳。

此書收入《歐陽文忠公全集》中。錢曾《讀書敏求記》著錄有《集古目錄》三卷。《述古堂書目》作《歐陽公集古目錄》三卷，注宋板二字。嚴可均《鐵橋漫稿》並證《敏求記》所載，確爲歐陽公所作，非棐也。其題中之「目」字乃衍文。今流傳之本有：

一《歐陽文忠公全集》本

二、明四留堂刊本

《江蘇省立國學圖書館圖書總目》著錄。

三、汲古閣六一題跋本

附外集雜題跋一卷。《莫目》著錄。

四、順治癸巳謝光啓刻本

國家圖書館分館藏一部。《莫目》著錄。

五、清光緒十三年行素草堂刊本

收入《行素草堂金石叢書》第一至三冊。又臺北藝文印書館據此本影印，收入《石刻史料叢書・乙編》中。

六、《四庫全書》本

〔註 36〕《朱文忠公集》卷八二「題歐公金石錄序眞蹟」。

第五章　子部著述考

《洛陽牡丹記》一卷　存

《四庫提要》著錄。《晁志》、《陳錄》、《馬考》、《宋志》俱作《牡丹譜》，且無「洛陽」二字。周益公後跋謂當時士大夫家有《歐陽公牡丹譜》一卷，乃承平時印本。始列花品序及名品，與此卷前兩篇頗同。其後則曰敘事、宮禁、貴家、寺觀、府署、元白詩、譏鄙、吳、蜀、詩集、記異、雜記、本朝、雙頭花、進花、丁晉公續花譜，凡十六門，萬餘言，前題吏部侍郎參知政事歐陽某撰，後有梅堯臣跋，蓋假託云云。是周益公已辨其為僞，則宋時當尚有刻本，《晁志》等以《牡丹譜》著錄，而不稱「牡丹記」，蓋已誤承其僞矣。

當時牡丹出丹州、延州，東出青州，南亦出越州，而出洛陽者為天下第一。歐陽公初調洛陽從事，見其俗重牡丹，因作是記〔註 1〕。按公年譜，公於天聖八年充西京留守推官，九年三月至西京，則此記當作於此時也。

是記凡三篇，一曰〈花品序〉，所列凡二十四種，蓋取其特著者為之。二曰〈花釋名〉，述花名之所自來，或以氏，或以州，或以地，或以色，或旌其所異者而志之。三曰〈風俗記〉，首略敘遊宴及貢花，餘皆接植栽灌之事。

此記《四庫提要》謂其「文格古雅有法」〔註 2〕，《鄭堂讀書記》以為「敘述雅馴，似在君謨荔枝譜上。」〔註 3〕是其雖為小品之作，亦可見歐陽公之文筆也。

其通行之本有：

一、《歐陽文忠公全集》本。

〔註 1〕《鄭堂讀書記》卷五一，「洛陽牡丹記」條。

〔註 2〕卷一一五，「洛陽牡丹記」條。

〔註 3〕同註 1。

二、《四庫全書》本。

三、宋刊本：此爲單行本。每半葉十二行，行二十五字。《傳目》著錄。

四、明刊本：行款與宋刊本同。《傳目》、《江蘇省立國學圖書館圖書總目》著錄。

五、《重編說郛》本：卷第一百四所收。

六、《墨海金壺》本：第四函一百二十二冊所收。

七、《百川學海》本：癸集所收。

八、《重編百川學海》本：壬集所收。

九、《雲自在龕叢書》本：第二集所收。

十、《守山閣叢書》本：第十八函所收。

十一、《香艷叢書》本：第八集所收。

十二、《山居雜志》本。

十三、《珠叢別錄》本。

十四、《藝圃搜奇》本。

案：自《山居雜志》本至《藝圃搜奇》本，皆據《莫目》著錄。

《試筆》一卷　存

《四庫存目》著錄一卷，《提要》卷一百二十七云：

> 舊本題宋歐陽修撰。末有蘇轍、蘇軾二跋，蓋雜集其手書墨跡，錄而成編，故往往與《六一詩話》、《歸田錄》語相出入。考陸游《渭南集》有〈爲楊元發跋東坡所書蘭亭記〉曰：明窗淨几，筆研紙墨，皆極精良，是人間之至樂，六一居士嘗以是爲自得云云。今其語正載此編中，似非贋作。惟蘇軾一跋，凡猥殊甚，決非軾語，或刊是書者所依託歟。

此書自「南唐硯」下至「六經簡要說」，凡三十條。其「九僧詩」一條，「溫庭筠嚴維持」一條，皆詳載《詩話》中。「弔僧詩」一條，與《詩話》所載略同。「謝希深論詩」一條，《歸田錄》亦及此，蓋皆文忠公銜口而得，信手而成，初不加意者也。其各說前之標題，各本不一，如「秋霖不止，文書頗稀，叢竹蕭蕭，似聽愁滴，顧見案上故紙數幅，信筆學書，樞密院東廳。」一條，一本有「信筆學書」之標目，一本則無。又「蘇氏四六」一條，一本作「蘇氏父子」，則此標目，似非歐陽公所定，乃後之編公集者，取便閱讀，遂各加標目，以醒眉目矣。

其通行之本如下：

一、《歐陽文忠公全集》本。

二、《百川學海》本：辛集所收。

三、《重編百川學海》本：庚集所收。

四、《說郛》本：卷第八十一所收。

五、《王氏書苑》本：補益卷四所收，《江蘇省立國學圖書館圖書總目》著錄。

六、《天都閣叢書》本：第九種所收。

七、《欣賞編》別本：第八冊所收，明程胤兆校。

《筆說》一卷　存

收入《歐陽文忠公全集》中。各家藏目皆無著錄者，蓋無單行本也。《說郛》題「六一筆記」，所收較《全集》本少「世人作肥字說」、「轉筆在熟說」、「李晸筆說」、「峽州河中紙說」數條。此蓋亦如《試筆》，雜集歐陽公手書墨跡，錄而成編也。

《州名急就章》一卷　存

《江西通志》著錄一卷，《廬陵縣志》不著卷數。收於《歐陽文忠公全集》。有公自序云：

> 《急就章》著，漢世有之，其源蓋出於小學之流。昔顏籀爲史游序之，詳矣。余爲學士，兼職史官，官不坐曹，居多暇日，每自娛於文字筆墨之間，因戲集州名，作〈急就章〉一篇，以示兒女曹，庶幾賢於博塞爾。

歐陽公自云此篇作於學士兼職史官時，考其年譜，當爲至和元年公遷翰林學士兼史館修撰時所作。此文雖少，然該括甚多，吳師道嘗跋此文，謂其一時以文爲戲，而音韻協比，別出新意，亦奇作也云云〔註4〕。是此文亦頗有價值，故考次於此。

《雜書》一卷　佚

張邦基《墨莊漫錄》卷八謂歐陽公有《雜書》一卷，不載於集中，凡九事。乃張氏於京師貴人家所見，因見其字畫清勁，多柳誠懸筆法，愛而錄之。

卷前有歐陽公自題一行，云：

> 秋霖不止，文書頗稀，叢竹蕭蕭，似聽愁滴，顧見案上，故紙數幅，信手學書樞密院東廳。

按歐陽公於嘉祐五年十一月拜樞密副使，並於嘉祐六年八月轉戶部參知政事。則《雜書》一卷，當作於嘉祐五年十一月至六年八月之間也。

然此歐陽公自題一行，亦見於《試筆》中，他如〈論九僧詩〉：「馬放降來地，

〔註 4〕《吳正傳先生文集》卷十六，〈歐公書州名急就章跋〉。

雕盤戰後雲」、「春生桂嶺外，人在海門西」諸好句，及論「雞聲茅店月，人跡板橋霜」、「野塘春水漫，花塢夕陽遲」二聯之工，與〈譏賈島哭僧詩〉:「寫留行道影，焚却坐禪身」爲燒却活和尙數事皆見《六一詩話》中，及晏元獻評富貴之句，亦見於《歸田錄》。此外數條，或見《試筆》，或見《筆說》中，然如張氏所云：其言或有不同，故不敢刪削。今亦錄之如下：

一云謝希深嘗誦〈哭僧詩〉云:「燒痕碑入集，海角寺留眞。」謂此人作詩，不必好句，只求好意。余以謂意好句必好矣。賈島有〈哭僧詩〉云:「寫留行道影，焚却坐禪身。」唐人謂燒却活和尚，此句之大病也。近時九僧詩極有好句，然今人家多不傳，如「馬放降來地，雕盤戰後雲」、「春生桂嶺外，人在海門西」，今之文士，未必有如此句也。學書勿浪書，事有可記者，他時便爲故事作詩，須多誦古今人詩，不獨詩爾，其餘文字盡然。

二云漢之文士，善以文言道時事，質而不俚，茲所以爲難，往時作四六者，多用古人語，及廣引故事，主衒博而不思述事不暢，近時文章變體，如蘇氏父子以四六述敘，委曲精盡，不減古人，自學者變於爲文，殆今三十年，始得斯人，不惟遲久而後獲，實恐此後未有能繼者耳。自古異人間出，前後參差不相待，余老矣，乃及見之，豈不爲幸哉。

三云「空梁落燕泥」，未知警絕，而楊廣不與薛道衡解讎於泉下，豈荒煬所趣，止於此耶。大風起，雲飛揚，信是英雄之語也。若「漠漠水田飛白鷺，陰陰夏木轉黃鸝」，終非己有，又何必區區於攘竊哉。

四云作字要熟，熟則神氣完實而有餘，於靜坐中自是一樂事，然患少暇，豈若以樂處當不足耶。書十年不倦當得名，虛名已得，而眞氣耗矣。萬事莫不皆然，有以寓其意，不知身之爲勞也。有以樂其心，不知物之爲累也。然則自古無不累心之物，而有爲物所樂之心。

五云自蘇子美死後，遂覺筆法中絕，近年君謨獨步當世，然謙讓不肯主盟。往年，余嘗戲謂君謨學書如泝急流，用盡氣力不離故處。君謨頗笑，以謂能取譬，今思此語已十餘年，竟如何哉。

六云學書費紙，猶勝飲酒費錢。曩時，王文康公戒其子弟云:「吾平生不以全幅紙作封皮。」文康，太原人，世以晉人喜嗇而資談笑，信有是哉。吾年尚老，亦不欲多耗用物，誠未足以有益於人，然衰年志思不壯，於事少能快然，亦其理耳。

七云蕭條澹泊，此難畫之意，畫者得之，覽者未必識也。故飛走遲速，意近之物易見，而閑和嚴靜，趣遠之心難形，若乃高下向背，遠近重複，此畫工之藝爾，非精鑒之事也。不知此論爲是否，余非知畫者，強爲之說，但恐未必然也，然自謂好畫者，必不能如此也。

八云介甫嘗言夏月晝睡，方枕爲佳。問其何理，云睡久氣蒸，枕熱則轉一方冷處，然則眞知睡者耶。余謂夜彈琴惟石徽爲佳，蓋金蚌瑟瑟之類，皆有光色，燈燭照之則炫燿，非老翁夜視所宜，白石照之無光，於目昏者爲便。介甫知睡眞懶者，余知徽直以老而目暗耳，余家石徽琴得之二十年，昨因患病，手中指拘攣，醫者言惟數運動以導其氣之滯，謂惟彈琴爲可，亦尋理得，十餘年已忘，諸曲物理，損益相因，固不能窮至於如此。老莊之徒，多寓物以盡人情，信有以也哉。

九云唐之詩人，類多窮士，孟郊、賈島之徒，尤能刻琢窮苦之言以自喜。或問二子，其窮孰甚，曰：閬仙甚也。何以知之。曰：以其詩見之。郊曰：「種稻耕白水，負薪斫青山。」島云：「市中有樵山，我舍朝無煙，井底有甘泉，釜中乃空然。」蓋孟氏薪水自足，而島家柴水俱無，誠可笑。然二子名稱高於當世，其餘林翁處士用意精到者，往往有之。若「雞聲茅店月，人迹板橋霜」，則羈孤行旅，流離辛苦之態，見於數字之中。至於「野塘春水漫，花塢夕陽遲」，則春物融恰之情和暢，又有言不能盡之意，茲亦精意刻琢之所得者耶。往在洛時，嘗見謝希深誦曰：「縣古槐根出，官清馬骨高」，希深曰：清苦之意在言外，而見於言中。又見晏丞相常愛「笙歌歸院落，燈火下樓臺」，晏公曰：世傳寇萊公云：「老覺腰金重，慵便枕玉涼」，以爲富貴，此特窮相者耳。能道富貴之盛，則莫如前句，亦與希深所評者類耳。以二公皆有情味而喜爲篇詠者，其論如此。

《于役志》一卷　存

景祐三年，天章閣待制范仲淹以言事忤宰相，落職知饒州，歐陽公遇司諫高若訥于余襄公靖家，若訥非短范公，以爲宜貶。公歸，遺書責之，謂不知人間有羞恥事。若訥怒，以其書聞。五月戊戌貶峽州夷陵令。既而余襄公、尹師魯皆連坐被貶。此篇即記公於五月自京師沿汴絕淮泝江，奉母夫人赴貶所所經之地，及沿途之行事。

此《于役志》雖非著述，流傳至今，亦不可略。且其亦收入公《全集》中，故列之於此。考公〈與尹師魯書〉云：「臨行，臺吏催苛百端，始謀陸行，以大暑，又無馬，乃沿汴絕淮，泛大江，凡五千里，用一百一十程，纔到荊南。」與此志合。

其流傳之本有：

一、《歐陽文忠公全集》本。

二、《重編說郛》本：弓第六十五所收。

三、《五朝小說》本：《宋人百家小說・瑣記家》所收。

《歸田錄》二卷　存

《陳錄》、《馬考》、《通志・藝文略》、《宋志》俱著錄。諸本皆作二卷，惟《通志》作五卷，《宋志》作八卷，蓋字之誤也。

是書名曰「歸田」，似歐陽公致仕居潁後所作。然其序作于治平四年，考《直齋書錄》卷十一云：

> 或言公爲此錄未傳而序先出，裕陵索之，其中本載時事及所經歷見聞，不敢以進，旋爲此本。而初本竟不復出。

周煇《清波雜志》卷八則云：

> 歐陽公《歸田錄》未出而序先傳，神宗宣取。公時致仕居潁，以其間紀述，有未欲廣者，因盡刪去，又患其文太小，則雜以嬉笑不急之事，元本未嘗出，《盧陵集》所載，上下纔兩卷，乃進本也。

二說小異，而朱弁之說與周煇同〔註 5〕。大抵初稿爲一本，宣進者又一本，實有此事。至其旋爲之說與刪除之說，則傳聞異詞耳。又公自序云：

> 《歸田錄》者，朝廷之遺事，史官之所不記，與夫士大夫笑談之餘，而可錄者，錄之以備閑居之覽也。

公後記又謂其所錄，大抵以李肇《國史補》爲法，而小異於肇者，不書人之過惡。案李肇《國史補・序》云：「言報應，敘鬼神，述夢卜，近帷箔，悉去之。紀事實，探物理，辨疑惑，示勸戒，採風俗，助談笑，則書之。」則此書所記，庶幾可知也。

是書亦有小疵，如「不試而知制誥」一條，稱宋唯楊億、陳堯叟及公三人。然費袞謂至道三年四月，眞宗念梁周翰夙負詞名，令加獎擢，乃不試而入西閣云云〔註 6〕。是周翰實爲宋不試而命者之第一人，而楊公繼之。公之誤記，蓋爲偶然疎舛，在所不免。又其錄中稱仁宗立今上爲皇子，則似爲眞宗時語，然公歸潁上，當在神宗時，或平時箚記，歸田後排纂成之，偶忘追改歟？張宗泰嘗有此書跋，謂公不講音韻之學〔註 7〕，其云：

> 歐公素不講音韻之學，故於文字之通轉假借，未能會通而歸於一。如

〔註 5〕《曲洧舊聞》卷九。

〔註 6〕《梁谿漫志》卷二。

〔註 7〕魯巖《所學集》卷七，〈跋歸田錄〉。

契丹之阿保機，一作阿布機，一作阿保謹，保與布、機與謹聲相近，所謂雙聲之學也，而不能明其通轉之故，故以爲未詳孰是。又謂湯餅唐人謂之不托，今俗謂之餺飥，不、餺亦雙聲字，二字似異而實同，而亦不能決也。

雖此爲歐陽公之疏失，然大抵所錄皆有根據，可資考證，誠可以匹《國史補》矣。今取《宋史》對勘，發見《宋史》之素材亦出其中，則此書之史料價值，亦未可等閒視之矣。特舉二例，以資對證。

《宋史》卷二百八十六〈魯宗道傳〉：

爲諭德時，居近酒肆，嘗微行就飲肆中。偶眞宗亟召，使者及門，久之，宗道方自酒肆來，使者先入，約曰：即上怪公來遲，何以爲對。宗道曰：第以實言之。使者曰：然則公當何罪。曰：飲酒，人之常情，欺君，臣子之大罪也。眞宗果問，使者具以宗道所言對。帝詰之，宗道謝曰：有故人自鄉里來，臣家貧，無杯盤，故就酒家飲。帝以爲忠實，可大用。

《歸田錄》卷一云：

魯簡肅爲諭德，其居在宋門外，俗謂之浴堂巷，有酒肆在其側，號仁和酒，有名於京師，公往往易服微行，飲於其中。一日，眞宗召公，將有所問，使者及門，而公不在。移時，乃自仁和肆中飲歸。中使遽先入白，乃與公曰：「上若怪公來遲，當託何事以對，幸先見教，冀不異同。」公曰：「但以實告。」中使曰：「然則當得罪。」公曰：「飲酒，人之常情，欺君，臣子之大罪也。」中使嗟歎而去。眞宗果問使者，具如公對。眞宗問曰：「何故私入酒家。」公謝曰：「臣家貧，無器皿，酒肆百物俱備，賓至如歸。適有鄉里親客自遠來，遂與之飲。然臣既易服，市人亦無識臣者。」眞宗笑曰：「卿爲宮臣，恐爲御史所彈。」然自此奇公，以爲忠實可大用。

又《宋史》卷二百九十〈曹利用傳〉云：

初章獻太后臨朝，中人與貴戚稍能軒輊爲禍福，而利用以勳舊自居不恤也。凡內降恩，力持不予，左右多怨，太后亦嚴憚利用，稱曰侍中而不名。……利用奏抑內降恩，難屢卻，亦有不得已從之者，人揣知之，或紿太后曰：「蒙恩得內降，輒不從。今利用家媼，陰諾臣請，其必可得矣。」下之而驗，太后始疑其私，頗銜怒。

《歸田錄》卷一則云：

樞密曹侍中利用，澶淵之役以殿直使於契丹，議定盟好，由是進用。

當莊獻明肅太宗時，以勳舊自處，權傾中外，雖太后亦嚴憚之，但呼侍中而不名。凡內降恩澤，皆執不行，然以其所執既多，故有三執而又降出者，則不得已而行之。久之，爲小人所測，凡有求而三降不行者，必又請之。太后曰：「侍中已不行矣。」請者徐啓曰：「臣已告得侍中宅嬭婆，或其親信爲言之，許矣。」於是又降出，曹莫知其然也，但以三執不能已，僶俛行之，於是太后大怒。

此書通行之本有：

一、《歐陽文忠公全集》本。

二、《四庫全書》本。

三、《說郛》本：卷二十三收一卷。

四、《重編說郛》本：弓第四十所收。

五、《學津討原》本：第十七集所收。

六、《稗海》本：第五函所收。

七、《續百川學海》本：庚集所收。

《刪正黃庭經》不著卷數　佚

《馬考》著錄，題無仙子撰。歐陽公爲之作序，存於公《居士外集》卷十五中。其曰：

無仙子，不知爲何人也。無姓名，無爵里，世莫得而名之，其自號爲無仙子者，以警世人之學仙者也。

《馬考》以爲歐陽公序之，意必公所自爲，而隱其名耳。《廬陵縣志》著錄此書云：「歐陽修撰無仙子刪正黃庭經一卷」，直以歐陽公爲撰人。又就其序中所言：

世傳《黃庭經》者，晉魏間道士養生之書也。其說專於養內，多奇怪，故其傳之久，則易爲訛舛，今家家異本，莫可考正。無仙子既甚好古，家多集錄古書文字，以爲翫好之娛。有黃庭石本著，乃永和十三年晉人所書，其文頗簡，以較今世俗所傳者，獨爲有理。疑得其眞，於是喟然歎曰：吾欲曉世以無仙而止人之學者，吾力顧未能也。吾觀世人執奇怪訛舛之書，欲求生而反害其生者，可不哀哉。矧以我翫好之餘，拯世人之謬惑，何惜而不爲，故爲刪正諸家之異，一以永和石本爲定，其難曉之言，略爲注解，庶幾不爲訛謬之說，惑世以害生。

觀其「甚好古，家多集錄古書文字」，「欲曉世以無仙而止人之學者」，皆似歐陽公所爲。案公平生不喜神仙之說，以爲「凡物有常理，而推之不知者，聖人之所不言也。」

〔註 8〕神仙之說，究非常理可證。如河圖洛書，尚以爲荒虛怪誕不可信〔註 9〕，何況求神問仙？歐陽公更有詩云：「仙境不可到，誰知仙有無？」〔註 10〕「乃知神仙事茫昧，眞僞莫究徒自傳。」〔註11〕「仙書已怪妄，……旁人掩口笑。」〔註12〕則知《馬考》所言，未嘗無據，是此書爲公所作也。

此書之內容，雖不得詳知，然序中嘗引之曰：

> 自古有道無仙，而後世之人知有道而不得其道，不知無仙而妄學仙，此我之所哀也。道者，自然之道也。生而必死，亦自然之理也。以自然之道養自然之生，不自戕賊夭閼而盡其天年，此自古聖智之所同也。禹走天下，乘四載，治百川，可謂勞其形矣，而壽百年。顏子蕭然坐於陋巷，簞食瓢飲，外不誘於物，內不動於心，可謂至樂矣，而年不及三十，斯二人者，皆古之仁人也，勞其形者長年，安其樂者短命，蓋命有長短，稟之於天，非人力之所能爲也。惟不自戕賊而各盡其天年，則二人之所同也。此所謂自然之道，養自然之生，後世貪生之徒，爲養生之術者，無所不至，至茹草木，服金石，吸日月之精光，又有以謂此外物不足恃而反求諸內者，於是息慮絕欲，鍊精氣，勤吐納，專於內守以養其神，其術雖本於貪生，及其至也，尚或可全形而却疾，猶愈於肆欲稱情以害其生者，是謂養內之術。故上智任之自然，其次養內以卻疾，最下妄意以貪生。

由上所引，則是書內容，大致可知矣。

〔註 8〕《歐陽文忠公全集》卷一二九，《筆說》。
〔註 9〕見第二章《易童子問》一書考證。
〔註10〕《居士集》卷九，古詩〈感事〉。
〔註11〕同書，同卷，古詩〈昇天檜〉。
〔註12〕同書，卷一，古詩〈仙草〉。

第六章　集部著述考

《歐陽文忠公全集》一百五十三卷　附錄五卷　存

《晁志》著錄《文忠公集》八十卷、《諫垣集》八卷。《讀書續志》謂所藏一百五十三卷。內《居士集》五十卷，《外集》二十五卷，《外內制》十二卷，《表奏書啓四六奏議》二十五卷，《雜著述》十九卷、《附錄》五卷。《陳錄》與《馬考》並作《六一居士集》一百五十二卷、《附錄》四卷、《年譜》一卷。又《通志・藝文略》作《六一居士全集》一百五十卷、《六一居士別集》二十卷。《宋志》則著錄公《文集》五十卷，又《別集》二十卷、《六一集》七卷、《奏議集》十八卷、《內外制集》十一卷、《從諫集》八卷。

公集中惟《居士集》爲公自定，其餘皆後人所裒集，各自流傳，當時有廬陵本、京師舊本、綿州本、宣和吉本、蘇州本、閩本等，諸本分合不一，亦多卷帙叢脞，略無統紀，故陳直齋云公集「徧行海內，而無善本」，蓋以是也。而公集之卷數，當時諸家書目所載不一，亦由此而然。

今通行之一百五十三卷本，《直齋書錄解題》謂乃周益公解相印歸，用諸本編校，並爲之年譜，自《居士集》、《外集》而下，至於《書簡》，凡十，各刊之家塾，其子綸又以所得歐陽氏傳家本，乃公之子棐叔弼所編次者，屬益公舊客曾三異校正云云。然周益公原序又稱郡人孫謙益、承直郎丁朝佐徧尋舊本，與鄉貢進士曾三異等互相編校，超紹熙辛亥，迄慶元丙辰，則是書非三異獨校，亦非周益公自輯，與陳直齋所言，似有不合。考《四庫提要》云：

> 檢書中舊存編校人姓名，有題紹熙三年十月丁朝佐編次、孫謙益校正者，有題紹熙五年十月孫謙益、王伯芻校正者，又有題郡人羅泌校正者，亦無曾三異之名。惟卷末考異中多有云公家定本作某者，似即周得之歐陽

氏本，疑此書編次義例，本出必大，特意存讓善，故序中不自居其名，而振孫所云綸得歐陽氏本付三異校正者，乃在朝佐等校定之後，添入刊行，故序亦未之及歟。

又島田翰《古文舊書考·歐陽文忠集跋》云：

是書初益公自加編定，其考異屬孫丁曾諸人作之，以刊之家塾，其後周綸得棐編定本，乃綸又屬曾三異校正，以添入刊布之於益公之舊刻也，夫已之曰益公舊客，則先后之相距，必在遠矣。蓋益公所屬校，乃孫丁曾數人，而綸則三異一人耳。是益公所屬校以刊布，與綸所屬校以刊行，前後自別，《四庫提要》混言之，非是矣。且《提要》謂無三異之名，然先人所藏同種殘宋本第百四十三卷尾，紹熙四年郡人鄉貢進士曾三異校正名儼存，是即初校時之題名，則《提要》之言未確矣。

按危素〈歐陽氏文集目錄後記〉嘗謂子棐手寫家集，孫恕較于景陵者，卷帙多寡各異，又謂迨病亟始得寫本，公子綸屬舊客訂定編入，今每卷所謂恕本是已云云。據此，則曾得之所舉以稱家本，即周綸所獲歐陽棐手寫本，而三異所失校，卷中所引恕本者，即綸屬曾三異所再訂編次也。故知《文忠公集》首由周益公編定，屬孫曾丁諸人校正，後公子綸得歐陽棐寫本，孫恕校者，乃再屬曾校之，《提要》之言，不待辯已破矣。

卷一至卷五十　《居士集》五十卷

卷五十一至卷七十五　《居士外集》二十五卷

卷七十六至卷七十八　《易童子問》三卷

卷七十九至卷八十一　《外制集》三卷

卷八十二至卷八十九　《內制集》八卷

卷九十至卷九十六　《表奏書啓四六集》七卷

卷九十七至卷一百一十四　《奏議集》十八卷

卷一百一十五至卷一百三十三　《雜著述》十九卷

卷一百一十五至卷一百一十六　《河東奉使奏草》上下

卷一百一十七至卷一百一十八　《河北奉使奏草》上下

卷一百一十九　《奏事錄》

卷一百二十至卷一百二十三　《濮議》

卷一百二十四　《崇文總目敘釋》

卷一百二十五　《于役志》

卷一百二十六至卷一百二十七　《歸田錄》上下

卷一百二十八　《詩話》

卷一百二十九　《筆說》

卷一百三十　《試筆》

卷一百三十一至卷一百三十三　近體樂府

卷一百三十四至卷一百四十三　《集古錄跋尾》一十卷

卷一百四十四至卷一百五十三　《書簡》一十卷

附錄五卷：

卷一　祭文、行狀、謚誥

卷二　墓誌銘、神道碑

卷三至卷四　本傳

卷五　事迹

歐陽公乃唐宋八大家之一，其提倡古文，不遺餘力。蓋自韓柳後，能致乎古，又具繼往開來之本領者，舍歐陽公無第二人。公雖自謂爲文得力於韓，然似韓者少，學《史記》者多。其文采横逸，以寄情序跋之作爲最精，而如《新唐書·藝文志序》、《五代史記》中諸序，較諸群史序志，超然獨立。雜記中更以〈有美堂記〉、〈豐樂亭記〉、〈峴山亭記〉諸篇最工。言情寄慨，則以〈瀧岡阡表〉、〈讀李翺文〉爲佳。他如哀祭傳贊之作，論議贈序之篇，咸能以神味勝，故公之文，盛行一時。如〈醉翁亭記〉用二十一「也」字，自成一體〔註 1〕，到處傳寫，爲之紙貴〔註 2〕。雖曾子固嘗謂其〈晝錦堂記〉中之「來治於相」，〈眞州東園記〉中之「泛以畫舫之舟」等句法，未免牽強〔註 3〕。然公爲文謹慎，雖作一二十字小簡，亦必屬稿，故集中所見，乃明白平易，反若未嘗經意者，而自然爾雅，非常所及〔註 4〕。用平常輕虛字，而妙麗古雅〔註 5〕。大抵諸家於公之文，皆多所讚賞。朱熹雖嘗批評公之經學浮淺，未能身踐，然於公之文，亦一唱三歎，並讚公文字好，議論亦好〔註 6〕。故蘇子由撰公之神道碑銘，甚所推崇，益可見公振興古文之功，實不可沒，其云：

> 公之於文，天材有餘，豐約中度，雍容俯仰，不大聲色，而義理自勝。短章大論，施無不可，有欲效之，不詭則俗，不淫則陋，終不可及。是以獨步當世，求之古人，亦不可多得。

〔註 1〕洪邁《容齋五筆》卷八。

〔註 2〕朱弁《曲洧舊聞》卷三。

〔註 3〕邵博《聞見讀錄》卷十六。

〔註 4〕《曲洧舊聞》卷九。

〔註 5〕羅大經《鶴林玉露》卷十五。

〔註 6〕《朱子語類》卷一三九。

至歐陽公之詩，乃削浮華而履革新之作，始矯崑體，以氣格爲主，致宋詩風氣爲之一變，《石林詩話》所論，可見其詩之概矣。其卷上云：

歐陽文忠公詩，始矯崑體，專以氣格爲主，故其言多平易踈暢，律詩意所到處，雖語有不倫，亦不復問，而學之者往往遂失眞，傾囷倒廩，無復餘地。然公詩好處豈專在此，如崇徽公主手痕詩：「玉顏自古爲身累，肉食何人與國謀。」此自是兩段大議論，而抑揚曲折發見於七字之中，婉麗雄勝，字字不失相對，雖崑體之工者，亦未易比，言易所會要當如是，乃爲至到。

總之，歐陽公獨步宋代文壇，爲一代文章冠冕，其或爲詩、爲文，甚或遊戲作小詞，皆事事合體，蓋得文章之全也。羅大經《鶴林玉露》卷二所引楊東山所言，實可作爲歐陽公詩文之總評，其云：

文章各有體，歐陽公所以爲一代文章冠冕者，固以其溫純雅正，藹然爲仁人之言，粹然爲治世之音，然亦以其事事合體故也。如作詩，便幾及李杜，作碑銘記序，便不減韓退之，作《五代史記》，便與司馬子長並駕，作四六，便一洗崑體，圓活有理，致作《詩本義》，便能發明毛鄭之所未到，作奏議，便庶幾陸宣公，雖游戲作小詞，亦無愧唐人《花間集》，蓋得文章之全者也。

《歐陽文忠公全集》自周益公等編校本出，盛行一時，嗣是元明遞有翻雕，皆從此書，而他刻遂湮沒無聞。在此全集本之前，《天祿琳琅》著錄有宋本一百卷，爲吉州所刊，今已無可追尋。天一閣有宋本六十四卷，爲廬陵所刊，後歸適園張氏。此外，北平圖書館藏宋本二部，虞山瞿氏藏宋本《居士集》一部。傅氏增湘謂其家藏宋刊《全集》一部，殘宋本《居士集》一部，其爲慶元刊十行本，欲求汴吳蜀衢閩諸刻，竟渺不可得，後乃獲衢州刊殘宋本，則貴之云云〔註 7〕。則此衢州刊本當爲公集之第一本也。

明中順大夫禮部侍郎曾魯得之取其家藏歐陽棐手寫傳家本及吉本、刊本就宋大字本，以校其內外集。又獲宋紹興間孫謙益、丁朝佐、曾三異等校正本，據以製考異《居士集》五十卷，然當時並未刊刻，明洪武六年，永豐縣令蔡玘始依吉學所藏曾氏手定本，爲之鏤版，後陳斐再覆校。

洪武後，傳刻《文忠公集》者日益增多。天順六年，吉州郡守程宗得胡文穆家藏之《文忠公集》一百五十三卷內閣明本，乃刊削之。後之繼刊者有正德七年劉喬

〔註 7〕《雙鑑樓藏書續記》卷下「居士集殘本」條。

刊本，嘉靖十六年季本刊本、嘉靖二十二年歐陽清刊《居士集》五十卷本、嘉靖三十四年陳珊刊一百三十五卷本、嘉靖三十九年吉州郡學何遷刊本、萬曆元年雷以仁修補本、萬曆四十年湖廣布政司刊本。清則康熙間有曾弘校刊本，乾隆十一年有歐陽世和重刊本，嘉慶二十四年有歐陽衡校刊本。

日本寶曆年間有島靖之所刊三十六卷本，乃據元刻本所刊，亦可謂之善本矣。今就諸家藏目所著錄及今可見之本，分述如下：

一、衢州刊本

題「居士集」，殘存卷三至卷十五、卷二十九至卷三十二、卷三十七至卷四十七，及目錄一卷，凡二十九卷。每半葉十行，行十四字。白口，左右雙欄。板心記「居幾」，下記刊工姓名。字大約徑六分，開版宏朗，字體嚴整，氣息樸厚，每卷首行題「居士集卷第幾」，次行低四格，題「六一居士歐陽修」，以下篇目連屬正文。卷末有「熙寧五年秋七月發等編定一行」，不更標題卷數。廟諱桓、構，字缺末筆，慎字不缺，當爲南渡初所雕。

《傅目》著錄。傅氏增湘視其「大字廣幅，似蜀，而結體鐫工，又似杭。及反覆詳推，參之群目，證以考異，乃知是即衢本。」傅氏更於所存卷中得二證，斷其爲衢本無誤。其卷三〈汝癭詩〉:「平地猶『确犖』」，考異言衢本作「确犖」，吉本作「磽礐」，建本作「确礐」，蜀本、羅氏本作「磽确」，字各不同，今從蜀本、羅氏本作「磽确」云云。以上本作「确犖」，是爲衢本之證一也。卷三十〈杜待制墓誌銘〉文內有「知建昌縣」四字，考異言建本、吉本作「建安縣」，蜀本、衢本作「建昌」，羅氏本作「建陽」，今從《仁宗實錄・杜杞傳》作「建安」。而此本作「建昌」，不作「建安」，是爲衢本之證二也。按此衢本雖槧於南渡後，而探源仍出於熙寧，是足貴矣。

《王記》亦著錄，所記板匡、行款、刻工姓名皆同，似所藏爲同一本也。

二、宋刊本

題「歐陽文忠公集」，國家圖書館藏一部。殘存《奏議》卷第十一至卷第十三，凡三卷。每半葉十行，行十六字，白口，板心記字數，下方殘缺，不悉有無刻工。每卷末附刻考異。宋諱讓、愼字缺筆，郭字不避，當爲孝宗或光宗時刻。

三、宋刊小字本

題「廬陵歐陽先生文集」。國家圖書館藏一部，殘存卷一至卷五，卷十二至卷三十二、卷四十六至卷六十一，凡四十二卷。每半葉十四行，行二十四至二十八字不等。白口，雙魚尾（有少許單魚尾者）。左右雙欄，板心線口。宋諱絃、泫、驚、警、徵字缺筆。

《張目》著錄，以爲乃「驚人秘笈」矣。

四、宋周必大吉州刊本

題「歐陽文忠集」。國家圖書館藏書二部。一部殘存《居士集》目錄，及卷四十一至卷四十四。一部存《表奏書啓四六集》卷七一卷。每半葉十行，行十六字，白口，版心上記字數，下記刻工。宋諱玄、殷、穎、讓、勗、完、愼、敦字缺筆。

《瞿目》及《書影》、《鄧目》、《王記》、《傅目》及《日本宮內省圖書寮漢籍善本書目》皆著錄，惟皆殘缺不全。

《王記》與《傅目》所著錄皆只存卷三至卷十八、卷二十至卷三十四、卷四十至卷五十，且卷末皆有「太平路總管李亞中置到官書至治元年歲次辛酉九月朔旦儒學教授奕芳識」楷書大朱記，蓋所藏爲同一部也。

《鄧目》所著錄存卷二十至卷二十三，計四卷。其裝訂爲蝴蝶裝，第二十三卷線裝，有「世韓路里印」兩印。

《日本宮內省圖書寮漢籍善本書目》所著錄殘存六十九卷。存《居士集》卷二十四至卷二十五、《易童子問》三卷、《外制集》三卷（抄補）、《內制集》八卷、《表奏書啓四六集》卷四至卷七、《奏議集》卷一至卷十四、《河東奉使奏草》卷上、《河北奉使奏草》、《奏事錄》一卷、《濮議》一卷、《崇文總目敘釋》一卷，《于役志》一卷、《近體樂府》卷二至卷三、《書簡》卷四至卷十。首有「奚疑齋藏書」之印章。

五、宋刊慶元本

題「歐陽文忠公居士集」，五十卷。爲鐵琴銅劍樓所藏。每半葉十行，行十六字。每卷末有「熙寧五年秋七月男發等編定」、「紹熙二年三月郡人孫謙益校正」二行。卷一後有白文二行，云「李文敏公家藏，公之孫恕宣和癸卯寫本」。

《潘錄》著錄，殘存《外集》卷二古詩二十七首，卷三三十首，卷四三十七首。

六、明洪武六年蔡玘刊本

題「新刊歐陽文忠公集」，爲五十萬卷樓所藏，殘存三十四卷。此五十卷本，當從舊本改爲「居士集」。每半葉十一行，行二十二字，黑口。前題「臨川後學會魯得之考異。番陽後學李均度校正。」兩行。有李均度序云：「洪武辛亥秋，予忝丞永豐，得蔡侯行素新刊先生文集。」是此本乃明中順大夫禮部侍郎曾魯得之所作考異《居士集》五十卷，洪武六年永豐縣令蔡玘依其手定本，爲之鏤版，李均度再加以校正也。其藏書鈐有「蓮花印」及「壬戌進士敬勝閣印」、「范熙玉印」，莫伯驥察其刀刻，定爲前清陳微芝所藏。

《學部館目》著錄。行字與此本同，惟首行《居士集》下則題「臨川曾得之考異、古舒後學蔡玘行素訂定，番陽後學李均度校理、古溧後學俞允中校正」四行，殘缺亦甚。《內閣文庫漢籍分類目錄》亦著錄。

七、明洪武十九年陳斐校刊本

題「歐陽文忠公集」，五十卷，國家圖書館藏一部。此本乃據蔡玘刊本校刊，故亦當改題「居士集」。每半葉十行，行二十一字，左右雙欄，黑口。板心下有刻工姓名。

首有危素〈歐陽氏文集目錄後記〉，次署「時柔兆攝提格縣人陳斐允章校勘刊謬」一行。按柔兆攝提格爲丙寅，則此本確爲洪武十九年刊本無疑。蓋陳斐就洪武六年蔡玘刊本覆校者也。午風堂藏有此本，以爲元刻本，謬矣。

國立故宮博物院圖書館亦藏一部，存四十九卷。

八、明天順六年吉安知府程宗刊，弘治五年顧天福修補本

題「歐陽文忠公全集」，一百五十三卷，附錄五卷，年譜一卷。每半葉十行，行二十字，上下黑口。附錄末有編定校正銜名覆校等銜名十二行，次有周必大跋，知從宋孫謙益、丁朝佐、周必大等編次本出也。

《居士集》每卷後有「熙寧五年秋七月男發等編定，紹熙二年三月郡人孫謙益校正」兩行，《外集》後皆無之，蓋《外集》至《書簡》等皆非歐陽公自定，故無此二行。考異皆另葉起，不與正文相聯。前有錢溥及彭勗序，大意皆謂此本乃吉安知府程宗得胡文穆家所藏內閣明本而刊之。弘治五年顧天福復修補刻之，王世賞爲之作跋。

國家圖書館藏有二部，一爲六十四冊，一爲八十冊，蓋裝訂之異也。《靜嘉堂漢籍分類目錄》、《五十萬卷樓藏書目錄》著錄。又近涵芬樓嘗謂以元本影入《四部叢刊》，然葉啓勳取此二本對勘，其板框黑線字體，無一不同，蓋涵芬樓沿《天祿目》之誤，以爲元時重刊宋板者，即此明天順間本也。而瞿氏所謂元本者，亦即此本。〔註 8〕

九、明正德壬申吉安知府劉喬刊本

題「歐陽文忠公全集」，一五三卷，年譜一卷，附錄五卷。國家圖書館藏一部。每半葉十行，行二十字。黑口，朱批。各卷末附考異，黑質白文以別之。有周、彭、錢等序，並有王世賞跋及劉喬自跋。

《丁志》著錄。

十、明嘉靖十六年吉安季本刊本

題「歐陽文忠公集」，一五三卷，附錄五卷。其板匡行款皆與正德刊本同。惟無

〔註 8〕《拾經樓紬書錄》卷下。

目錄，然後有跋，缺損頗多，未明跋者爲誰。其謂歲丙申，彭山季公以會稽豪傑起甲科爲才御使，經百㓺間關，乃得遷吉州丞，丁酉攝郡府，爲政有本末先後，謂禮必徵於文獻而後可以善治，故取公之文集而考究之云云。是此本爲嘉靖丁酉（十六年）季本所刊也。

國家圖書館藏三部。另一部爲覆刻本，一爲《居士集》五十卷本。國立故宮博物院圖書館藏一部。《內閣文庫漢籍分類目錄》著錄。

十一、明嘉靖二十二年歐陽清刊本

題「歐陽文集」，五十卷。每半葉十行，行二十字。白口，雙欄，板心下有刻工姓名。其嘉靖二十二年太子太保刑部尚書蘭谿龍序謂浙江按察副使歐陽子冲菴清，裔出廬陵，念《文忠公全集》雖旁行於世，而卷帙浩繁，白屋之士，皓首弗獲爲憾，廼取《居士集》，授處州守李子冕翻刻之云云〔註9〕，則其刊刻緣由可知也。

國家圖書館藏二部，然皆無蘭序，或序已佚歟？國立故宮博物院圖書館藏一部。《丁志》著錄。

十二、明嘉靖三十四年江西藩司刊，萬曆元年雷以仁修補本

題「歐陽文忠公全集」，一百三十五卷。每半葉十行，行二十字，左右雙欄，白口。板心刻葉數及刻工姓名。

此本乃嘉靖三十四年銅仁陳珊取《文忠公全集》一百五十三卷本改定舊次而成。其序謂「於稽其類，則先後錯雜，篇什靡倫，因病夫編次者之重於改舊，略於師心，而漫無所取裁也。」故列區別之規，審萃之義，而改編舊次。卷一譜，卷二應制近體賦、雜著，卷三賦、雜文，卷四至卷十五古詩，卷十六樂府、古詩，卷十七至卷二十四律詩，卷二十五致語、詩餘，卷二十七論、或問、解，卷二十八論，卷二十九論、雜文，卷三十至卷三十一策問，卷三十二經旨、論、辨問，卷三十三《易童子問》，卷三十四《崇文總目》，卷三十五上皇帝書，卷三十六至卷三十七《濮議》，卷三十八奏對議，卷三十九至卷四十三表、狀、劄子，卷四十四至卷六十一奏議，卷六十二至卷六十七序，卷六十八至卷七十記，卷七十一行狀，卷七十二至卷八十四墓誌，卷八十五至卷八十八碑銘，卷八十九至卷九十墓表，卷九十一至九十二祭文，卷九十三至九十六書，卷九十七啓，卷九十八書、啓，卷九十九至卷一百八簡，卷一百九跋，卷一百一十至卷一百一十八《集古錄跋》，卷一百一十九至卷一百二十《歸田錄》，卷一百二十一《詩話》，卷一百二十二《筆說》，卷一百二十三譜，卷一百二十四志、記、雜記，卷一百二十五詔冊雜制，卷一百二十六至卷一百三十制勅、

〔註9〕丁丙《善本書室藏書志》卷二七「歐陽文集」條。

詔、口宣，卷一百三十一齋文詞疏，卷一百三十二賜外夷詔書口宣，卷一百三十三制詞，謚誥，卷一百三十四至卷一百三十五附錄。

陳珊改定舊次，亦持之有理，其云：「首族譜，重本源也。次年譜，重履歷也。藝文惟賦爲古，而以近體詩賦先之，重應制也。矧常規諫，其義可則也。次古詩，次律詩，次詩餘，本歷代文體之先後也。次論策經旨，見公稽古之力焉。次表狀劄議，見公立朝之節，經世之猷焉。序記銘誌，文之大者，次於奏議，書詳而簡略，或以議事，或以達情，故次於銘誌。集古錄跋，見公之游藝也。歸田雜著，其類非一，見公雖優游猷畝，而博聞強識，俛焉有孜孜也，公之文於是矣。廼若詔冊雜制，則臣子代言之體，以非公所得專，又賜妃嬪，賜宗室，賜臣工，率溷淆無紀，予爲之條分縷析，各從其類，禱詞以效祝，通好以息爭，自漢以來則然矣，特附於後焉。制詞謚誥，公之生榮也，祭奠銘誌，公之死哀也，國史有傳，事蹟有錄，公之完名全節也，故以是終焉。蓋予於是有以窺公之大者矣。」則陳珊之於公，亦可謂之有心人也。

國家圖書館藏二部，乃萬曆元年雷以仁再修補之本也。國立故宮博物院圖書館藏一部，有朱墨批注。《張目》、《內閣文庫漢籍分類目錄》著錄。

十三、明嘉靖三十九年吉州郡守何遷刊本

題「歐陽文忠公全集」，一百五十三卷，附錄六卷，多出制詞一卷。每半葉十行，行二十字，白口。其，〈四朝國史本傳〉未置於附錄，另置於年譜之前，有何遷跋。

國家圖書館藏二部，國立故宮博物院圖書館藏一部。《丁志》、《孫目內編》、《鄧目》、《靜嘉堂漢籍分類目錄》著錄。

十四、明萬曆四十年湖廣布政司刊本

題「歐陽文忠公集」，一百三十卷，附錄四卷，目錄十二卷。爲美國普林斯敦大學葛斯德東方圖書館所藏。每半葉十行，行二十字。有萬曆四十年陳于王序云：「公集舊刻廬陵，歲久魚豕，且序次無紀，則例不著，於是重加編校，爲百三十卷，補其逸者詩圖總序一篇。」

按《文忠公集》舊刻本多爲一百五十三卷，嘉靖間江西藩司刊本爲一百三十五卷，故屈萬里先生以爲陳氏此本乃就百三十五本重編者。

《奎章閣圖書中國本總目錄》著錄。

十五、清康熙間曾弘校刊本

題「歐陽文忠公集」，一百五卷，年譜一卷。板匡、行款不詳，卷數與舊本相異之由亦不可曉。《莫目》、《江蘇省立國學圖書館圖書總目》、《靜嘉堂漢籍分類目錄》、《內閣文庫漢籍分類目錄》、《奎章閣圖書中國本總目錄》皆著錄。

十六、清乾隆丙寅歐陽世和重刊本

《四庫提要》所著錄，即爲此本，《靜嘉堂漢籍分類目錄》所著錄爲竹添光鳴手校本。

臺灣中華書局《四部備要》本《歐陽文忠公全集》，即據此本排印，本文內容相同，惟近體樂府改名長短句。卷首冠以乾隆御製歐陽修小傳詩及金甡、歐陽世和詩。移〈四朝國史本傳〉及周必大後序於年譜前。年譜中所錄各種制詞刪去，彙錄爲附錄一，加編累代校刊姓名表，並將〈集古錄自序〉、〈濮議序〉、〈內外制集序〉移置總目錄前。附錄中刪去《神宗實錄・本傳》、《重修實錄・本傳》、《神宗舊史・本傳》三篇，而以記神清洞爲第四。

十七、日本寶曆十四年島靖之刊本

題「歐陽文忠公集」，三十六卷，國家圖書館藏一部。每半葉十行，行二十字。雙欄，雙魚尾，白口。

首有皆川愿序、島靖之序，皆謂此本乃以元刻本重校。第一卷爲賦與雜文，蓋即據《居士集》而截去前十四卷之詩，以十五卷之賦與雜文爲第一卷，以下次第悉與《居士集》合，未知所據原本如此，抑皆川愿氏等刪其詩？然每卷中多列異同，每卷末所載校刊人姓名，亦悉與前本合，知亦從前本出也。皆川愿所校異同，則列於欄外，其中多稱蘇本、宣和本，蓋其所見一本夾入注中之語，尤爲精善。《四庫提要》亦稱此本「校正極精審」，非虛語也。

《楊志》、《美國國會館藏中國善本書目》著錄。

十八、清嘉慶二十四年廬陵歐陽衡刊本

題「廬陵歐陽文忠公全集」，一百五十三卷，每半葉十行，行二十四字。左右雙欄、白口，單魚尾。有吳大鼎、歐陽棨及歐陽衡序。並有衡自擬定之凡例，云「原刻〈正統論〉、〈吉州學記〉、〈瀧岡阡表〉諸文篇不同，益公兩載之，離之兩集，今載定本一篇，而以小字附錄別本於後，倣《歸震川集》中周憲副行狀之例。」又云「集內如〈集古錄目序〉、〈外制集序〉、〈內制集序〉諸篇，今俱兩刻，一入序類，一置各集之首。」又「原刻制詞、謚議載入附錄，今分繫年譜內，以便檢查。」毋庸一一列舉而其校刊體例可知矣。

民國五十二年臺北世界書局《歐陽修全集》，即據此本排印。

《居士集》五十卷　存

《宋志》著錄《歐陽修集》五十卷，蓋即此《居士集》五十卷本。前有蘇子瞻〈六一居士集序〉及胡柯撰〈歐陽公年譜〉。《文獻通考・經籍六十一》引葉夢得之言曰：

> 歐陽文忠公晚年取平生所爲文自編次，今所謂《居士集》者，往往一篇至數十過，有累日去取不能決者。

案舊本每卷末有「熙寧五年秋七月男發等編定」數字，尤可證公自定之稿。蘇氏序謂得於公子棐，乃次而論之，蓋序作於元祐六年，時發已卒〔註10〕，故序中不及耳。

卷一至卷九古詩，卷十至卷十四律詩，卷十五賦、雜文，卷十六、十七論、或問，卷十八經旨，卷十九詔冊，卷二十至卷二十三神道碑銘，卷二十四至卷二十五墓表，卷二十六至卷三十七墓誌銘，卷三十八行狀，卷三十九至卷四十，卷四十一至卷四十三序，卷四十四序、傳，卷四十五至卷四十六上書，卷四十七與人書，卷四十八策問，卷四十九至卷五十祭文。

慶元中，周益公編次公集，自《居士集》外有《外集》等九種，都一百五十三卷，前已詳述之。此本僅三之一，然出自公所手輯，其選擇爲最審矣。

《居士外集》二十五卷　存

《宋志》著錄《歐陽修別集》二十卷，《通志》作《六一居士別集》二十卷。李之儀〈書歐陽文忠公別集後序〉〔註11〕云：

> 汝陰王樂道與其子性之皆博極群書，手未嘗釋卷，得公家集所不載者，集爲二十卷。

是公《別集》二十卷乃出《居士集》五十卷之外，爲王樂道與其子性之所編者，後周益公編公《全集》，此《別集》二十卷亦與焉，然作《居士外集》二十五卷者，蓋經周益公重新編次也。

卷一樂府、古詩，卷二至卷三古詩，卷四古詩、聯句，卷五至卷七律詩，卷八古賦、辭、頌、贊、章，卷九論辨，卷十經旨，卷十一神道碑銘、墓誌銘，卷十二墓誌銘、墓表、石檄銘，卷十三記，卷十四序，卷十五序、傳，卷十六至卷十九書，卷二十策問、謚議、齋文、祭文，卷二十一歐陽氏譜圖序，卷二十二硯譜、記，卷二十三雜題跋，卷二十四近體賦，卷二十五論、策。

《禮部唱和詩集》三卷　佚

《宋志》著錄，諸家藏目未有著錄者，今亦未之見。惟公《居士集》卷四十三有〈禮部唱和詩序〉，其云：

〔註10〕《歐陽公年譜》載公子發生於康定元年，而《宋史》卷三一九本傳，載歐陽發卒年四十六，則發當卒於元祐元年。

〔註11〕姑溪《居士後集》卷一五。

嘉祐二年春，予幸得從五人者於尚書禮部，考天下所貢士，凡六千五百人，蓋絕不通人者五十日，乃於其間，時相與作爲古律長短歌詩雜言，庶幾所謂群居燕處言談之文，亦所以宣其底滯而忘其倦怠也。故其爲言易而近，擇而不精，然綢繆反復，若斷若續，而時發於奇怪，雜以詼嘲笑謔，及其至也，往往亦造於精微。夫君子之博取於人者，雖滑稽鄙俚，猶或不遺，而況於詩乎。古者詩三百篇，其言無所不有，惟其肆而不放，樂而不流，以卒歸乎正，此所以貴也。於是次而錄之，得一百七十三篇，以傳於六家。

歐陽公《歸田錄》卷二嘗記當時唱和之盛況云：

嘉祐二年，余與端明韓子華，翰長王禹玉、侍讀范景仁、龍圖梅公儀，同知禮部貢舉，辟梅聖俞爲小試官，凡鎖院五十日，六人者相與唱和，爲古律歌詩一百七十餘篇，集爲三卷。禹玉、余爲校理時武成王廟所解進士也，至此新入翰林與余同院，又同知貢舉，故禹玉贈余云：「十五年前出門下，最榮今日預東堂。」余答云：「昔時叨入武成宮，曾有揮毫氣吐虹，夢寐閒思十年事，笑談今此一樽同，喜君新賜黃金帶，顧我宜爲白髮翁也。」天聖中，余舉進士，國學南省，皆忝第一人薦名。其後，景仁相繼，亦然，故景仁贈余云：「澹墨題名第一人，孤生何幸繼前塵」也。聖俞自天聖中，與余爲詩友，余嘗贈與蟠桃詩，有韓孟之戲，故至此，梅贈余云：「猶喜共量天下士，亦勝東野亦勝韓。」而子華筆力豪贍，公儀文思溫雅而敏捷，皆勁敵也。前此爲南省試官者，多窘束條制，不少放懷，余六人，懽然相得，群居終日，長篇險韻，眾製交作，筆吏疲於寫錄，童史奔走往來，間以滑稽嘲謔，形於風刺，更相酬酢，往往烘堂絕倒，自謂一時盛事，前此未之有也。

由上可知此書凡一百七十餘篇，集爲三卷。乃歐陽公於嘉祐二年與韓子華、王禹玉、范景仁、梅公儀同知禮部貢舉時，相與唱和之作也。

《紹聖三公詩》三卷　佚

《宋志》著錄，題司馬光、歐陽修、馮京著。今未之見，內容無考，可知者，此或三人唱和之作也。

《六一詩話》一卷　存

各本均作一卷，惟《江西通志・藝文略・詩文評類》作六卷，並謂「謹案郡齋讀書志作歐公詩話一卷，書錄解題亦作一卷，今從四庫目錄」云云。然則《四庫》目錄亦作一卷，不云六卷也。

清何焕所編《歷代詩話》，於歐陽公前，尙列有梁鍾嶸之《詩品》、唐釋皎然之《詩式》及司空圖之《二十四詩品》。至丁仲祐編訂《續歷代詩話》亦收唐孟棨《本事詩》及張爲《詩人主客圖》等。觀何、丁二氏所收宋以前之詩論，僅《本事詩》差可視爲詩話之前身，其他各篇，性質頗不相同，故吾人可云「詩話」之稱，始於歐陽公，「詩話」之體，亦創自公矣。

公卷首有自題一行云：「居士退居汝陰，而集以資閑談也。」是此書乃公於熙寧四年七月致仕後，退居汝陰所作，且爲公晚年最後之筆也。既曰「以資閑談」，可見初非意存評騭。故原題但稱「詩話」，其稱「六一詩話」、「六一居士詩話」、「歐公詩話」、「歐陽永叔詩話」、「歐陽文忠公詩話」者，皆後人所加，以便稱引，亦所以別於後此諸家之作也。

歐陽公前論詩之作，或重品評，或重格例，或重作法，或重本事，自公開詩話之體，乃兼收並蓄，或論詩開啓方便之門。是以此書當包有品評、紀事、作法等內容，而其精蘊，當在於奠定宋代之詩風。卷惟二十有六條，今僅列三條，以見其精義之所在：

（一）聖俞子美，齊名於一時，而二家詩體特異。子美筆力豪儁，以超邁橫絕爲奇，聖俞覃思精微，以深遠閑淡爲意，各極其長，雖善論者，不能優劣也。余嘗於水谷夜行詩，略道其一二云：「子美氣尤雄，萬竅號一噫，有時肆顛狂，醉墨灑滂霈，譬如千里馬，已發不可殺，盈前盡珠璣，一一難揀汰，梅翁事清切，尺齒漱寒瀨，作詩三十年，視我猶後輩，文辭愈精新，心意雖老大，有如妖韶女，老自有餘態，近詩尤古硬，咀嚼苦難嘬，又如食橄欖，眞味久欲在，蘇豪以氣轢，舉世徒驚駭，梅窮獨我知，古貨今難賣。」語雖非工，謂粗得其髣髴，然不知能優劣之也。

（二）楊大年與錢劉數公唱和，自《西崑集》出，時人爭效之，詩體一變，而先生老輩患其多用故事，至於語僻難曉，殊不知自是學者之弊。如子儀〈新蟬〉云：「風來玉宇烏先轉，露下金莖鶴未知。」雖用故事，何害爲佳句也。

（三）退之筆力，無施不可，而嘗以詩爲文章末事，故其詩曰：「多情懷酒伴，餘事作詩人」也。然其資談笑，助諧謔，敘人情，狀物態，一寓於詩，而曲盡其妙，此在雄文大手，固不足論，而予獨愛其工於用韻也。蓋其得韻寬，則波瀾橫溢，泛入傍韻，乍還乍離，出入回合，殆不可拘以常格，如〈此日足可惜〉之類是也。得韻窄，則不復傍出，而因難見巧，愈險愈奇，如〈病中贈張十八〉之類是也。余嘗與聖俞論此，以謂譬如善馭良馬者，通衢廣陌，縱橫馳逐，惟意所之，至於水曲蟻封，疾徐中節而不少蹉跌，乃天下之至工也。

上列三條：(一) 鼓吹蘇舜欽、梅堯臣之詩。(二) 攻擊西崑體之流弊。(三) 推崇韓愈之作詩法。蓋宋初由楊億、劉筠、錢惟演領導之西崑詩派，一味追蹤李商隱，重對偶，用典故，尚纖巧，主研華。沈德潛《說詩晬語》卷下即云：

宋初台閣倡和，多宗義山，名西崑體。梅聖俞、蘇子瞻起而矯之。

是當時雖西崑體弊病良多，依然風靡宋初詩壇。至蘇、梅出，始起而矯之。然猶勢單力薄，未足與之對抗，及歐陽公出，乃大力推重鼓吹蘇、梅二人之詩，復攻擊西崑體「多用故事，語僻難曉」，並盛讚韓愈之作詩法，頗有提倡韓愈之意。歐陽公乃宋代文壇之領袖，經此三面之夾攻，西崑體果勢衰力竭矣。又於此書中，歐陽公評石曼卿詩「豪放」，評蘇詩「筆力豪儁，以超邁橫絕爲奇」，梅詩「覃思精微，以深遠閒淡爲意」，後人論宋詩有「豪放」、「平淡」之特色，當是由此而來。「以文入詩」乃宋詩風格之一，意指題材之擴大，以往單可入文之事物，如今亦能入詩，歐陽公推崇韓愈「其資談笑，助諧謔，敘人情，狀物態，寓於詩而盡其妙」，正意味詩材之拓寬，故此書之精義，實在其爲宋詩闢出新境地，而其價值與地位，自非此區區一卷可限也。

郭紹虞先生〈北宋詩話考〉〔註12〕以公所著「《雜書》一卷」爲此詩話之前身，故謂其「撰述宗旨，初非嚴正，宋四庫闕書目列入小說一類，蓋非無因。後世詩話之作，與說部難以犁別，亦不可謂非是書爲之先也。」觀其所言，頗有微辭，然《六一詩話》既爲詩話之創始者，其體未備，勢所不免，蓋「詩話者，辨句法，備古今，紀盛德，錄異事，正訛誤也。」〔註13〕則詩話與筆記之本難犁別，其理固然矣。

其中所論，亦有頗爲後人所詆者。如「風暖鳥聲碎，日高花影重」一聯，公作周朴詩，實見杜荀鶴《唐風集》，魏泰《臨漢隱居詩話》已指其誤，吳聿《觀林詩話》則曰：

杜荀鶴詩句鄙惡，世所傳《唐風集》首篇「風暖鳥聲碎，日高花影重」者，余甚疑不類荀鶴語，他日觀唐人小說，見此詩乃周朴所作，而歐陽文忠公亦云耳，蓋借此編以行於世矣。

〔註12〕見《燕京學報》第21期。
〔註13〕《彥周詩話》卷首。

是歐陽文忠公以此詩爲周朴所作，實持之有理，非妄言也。況此事原無定論，於公更未可遽加非難矣。又九僧之名，公頓遺其名，謂其詩無傳本事，司馬溫公《續詩話》已補之，清張宗泰魯巖《所學集》卷十四有〈跋六一詩話〉云：

《六一詩話》謂國初浮圖以詩名者九人，號九僧詩，其一曰惠崇，餘八人忘其名字。按《宋詩紀事》九僧爲劍南希晝、金華保暹、南越文兆、天台行肇、沃州簡長、青城惟鳳、淮南惠崇、江南宇昭、峨眉懷古也。又云其集已亡，今人多不知所謂九僧，按宋末書賈陳起有《高僧詩選》，所錄九僧詩共一百三十四首，其時九僧全集猶在，當時歐公豈得云已亡，當由未見耳。又所舉「馬放降來地」一聯，爲宇昭詩，「春生桂嶺外」一聯，爲希晝詩，今竝見《高僧詩選》中，非惠崇詩也。

是此書實有謬誤之處，然此則記憶偶疏，亦人之常情，不足怪矣。今傳之本有：

一、《歐陽文忠公全集》本：卷第一百二十八所收。

二、《津逮祕書》本：第五集所收。

三、《百川學海》本：庚集所收。

四、《重較說郛》本：卷第八十二所收。

五、《重編百川學海》本：己集所收。

六、明刻《宋詩話五種》本。

七、《螢雪軒叢書》本：第一卷所收。

八、《歷代詩話》本。

九、《古今彙說》本：《千頃堂書目》著錄，今未見。

十、《四庫全書》本。

又《螢雪軒叢書》有《六一詩話附錄》一種，蓋日人近藤元粹據歐陽公《試筆》、《歸田錄》二書，輯其論詩之語而成者也。

《六一詞》一卷　存

《陳錄》、《馬考》俱作「六一詞一卷」。羅泌校正之《歐陽文忠公全集》中稱歐陽文忠公近體樂府，都三卷。毛晉所刻，亦止一卷，而於總目中注原本三卷，蓋廬陵舊刻兼載樂語，仍併爲一卷也。今雙照樓影印本之歐陽公詞，有《醉翁情趣外篇》六卷，所收詞較近體樂府多六十一首，然中亦多混入他人之作，容後再論。

歐陽公雖爲一提倡「文以載道」之古文大家，亦爲當時領袖儒林之道學家，然由其所作之詞，吾人更可窺此一代文宗眞正之面目與心靈。羅泌謂其「性至剛而與物有情」〔註14〕。可謂透視公之性格矣。綜觀公詞，抒情者有之，寫景者有之，亦有溶情景於一爐者，如：

尊前擬把歸期說，未語春容先慘咽，人生自是有情癡，此恨不關風與月。　離歌且莫翻新闋，一曲能教腸寸結，直須看盡洛城花，始共春風容易別。（〈玉樓春〉）

堤上遊人逐畫船，拍堤春水四垂天，綠楊樓外出鞦韆。　白髮戴花君莫笑，六么催拍琖頻傳，人生何處似尊前。（〈浣溪沙〉）

畫船載酒西湖好，急管繁弦，玉盞催傳，穩泛平波任醉眠。　行雲却在行舟下，空水澄鮮，俯仰留連，疑是湖中別有天。（〈採桑子〉）

首闋王靜安評其「於豪放之中有沈著之致，所以尤高。」〔註15〕次闋晁無咎評云：「歐陽永叔〈浣溪沙〉云：「堤上遊人逐畫船，拍堤春水四垂天，綠楊樓外出秋千，要皆絕妙，然只出一字，自是後人道不到處。」〔註16〕三闋乃寫景之作，則又如許之天然生動，不失之堆砌，亦不失之呆板。由上所述，亦可稍見公詞之一斑。

因公之詞風與其道學家之身分，頗不相稱，諸家乃爲之辯解，以爲「歐公一代儒宗，風流自命，詞章窈眇，世所矜式，當時小人或作豔曲，謬爲公詞。」〔註17〕或謂「其間多有與《花間》、《陽春》相混者，亦有鄙褻之語一二廁其中，當是仇人無名子所爲也。」〔註18〕羅泌則直云「其淺近者，前輩多謂劉煇僞作。」〔註19〕故其刪定《六一詞》，凡啓人疑竇者皆刪之。元豐中，崔公度〈跋馮延巳陽春集〉，謂「其間有誤入六一詞者」。蓋公詞中，實有與《花間》、《陽春》等集相混者，亦有他人之僞作者，如〈醉蓬萊〉、〈望江南〉等，乃「公知貢舉時，落第舉人作以譏之，詞極醜詆。」〔註20〕前人辯證俱備，自不足以信。然因此而謂公不作豔詞，亦非實情。蓋詞體之興，即以言情爲主，且北宋生活豪侈，歐陽公逢場所興，因妓塡詞，以表露其個人浪漫之情感，實亦無可厚非，苟欲以衛道精神而掩沒其自然之情感，則迂腐之至矣。

歐陽公之詞實攝取《花間》南唐詞風而溶化之，然尤近於馮延巳。其〈蝶戀花〉諸作與《陽春集》中之〈蝶戀花〉，意境風格，以及用字寫情，幾同一面貌，同一情

〔註14〕〈校正文忠公集長短句卷後〉。
〔註15〕《人間詞話》卷上。
〔註16〕吳曾《能改齋漫錄》卷十六，「晁無咎評本朝樂章」。
〔註17〕曾慥《樂府雅詞．序》。
〔註18〕陳振孫《直齋書錄解題》卷二一，「六一詞」條。
〔註19〕同註14。
〔註20〕錢世昭《錢氏私誌》，頁4。

調，令人無法辨之，故二人之詞，相互混淆者頗多。王靜安嘗謂公詞〈浣溪沙〉:「綠楊樓外出秋千」乃本正中「外秋千出畫牆」，然歐語尤工云云。又謂馮正中玉樓春詞，永叔一生專學此種（同註 15），亦可知歐陽公詞之深受南唐詞風之影響。故公之詞，無甚革新之處，唯眞情流露，尤富文學價值。馮煦謂其詞「疏雋開子瞻，深婉開少游」〔註 21〕。周止庵云:「永叔詞只如無意，而沈著在和平中見。」〔註 22〕諸家之評價亦高矣。

歐陽公詞集，傳世頗多，羅泌校正之《歐陽文忠公全集》中稱「歐陽文忠近體樂府」，都三卷。明古虞毛晉重校羅校，刪誤稿，輯遺闕，又削浮豔傷雅之作，較羅校精審，成書一卷，刻入汲古閣本《六十名家詞》中，惜間亦有以眞作贋，遺珠之失未免。近吳昌綬雙照樓有宋本《歐陽文忠近體樂府》及《醉翁情趣外篇》影印刊行，共收詞九十餘闋，頗稱詳贍，似比羅、毛二本爲佳。又近臺灣商務印書館嘗仿宋影印林大椿校勘之《歐陽文忠近體樂府》，其跋云:「茲編依據元槧，以毛本及乾隆丙寅間廬陵祠堂本覆校之，別爲校記一卷。」蓋其校勘亦頗精矣。各本分述如下:

一、三卷本

羅泌所校正，題「近體樂府」，都三卷，刻入《歐陽文忠公全集》中。近仁和吳氏雙照樓景印宋全集本，共一百九十三首，前附致語。又有一本乃陸勅先以集本校，並補其闕漏，爲皕宋樓藏書。

二、六卷本

題「醉翁琴趣外篇」國家圖書館藏宋本一部，殘卷四至卷六。每半葉十行，行十八字，版心線口。

雙照樓嘗影印宋本，共二百三首，較《近體樂府》多六十一首，少五十一首，兩本合計二百五十四首。

三、一卷本

題「六一詞」，《直齋書錄解題》著錄。明古虞毛晉取羅校重校，次序與《近體樂府》同，惟併三卷爲一卷，刪去致語及詞十首，又脫〈漁家傲〉十二首，共詞一百七十一首，刊入汲古閣《六十名家詞》中。《四庫提要》所著錄，即爲此本。

〔註 21〕《六十家詞選・例言》。

〔註 22〕周濟《介存齋論詞雜著》，頁 2。

第七章　結　論

歐陽公之著作，已如上述，由公所著書，可見其一生治學，實富懷疑與批評之精神，蓋因公思想精銳，理智洞明，故於古書古事之可疑者，能探抉引發，正千載相傳之誤說，而言時人所不能言不敢言。且公爲一代文宗，其以文章擅天下，世莫有敢抗衡者，蓋其提倡古文之功，實萬世不沒，由其著作，吾人更可窺見其文采，故今特就此兩方面，加以闡述，以見歐陽公著作之概凡。

一、歐陽公之治學精神

吾國文化孕育於先秦，然始皇焚書，使古籍殘佚，漢儒修補掇拾，箋注講說，承先傳後，用功甚劬，而古書古事因漢人之說而致誤，蒙蔽後世千百載之人心者亦甚夥，故歐陽公以其精銳之思致，洞察之識力，常覺漢儒之說不可信。嘗謂：「自漢以來，學者多增三統之說，以附六經之文，今所見者，特因漢儒之說爾。當漢承秦焚書，聖經未備，而百家異說不合於理者眾，則其可信歟。」〔註 1〕故其子發等所作公事迹，謂公於「先儒注疏，有所不通，務在勇斷不惑，平生所辨明十數事，皆前世人所不以爲非，未有說者。」

甲、不篤古

歐陽公不篤古，故自漢以來，以爲周公、孔子之書，公皆疑之。

（一）疑《周禮》

> 六官之屬，略見於經者五萬餘人……王畿千里之地，爲田幾井，容民幾家，王宮王族之國邑幾數，民之貢賦幾何，而又容五萬人者於其間，其人耕而賦乎，如其不耕而賦，則何以給之。夫爲治者若是之煩乎，此其一可疑者也。……自漢以後，帝王稱號，官府制度，皆襲秦，……未嘗有意

〔註 1〕《居士集》卷四八，「武成王廟問進士策」。

於《周禮》者，豈其體大而難行乎，其果不可行乎。夫立法垂制，將以遺後也，使難行而萬世莫能行，與不可行等爾。然則反秦制之不若也，脱有行者，亦莫能興，或因以取禮，王莽後周是也。則其不可用決矣，此又可疑也。〔註2〕

蓋因其制度之不能實行，而後世行之亦鮮有不敗者，歐陽公遂疑《周禮》爲理想之書，而疑古代一切禮制亦未必盡皆當時所實行者，豈可信爲聖人之作？

（二）疑《繫辭》、《文言》、《說卦》

其疑《易‧繫辭、文言、說卦》，則謂其中多繁衍叢脞之言與自相乖戾之說。本條詳見前經部《易童子問》一書，此略。

（三）疑古史

堯之崩也，下傳其四世孫舜，舜之崩也，復上傳四世祖禹，而舜、禹皆壽百歲，稷契於高辛爲子，乃同父異母之兄弟。今以其世次而下之，湯與王季同世，湯下傳十六世而爲紂，王季下傳一世而爲文王，二世而爲武王，是文王以十五世祖臣事十五世孫紂，而武王以十四世祖伐十四世孫而代之王，何其繆（案謬、繆同音通用）哉。〔註3〕

歐陽公之富懷疑精神，非但治經如此，治史亦如此，故其論《史記》所載黃帝以來古帝王世次，如細推之，則文王以十五世祖臣事十五世孫，而武王以十四世祖伐十四世孫而代之王，其謬甚矣。

乙、不迷信

（一）以《河圖》、《洛書》為怪妄

自孔子歿而周衰，接乎戰國，秦遂焚書，六經於是中絕，漢興蓋久而後出，其教亂磨，既失其傳，然後諸儒因得措其理說於其間，如《河圖》、《洛書》，怪妄之尤甚者……僞書之亂經也。〔註4〕

歐陽公以爲《易》所言，乃合乎自然，合乎人情之理，而非迷信天道，其以《河圖》、《洛書》爲怪妄，蓋欲破除迷信也。

（二）力詆怪說

子不語怪，著之前說，以其無益於事而有惑於人也。然《書》載鳳凰之來舜，《詩》錄乙鳥之生商，《易》稱河洛出圖書，《禮》著龜龍游宮沼，《春秋》明是非而正王道，六鷁鸜鵒，於人事而何干，〈二南〉本功德於

〔註 2〕同書，同卷，〈問進士策〉。

〔註 3〕同書，卷四三，〈帝王世次圖序〉。

〔註 4〕同書，同卷，〈廖氏文集序〉。

后妃，麟暨騶虞，豈婦人而來應。昔孔子見始作俑者，歎其不仁，以謂開端於用殉也，況六經萬世之法，而容異說，自啓其源。〔註5〕

歐陽公於諸經所記怪異之事，非但不迷信，且致疑焉。其又嘗作《詩本義》，於〈生民〉、〈思文〉、〈臣工〉諸篇，力詆高禖祈子，后稷天生，及白魚躍舟，火流爲烏，以穀俱來諸怪說。於〈玄鳥〉、〈長發〉兩篇，則不取簡狄呑　卵生契，及黑帝生商之說。曰：「妄儒不知所守，而無所擇，惟所傳則信從焉，曲學之士好奇，得怪事則喜附而爲說，前世以此爲六經患者非一也。」〔註6〕

（三）請刪九經正義中讖緯之文

歐陽公以爲「自秦漢以來，諸儒所述，荒虛怪誕，無所不有。」〔註7〕蓋官定之注疏，羼雜讖緯之說，不能純正，故歐陽公主張復古，要求恢復先儒之本然，反讖緯之學，故於嘉祐四年，奏言讖緯之書，淺俗誣怪，悖經妨道，凡諸書及傳疏所引，請一切削去之，以無誤後學。其劄子云：

唐太宗時，始詔名儒撰定九經之疏，號爲正義，凡數百篇。自爾以來，著爲定論，凡不本正義者，謂之異端，則學者之宗師，百世之取信也。然其所載既博，所擇不精，多引讖緯之書以相雜亂，怪奇詭僻，所謂非聖之書，異乎正義之名也。臣乞特詔名儒學官，悉取九經之疏，刪去讖緯之文，使學者不爲怪異之言惑亂，然後經義純一，無所駁雜。〔註8〕

除此，歐陽公修《新唐書》，甚而不書符應，悉破漢儒災異附會之說。

丙、不迂曲

歐陽公治學不迂曲，故說經務爲簡易明白，近情準理，不取三傳附會迂曲之解。

（一）說《春秋》

或問：「《春秋》何爲始於隱公而終於獲麟？」曰：「吾不知也。」問者曰：「此學者之所盡心焉，不知何也。」曰：「《春秋》起止，吾所知也。子所問者，始終之義，吾不知也，吾所用心乎此。昔者孔子仕於魯，不用，去之諸侯，又不用，困而歸，且老，始著書。……得《魯史記》，自隱公至獲麟，遂刪修之。其前遠矣，聖人著書，足以法世而已，不窮遠之難明也，故據其所得而修之。」〔註9〕

〔註5〕同註2。

〔註6〕《詩本義》卷十，「生民篇」。

〔註7〕同註2。

〔註8〕《奏議集》卷十六，〈論刪去九經正義中讖緯劄子〉。

〔註9〕《居士集》卷十八，〈春秋或問〉。

經於魯隱公之事，書曰公及邾儀父盟於蔑，其卒也，書曰公薨。孔子始終謂之公。三子者曰：「非公也，是攝也。」其於晉靈公之事，孔子書曰趙盾弒其君夷皐。三子者曰：「非趙盾也，是趙穿也。」……其於許悼公之事，孔子書曰許世子止弒其君買。三子者曰：「非弒之也，買病死而止不嘗藥耳。」……經簡而直，傳新而奇，簡直無悅耳之言，而新奇多可喜之論，是以學者樂聞而易惑也。予非敢曰不惑，然信於孔子而篤者也。〔註10〕

歐陽公於《春秋》始於隱公終於獲麟之義，則謂孔子得《魯史記》，自隱公至於獲麟，據其所得而修之，非別有微意深旨。於隱攝及趙盾、許止之弒君，皆據經廢傳，謂《春秋》書隱為公，則隱實為君，而非假攝。書趙盾、許止弒君，則趙盾與許止實弒其君，非如傳所云實趙穿弒君，因趙盾不討賊，故《春秋》加之大惡，而止實不嘗藥，故致君死耳。凡此皆取經中簡直之言，而不取傳中新奇可喜之論。

（二）說《易》

漢之所為〈繫辭〉者，……是皆險怪奇絕，非世常言，無為有訓故考證，而學者出其臆見，隨事為解，果得聖人之旨邪。〔註11〕

歐陽公因重訓故考證，無徵則不信，故疑古人注《周易》者多出臆見。

（三）說《詩》

經義固常簡直明白，而未嘗不為說者迂回汩亂而失之彌遠也。〔註12〕

詩文雖簡易，然能曲盡人事，而古今人情一也。求詩義者，以人情求之，則不遠矣。然學者常至於迂遠，遂失其本義。〔註13〕

歐陽公於《詩本義》中，凡毛傳、鄭箋迂曲之說，皆加以辨析。蓋因公一切本諸人情，故謂前人說《詩》者，多失其本義。

歐陽公以其懷疑和批評之精神說經說史，雖考究既細，所見尤銳，然不易為當時人所接受，即其門人，亦有所評。王厚齋嘗謂「歐陽公以河圖洛書為怪妄。東坡云：著于易，見于論語，不可誣也。南豐云：以非所習見，則果于以為不然，是以天地萬物之變，可為盡于耳目之所及，亦可謂過矣。蘇曾皆為歐陽公門人，而議論不苟同如此。」〔註14〕故公慨然歎息曰：「余嘗哀夫學者知守經以篤信，而不知偽說之亂經也。屢為說以黜之，而學者溺其久習之傳，反駭然非余以一人之見，決千

〔註10〕同書，同卷，〈春秋論上〉。
〔註11〕《居士外集》卷十五，〈傳易圖序〉。
〔註12〕《詩本義》卷三，〈相鼠篇〉。
〔註13〕同書，卷六，〈出車篇〉。
〔註14〕《困學紀聞》卷一。

歲不可考之是非，欲奪眾人之所信，徒自守而世莫之從也。」〔註15〕

自公歿迄今，其所論述，如〈繫辭〉非孔子所作，《河圖》、《洛書》爲怪妄之說，讖緯解經之不可信等，均有人賡續研究，疏通證明，成爲定論。則公之治學精神，實開啓後人學術研究之革新風氣矣。

二、歐陽公之文學成就與地位

歐陽公於文學史上之貢獻，乃在於其致力古文運動之發展。宋代古文之起，上溯於唐元和年間韓愈等人所倡導「文以載道」之運動，而歐陽公之重視古文，蓋淵源於韓愈，啓蒙於尹洙也。其記舊本韓文後云：

> 予少家漢東，漢東僻陋無學者，吾家又貧，無藏書。州南有大姓李氏者，其子堯輔好學。予爲兒童時，多遊其家，見有弊筐貯故書，在壁間，發而視之，得有《昌黎先生文集》六卷，脱落顛倒，無次序，因乞李氏以歸。讀之，見其言深厚而雄博。然予猶少，未能深究其義，徒見其浩然無涯，若可愛。是時天下學者，楊劉之作，號爲時文，能者取科第擅聲名以誇榮當世，未嘗有道韓文者。予亦方舉進士，以禮部詩賦爲事，年十有七，試於州，爲有司所黜，因取所藏韓氏之文復閱之，則喟然歎曰：「學者當至於是而止爾。」因怪時人之不道，而顧己亦未暇學，徒時時念於予心，以謂方從進士干祿以養親，苟得祿矣，當盡力於斯文以償其素志。後七年，舉進士及第，官於洛陽，而尹師魯之徒皆在，遂相與作爲古文，因出所藏昌黎集而補綴之，求人家所有舊本而校定之。其後天下學者亦漸趨於古，而韓文遂行於世。〔註16〕

是公初亦習時文，時人無道韓文者。其後得韓文，方與尹洙學古文，經三十年之倡導，天下學者始非韓不學矣。故其文學主張，首爲「尊韓」、「排楊劉」，而並與理學家相近，其云：

> 夫學者未始不爲道，而至者鮮，爲非道之於人遠也，學者有所溺焉爾。蓋文之爲言，難工而可喜，易悅而自足。世之學者往往溺之，一有工焉，則曰吾學足矣，甚者，至棄百事不關於心。曰吾文士也，職於文而已，此其所以至之鮮也。……聖人之文，雖不可及，然大抵道勝者，文不難而自至也。〔註17〕予讀班固《藝文志》、唐《四庫書目》，見其所列，自三代秦

〔註15〕同註4。

〔註16〕《居士外集》卷十一，〈雜題跋〉。

〔註17〕《居士集》卷四七，〈答吳充秀才書〉。

漢以來著書之士，多者至百餘篇，少者猶三四十篇，其人不可勝數，而散亡磨滅，百不一二存焉。予竊悲其人，文章麗矣，言語工矣，無異草木榮華之飄風，鳥獸好音之過耳也。方其用心與力之勞，亦何異眾人之汲汲營營，而忽焉以死者，雖有遲有速，而卒與三者同歸於泯滅。夫言之不可恃也蓋如此。今之學者，莫不慕古聖賢之不朽，而勤一世以盡心於文字間者，皆可悲也。〔註18〕

歐陽公以為文不可離道，離道則溺焉。故道勝者，文不難而自至。若但以文勝，則文章雖工麗，欲求其不朽，不可得也。故其以為文學之根基，乃在於明道。此正韓昌黎所謂「本深而末茂」〔註19〕，二程所謂「有德然後有言」〔註20〕之說。蓋唯有以道為文學之骨幹，文學方有其價值。此道即儒家之道也。蘇子瞻〈居士集序〉云：

自漢以來，道術不出於孔氏，而亂天下者多矣。晉以老莊亡，梁以佛亡，莫或正之，五百餘年而後得韓愈，學者以愈配孟子，蓋庶幾焉。愈之後三百有餘年而後得歐陽子，其學推韓愈、孟子以達於孔氏，著禮樂仁義之實，以合於大道。

又《居士外集》卷十八〈答祖擇之書〉曰：

學者當師經，師經必先求其意，意得則心定，心定則道純，道純則充於中者實，中充實則發為文者輝光。

此正韓公所謂「自五經之外，百氏之書，未有聞而不求，得而不觀者，然其所志，惟在其意義所歸」者也〔註21〕。歐陽公以師經求道為本，援道發文為末，窮其本而救其末，使文道一貫矣。

總之，歐陽公論文，於尊韓、排楊劉、師經、重道數者，皆不失前人之矩矱。然其最大之成就，乃在其所為古文，得世人之重視，而蔚為一時之風尚。蘇明允評其文曰：

執事之文，紆餘委備，往復百折，而條達舒暢，無所間斷，氣盡語極，急言竭論，而容與閑易，無艱難勞苦之態。〔註22〕

蘇子瞻亦謂「其言簡而明，信而通，引物連類，折之於至理，以服人心。」〔註23〕

〔註18〕同書，卷四三，〈送徐無黨南歸序〉。
〔註19〕《韓昌黎集》卷十五，〈答尉遲生書〉。
〔註20〕《二程遺書》卷十八。
〔註21〕《韓昌黎集》卷十六，〈答侯繼書〉。
〔註22〕《嘉祐集》卷十一，〈上歐陽內翰第一書〉。
〔註23〕《六一居士集・序》。

宋子京則謂公「措辭溫雅，有漢唐餘風。」〔註 24〕諸家之推崇，誠非虛語。如王介甫者，嘗蒙公汲引，其後政見歧異，頗詆毀之，然其祭公之文，則眞情流露，其辭曰：

> 夫事有人力之可致，猶不可期，況乎天理之冥寞，又安可得而推。惟公生有聞于當時，死有傳于後世，苟能如此足矣，而亦又何悲。如公器質之深厚，智識之高遠，而輔以學術之精微，故形於文章，見於議論。豪健俊偉，怪巧瑰奇，其積於中者，浩如江河之停蓄，其發於外者，爛如日星之光輝，其清音幽韻，淒如飄風急雨之驟至，其雄辭閎辯，快如輕車駿馬之奔馳，世之學者，無問乎識與不識，而讀其文，則其人可知。

又《文忠公全集》附錄卷一謚誥曰：

> 公維聖宋賢臣，一世學者之所師法，明於道德，見於文章，究覽六經群史，諸子百世，馳騁貫穿，述作數十百萬言，以傳先王之遺意，其文卓然，自成一家。

《東都事略》卷七二「歐公本傳贊」：

> 其所以明道袐而息邪説，立化本而振儒風，邃然以所學入發爲朝廷之論議，志得道行，沛然有餘，則功利之及於物者，蓋天之所畀也。故天下尊仰之，如泰山大河日月，所不能磨而竭矣。

由上可知歐陽公於古文之地位及成就，誠韓昌黎以來之第一人也。

〔註 24〕《景文集》卷三十，〈授知制誥舉歐陽修自代狀〉。

附 錄 一

《唐書詳節》三十一卷　宋呂祖謙節錄　存

宋紹興間，東萊呂成公因十七史簡牒浩瀚，未易究竟，乃遍將諸史，節其繁文，取其要語，合成一書，名之曰《十七史詳節》。而《唐書詳節》乃節錄歐陽公、宋祁等奉勑撰之《新唐書》而成。書凡三十一卷，蓋僅節錄本紀及列傳而成也。

案呂祖謙，宋金華人。字伯恭，世稱東萊先生。舉隆興進士，復中博學宏詞，官至直秘閣著作郎，國史院編修。與朱熹、張栻齊名，稱爲東南三賢。其學說主張治經史以致用，不規規於性命之說，遂開浙東學派之先聲。著有《古周易》、《春秋左氏傳說》、《東萊左氏博議》、《大事記》、《歷代制度詳說》、《少儀外傳》、《東萊集》等書。

今流傳之本有《十七史詳節》本，國家圖書館並藏有明烏絲欄鈔本一部，殘存首十卷。

《新唐書略》三十五卷　宋呂祖謙刪節　存

此本亦呂成公刪節《新唐書》而成。書凡三十五卷。卷一本紀，卷二、卷三志，卷四表，卷五至卷三十五列傳。

《五代史詳節》十卷　宋呂祖謙節錄　存

此本乃宋呂成公刪節《五代史記》而成。凡十卷，卷一本紀，卷二至卷八列傳，卷九至卷十十國世家及四夷附錄。

今存有《十七史詳節》本。

《五代史鈔》二十卷　明茅坤選評　存

明茅坤就歐陽公《五代史記》選錄若干首，並加品評，以成此書。卷一至卷二本紀三首，卷三至卷十六列傳共選八十五首，卷十七司天考論、職方考論二首，卷十八至卷十九世家五首，卷二十四夷附錄。

案茅坤，明歸安人。字順甫，號鹿門，嘉靖進士。累官廣西兵備僉事，自負文武才，好談兵。連破猺賊十七砦，遷大名兵備副使，總督楊博奇其才，薦於朝，爲忌者所中，免歸。嘗編《唐宋八大家文鈔》，即韓、柳、歐、三蘇、曾、王也。又著有《白華樓藏稿》、《玉芝山房稿》等書。見《明史》卷二百八十七、《明史稿》卷二百六十八、《國朝獻徵錄》卷八十二、《皇朝詞林人物考》卷九、《明人小傳》卷三、《本朝分省人物考》卷四十六、《明詩綜》卷四十二、《明詩紀事》戊卷二十、《列朝詩集小傳》丁卷上、《盛明百家詩》卷二、《靜志居詩話》卷十二。

國家圖書館藏有明烏程閔氏刊朱墨套印本，每半葉八行，行十八字，前有茅坤序。

《五代史記鈔略》七卷　清鄒存淦輯　存

清鄒存淦以歐陽公《五代史記》雖事蹟間有疏失，而文辭和雅，義例最稱正大，因於披攬之餘，節取一事一句爲鈔略七卷。卷一本紀、卷二至卷五列傳、卷六司天考、職天考、及吳、南唐、前蜀、後蜀、南漢、楚等世家。卷七吳越、閩、南平、東漢等世家，及四夷附錄。

鄒存淦生平事蹟不可考。

國家圖書館藏有清光緒己丑（十五年）編者手稿本一部。

《五代史文鈔》四卷　明戴羲選　存

明戴羲鈔錄歐陽公《五代史記》之文，而成此書。書凡四卷，卷一本紀、卷二、卷三列傳、卷四司天考、世家及四夷附錄。

案戴羲，字馭長，里貫未詳。崇禎中官光祿等典簿，著有《養餘月令》二十九卷。見《四庫提要》卷六十七。

國家圖書館藏明天啓刊本一部。每半葉九行，行十九字，後有戴羲識語。

《六一題跋》十一卷　明毛晉編　存

明毛晉汲古閣取歐陽公《集古錄跋尾》十卷，並附公《外集雜題跋》一卷，合刻成此書，並收入《津逮秘書》第十三集中。前並有公自序及公子棐〈集古錄目記〉。

案毛晉，明常熟人。原名鳳苞，字子晉，號讀禮齋、篤素居士。家富圖籍，世所傳影宋精本，多所藏收。家有汲古閣，傳刻古書，流布天下。在明季以博雅好事名一時。刻《津逮秘書》十五集，皆宋元以前舊帙。自編者有《毛詩陸疏廣要》、《蘇米志林》、《海虞古今文苑》、《毛詩名物考》、《明詩紀事》。見《明人小傳》卷五、《明詩綜》卷八十下、《書林清話·明毛晉汲古閣刻書之一》。明季藏書家以常熟之毛晉汲古閣爲最著，當時遍刻《十三經》、《十七史》、《津逮秘書》、唐宋元人別集，以至《道藏》詞曲，無不搜刻傳之。

《歐陽文粹》二十卷　宋陳亮編　存

《宋志》不著錄，至明時，始見諸家藏目著錄，皆二十卷，《四庫提要》著錄並同。惟《丁志》著錄宋刊巾箱本五卷。四庫館所據者爲嘉靖本，似其僅據郭雲鵬所梓《文遺兩粹》，析而著錄，疑此二十卷亦郭氏所分也。

陳龍川自序謂「公之文根乎仁義而達之政理，雖片言半簡，猶宜存而不削，顧猶有所去取，其間毋乃不知其旨，敢於犯是，不韙而不疑也。予姑掇其通於時文者，以與朋友共之」云云。其所選，凡一百三十篇。卷一至卷二論，卷三論、策問，卷四至卷五上書，卷六至卷八書，卷九箚子，卷十奏狀，卷十一至卷十三序，卷十四至卷十五記，卷十六雜著，卷十七至卷十八碑銘，卷十九至卷二十墓銘。

歐陽公著述浩繁，陳龍川此書所選，不及十之一二，自不免有遺珠之歎，《四庫提要》謂其「不足盡修之所長」，蓋以是也。然陳公此本，亦非等閒之作，其亦有存在之價値，《四庫提要》云：

> 然考周必大序，謂《居士集》經公抉擇，篇目素定，而參校眾本，迥然不同。如〈正統論〉、〈吉州學説〉、〈瀧岡阡表〉皆是也。今以此本校之，與必大之言正合。是書卷首有〈原正統論〉、〈明正統論〉、〈正統論上〉、〈正統論下〉四篇，《居士集》則但存〈正統論〉上下二篇，其〈正統論上〉乃以〈原正統論〉「學者疑焉」以上十餘行竄入，而論内其可疑之際有四，其不同之説有三，以下半篇多刪易之。其〈正統論下〉復取〈明正統論〉「斯立正統矣」以上數行竄入，而論内「昔周厲王之亂」以下，亦大半刪易之。其他字句異同，不可枚舉，皆可以資參考，固不妨與原集並存也。

按陳亮，永康人，字同甫，號龍川。有奇才，喜談兵。孝宗隆興初，與金議和，亮上〈中興五論〉，不報。淳熙中，更名同。詣闕上書，極言時事，帝欲官之，亮曰：「吾爲社稷開數百年之基，寧用以博一官哉。」亟渡以歸，感帝知遇，至金陵觀形勢，復上疏，激帝圖恢復，而帝時將內禪，不報。光宗時，策進士，擢第一。授簽書建康府判官，未赴卒。亮爲人倜儻不羈，自以豪俠。屢遭大獄，帝重其才，數得倖免。益厲志讀書，嘗自言其所學云：「研窮義理之精微，辨析古今之同異，誠有愧於諸儒，至於堂堂之陳，正正之旗，風雨雲雷交發而並至，龍蛇虎豹變現而出沒，能推倒一世之智勇，開拓萬古之心胸，自謂差有一日之長。」著有《三國紀年》、《歐陽文粹》、《龍川文集》、《龍川詞》。卒謚文毅。見《宋史》卷四百三十六、《宋史新編》卷一百六十六、《南宋書》卷三十九、《皇朝道學名臣言行外錄》卷十六、《宋人軼事彙編》頁八百三十九、《宋元學案》卷五十六。

其今傳之本如下：

一、宋刊巾箱本

五卷。《丁志》著錄。每半葉十四行，行二十六字，版心下記字數，字極精湛，棉紙有宋時公牘并鈐印。前列門人蘇軾撰〈六一居士文集序〉，次蘇子瞻、王介甫、曾子固、又子瞻祭歐陽文忠公文四篇。次目錄，後接乾道癸巳九月朔陳亮序及胡鳳丹小跋。

二、明嘉靖郭雲鵬刊本

二十卷。國家圖書館藏二部，另一部與《遺粹》合刊。每半葉十行，行二十一字。左右雙欄，白口。首蘇軾撰〈六一居士文集序〉，次本傳，次蘇轍撰神道碑、次韓琦撰墓誌銘、次蘇子瞻、王介甫、曾子固、又蘇子瞻祭文四篇。末有陳亮序及「吳會郭雲鵬校勘刻於寶善堂」小牌子。

《天祿目》、《丁志》、《陸志》、《鄧目》（與《遺粹》合刊，有錢湘靈手批）皆著錄。又國立故宮博物院圖書館亦藏有二部（一部與《遺粹》合刊）。

《四庫提要》所著錄，即爲此本。

《歐陽遺粹》十卷　明郭雲鵬編　存

郭雲鵬自跋謂「陳亮《歐陽文粹》僅錄一百三十篇，所收太隘，乃補錄八十三篇，附刻其後。」卷一賦、論，卷二書，卷三箚子，卷四奏疏，卷五序，卷六記，卷七傳，卷八碑銘，卷九至卷十墓銘。

郭氏以陳龍川所選太隘，然此本所選，亦無甚出奇，《四庫提要》卷一百七十四評云：

> 亮所錄，持擇精審，與本集多有異同，宋人舊本存之，可以備參考。此則全從本集採出，字句既無可互證，又其精不及亮所錄，而其博又不及修所自定《居士集》，實爾無可取。

按郭雲鵬，字萬程，爵里未詳，刻《李杜集》甚精。

《歐陽文忠公文鈔》十卷　明茅坤選　存

茅坤編《唐宋八大家文鈔》，歐陽公文凡三十二卷，此僅十卷，知又選其所選者三之一也。卷一書、疏、箚子，卷二狀、表，卷三上書、與人書，卷四至卷五序、卷六賦、記，卷七論、雜題跋，卷八傳、墓表，卷九墓誌銘，卷十祭文。

案茅坤生平，見前《五代史鈔》一書考。

其流傳之本有明刊朱墨套印本，每半葉八行，行十八字，國家圖書館藏一部。美國國會圖書館藏三部。

《歐陽文忠公文選》一卷　不著選人　存

此本所選，皆爲歐陽公之與人書，及〈上范司諫書〉、〈與高司諫書〉。與王文公之與人書合刊。

國家圖書館藏一部明藍格鈔本。前後並無序跋，每題下皆有墨批評語。

江蘇省立國學圖書館藏一部，題「文忠集鈔一卷」，乃清石門吳之振、呂留良同選，康熙鑑石堂所刊，未知爲同一本否？

《歐陽文忠公詩集》十二卷　胡巖訂正　存

此本乃胡氏撮集歐陽公五言及七言詩，合成一書。凡十二卷，卷一至卷三五言古詩、卷四至卷六七言古詩、卷七五言排律、卷八七言排律、卷九至卷十七言律詩、卷十一五言絕句、卷十二七言絕句。

胡巖生平事蹟不詳。

今流傳有清世綵堂刊本，每半葉九行，行十九字，板心白口，爲國家圖書館所藏。

附錄二：歐陽修著述表

蔡世明　編撰

部別	書名	卷數	存佚	編撰紀要	成書時間
經部	易童子問	三卷	存	此書乃公設爲問答，以明己意之作，其第三卷專言〈繫辭〉以下非孔子所作，實開宋人辨僞之風。	約作於慶曆年間。
	詩本義	十六卷	存	自唐定《五經正義》以後，與毛、鄭立異同者，自此書始。《本義》之作，在於「求詩人之意，達聖人之志。」「志鄭學之妄，益毛氏疏略而不至者，合之於經。」	據華孳亨《增訂歐陽文忠公年譜》，此書成於嘉祐四年（1059）。
	景祐廣樂記	八十一卷	佚	據《宋志》，此書爲馮元、宋郊撰，胡柯《廬陵歐陽文忠公年譜》云公所刪定。	嘉祐四年（1059）6月10日刪定。
	左傳節文	十五卷	存 僞	取《左傳》之文，略爲刊削，爲明汪道昆編，《廬陵縣志》、《江西通志》，誤爲公所編。	明萬曆年間編。
史部	新唐書	二二五卷	存	本紀、志、表，公所定；列傳，宋祁所定。大旨以事增文省，求勝舊書；多用古文，刪削駢儷。	始於慶曆五年（1045），成於嘉祐五年（1060），凡歷時十七年。按公於至和元年（1054）預修。
	五代史記	七十四卷	存	以《薛史》繁猥失實，乃慨然自任，而作此書，大旨以《春秋》書法爲宗，嘗自云：「昔孔子作《春秋》，因亂世而立法；余爲本紀，以治法而正亂君，發論必以嗚呼，曰此亂世之書也。」又曰：「予於《五代書》，竊有善善惡惡之志。」	始於景祐三年（1036），皇祐五年（1053）草稿粗具。嘉祐五年（1060），有詔進呈，公以「銓次未成」、「未成次第」力辭。熙寧五年（1072），公卒後，神宗乃詔其家人進上。
	嘉祐編勑	十二卷	佚	《續通鑑》卷六十：「夏，四月，壬午，宰臣韓琦等上所修《嘉祐編勑》，起慶曆四年，盡嘉祐三年，凡十二年；其元降勑但行約束而不立刑名者，又析爲《續附令勑》，凡五卷，詔頒行。」	嘉祐七年（1062）4月5日上。
	樞密院時政記		佚		嘉祐五年（1060）11月29日預修。
	中書時政記		佚		嘉祐六年（1061）9月11日預修。以上三書，皆據胡柯《廬陵歐陽文忠公年譜》。
	外制集	三卷	存	慶曆三年（1043）春，公在諫職，盡聞天子所以更張庶事，憂惘元元而勞心求治之意，退而載于制書。	編於慶曆五年（1045）春。

部別	書名	卷數	存佚	編撰紀要	成書時間
史部	內制集	八卷	存	此書爲公在翰林六年中之直草，所記上自朝廷，內及官禁，下暨蠻夷海外，以日次之，得四百餘篇。	編於嘉祐六年（1061）。
	表奏書啓四六集	七卷	存	卷一至卷五爲狀、表、劄子，或附有御札，卷六、卷七爲書、啓。	公生前編有《四六集》七卷，猶非定本，此爲南宋時周必大所編。
	奏議集	十八卷	存	《宋志》有公《從諫集》八卷，周必大編公集時，以《從諫集》併入《奏議集》中，二者總爲十八卷，仍以公歷官先後爲序。	南宋時周必大編。
	河東奉使奏草	二卷	存	公奉使河東時所上奏章。	作於慶曆四年（1044）4月至7月。
	河北奉使奏草	二卷	存	公奉使河北時所上奏章。	作於慶曆四年（1044）8月至五年（1045）8月。
	北使語錄		佚	至和二年（1055）8月，公奉使契丹時之紀錄。	嘉祐元年（1056）2月進呈。
	奏事錄	一卷	存	公在政府時，手錄對語，凡八事。	所記自治平二年（1065）6月11日已後。
	濮議	四卷	存	此書乃記治平時議論濮王典禮始末，指陳「三數任言職之臣，挾他事，發於憤恨，厚誣朝廷，而歸惡人主，借爲奇貨以買名」。	治平三年（1066）10月撰，不曾進呈，及治平四年（1067）3月始進。
	歐陽氏譜圖	不著卷數	存	公慨嘆當時譜牒亡失，因采太史公《史記》表、鄭玄《詩譜》，略依其上下旁行，作爲譜圖，以五世爲限，五世以後，格盡別起，世經人緯，每人下僅著生幾子，其事跡之見於史傳及家譜者，附於圖後。	成於熙寧二年（1069）。
	太常因革禮	一百卷	存	此書纂輯太祖建隆以來，至於英宗治平，歷朝之典禮，其書採擇自《開寶通禮》、《禮閣新編》、《太常新禮》等書，頗爲賅備。是書雖爲公所上，其體裁出於蘇洵者居多。	成於治平二年（1065）9月。
	太常禮院祀儀	三十四卷	佚	《宋志》著錄，題歐陽修撰，今佚。	
	三朝太平寶訓	二十卷	佚	或題《三朝典故》、《祖宗故事》、《太平故事》。此書由富弼主其事，公及王洙、余靖、孫甫等同編，備記太祖、太宗、眞宗三朝政要，始於賞罰，終於延諫臣，凡九十六門，以爲後世遵守。	慶曆三年（1043）9月預修，慶曆四年（1044）9月進呈。
子部	崇文總目	六十六卷	輯	此書由王堯臣領銜，公等預修。景祐元年（1034）以三館、祕閣所藏書多脫謬，乃詔委官編定，倣開元四部，約國史藝文志，著爲目錄。原書已佚，今存清錢東垣輯本。	始於景祐元年，成於慶曆元年（1041），凡七年。
	集古錄跋尾	十卷	存	原題《集古錄目》。公嘗集錄前世金石遺文一千卷（始集於慶曆五年，完成於嘉祐七年，凡十八年），恐聚多而終必散，乃撮其大要，別爲錄目。並載夫可與史傳正其闕謬者，以傳後學，庶益於多聞。	始於至和元年（1054），止於熙寧五年（1072）。按此書多跋於嘉祐八年（1063）、治平元年（1064）。
	洛陽牡丹記	一卷	存	凡三篇：一曰花品，敘所列凡二十四種；二曰花釋名，述得名之由；三曰風俗記，首略敘游宴及貢花，餘皆種植之事。	作於天聖九年（1031）3月至景祐元年（1034）3月，公任西京留守推官時。
	試筆	一卷	存	後人雜集公手書墨跡，錄而成編；與《六一詩話》、《歸田錄》，語相出入。	
	筆說	一卷	存	《說郛》題《六一筆說》，蓋亦如《試筆》，雜錄公手書墨跡，錄而成編。	

<table>
<tr><th>部別</th><th>書名</th><th>卷數</th><th>存佚</th><th>編撰紀要</th><th>成書時間</th></tr>
<tr><td rowspan="5">子部</td><td>州名急就章</td><td>一卷</td><td>存</td><td>公於學士兼職史館時，每自娛於文字筆墨之間，因戲集州名，作急就章一篇，以示兒女曹。</td><td>作於至和元年（1054）。</td></tr>
<tr><td>雜書</td><td>一卷</td><td>佚</td><td>張邦基《墨莊漫錄》卷八謂公有《雜書》一卷，不載集中，嘗見於京師貴人家，尙存九事，愛而錄之。所記或見《六一詩話》、《歸田錄》、《試筆》、《筆說》中，而其言略有不同。</td><td>當作於嘉祐五年（1060）11 月至六年（1061）8 月之間。</td></tr>
<tr><td>于役志</td><td>一卷</td><td>存</td><td>此篇記公於景祐三年（1036）5 月自京師沿汴絕淮泝江，奉母赴夷陵貶所，經過之地，及沿途之行事。</td><td>作於景祐三年。</td></tr>
<tr><td>歸田錄</td><td>二卷</td><td>存</td><td>作於致仕居潁之後，故曰歸田。多記朝廷舊事，及士大夫諧謔之言。自序謂以李肇《國史補》爲法，而小異於肇者，不書人之過也。</td><td>作於熙寧四年（1071）歸潁之後。</td></tr>
<tr><td>刪正黃庭經</td><td>不著卷數</td><td>佚</td><td>此書舊題無仙子撰，今佚，僅存公序在《居士外集》卷十五，或疑即公所自爲，而隱其名耳。觀其序言，蓋欲破神仙之說，曉世以無仙而止人之學者。</td><td></td></tr>
<tr><td rowspan="3">集部</td><td>歐陽文忠公全集</td><td>一五三卷</td><td>存</td><td>周必大等編定，其簡目如下：
卷一至卷五十　《居士集》五十卷
卷五十一至卷七十五　《居士外集》二十五卷
卷七十六至卷七十八　《易童子問》三卷
卷七十九至卷八十一　《外制集》三卷
卷八十二至卷八十九　《內制集》八卷
卷九十至卷九十六　《表奏書啓四六集》七卷
卷九十七至卷一百一十四　《奏議集》十八卷
卷一百一十五至卷一百三十三　雜著述十九卷
卷一百一十五至卷一百一十六　《河東奉使奏草》上下
卷一百一十七至卷一百一十八　《河北奉使奏草》上下
卷一百一十九　《奏事錄》
卷一百二十至卷一百二十三　《濮議》四卷
卷一百二十四　《崇文總目敘釋》
卷一百二十五　《于役志》
卷一百二十六至卷一百二十七　《歸田錄》上下
卷一百二十八　《詩話》
卷一百二十九　《筆說》
卷一百三十　《試筆》
卷一百三十一至卷一百三十三　《近體樂府》三卷
卷一百三十四至卷一百四十三　《集古錄跋尾》十卷
卷一百四十四至卷一百五十三　《書簡》十卷
附錄五卷
卷一　祭文、行狀、謚誥
卷二　墓誌銘、神道碑
卷三至卷四　本傳　卷五　事迹</td><td>始編於南宋光宗紹熙二年（1191）春，寧宗慶元二年（1196）夏編成。</td></tr>
<tr><td>居士集</td><td>五十卷</td><td>存</td><td>公晚年取平生所爲文自編次。</td><td>熙寧五年（1072）編定。</td></tr>
<tr><td>居士外集</td><td>二十五卷</td><td>存</td><td>汝陰王樂道與其子性之，得公家集所不載者，集爲二十卷，周必大重新編次，定爲二十五卷。</td><td></td></tr>
</table>

部別	書名	卷數	存佚	編撰紀要	成書時間
集部	書簡	十卷	存	集錄公平生所為書牘。	南宋時周必大編。
	禮部唱和詩集	三卷	佚	嘉祐二年春，公與韓子華、王禹玉、范景仁、梅公儀、梅聖俞同知禮部貢舉，時則相與唱和，得詩一百七十三篇，集為是書，其書今佚，有序存《居士集》卷四十三。	作於嘉祐二年（1057）。
	紹聖三公詩	三卷	佚	《宋志》著錄，題司馬光、歐陽修、馮京著，今未之見。	
	六一詩話	一卷	存	詩話莫盛於宋，其傳於世者，以公此編為最古。其書以論文為主，而兼記本事。諸事詩話之體例，亦創於是書。	熙寧四年（1071）7月致仕後，退居汝陰所作。
	六一詞	一卷	存	公之詞攝取《花間》、南唐詞風而溶化之，其風格婉約風流，與馮延巳為近。	

參考書目

一、經史類

1. 《丙子學易編》，宋・李心傳撰，《通志堂經解》本。
2. 《論語注疏》，三國・何晏注、宋邢昺疏，《十三經注疏》本。
3. 《經學歷史》，清・皮錫瑞撰，世界書局影印本。
4. 《宋史》，元・脫脫等修，藝文印書館影印本。
5. 《金史》，元・脫脫等修，藝文印書館影印本。
6. 《新唐書糾繆》，宋・吳縝撰，《四部叢刊》本。
7. 《五代史記纂誤》，宋・吳縝撰，《四部叢刊》本。
8. 《續資治通鑑長編》，宋・李燾撰，世界書局影印本。
9. 《宋會要輯稿》，清・徐松輯，世界書局影印本。
10. 《麟臺故事五卷》，宋・程俱撰，《四庫全書珍本別輯》。
11. 《東都事略》，宋・王稱撰，文海出版社《宋史資料萃編》本。
12. 《古今紀要》，宋・黃震撰，《四庫全書珍本・三集》。
13. 《史質》，明・王洙撰，明嘉靖間刊本。
14. 《北宋經撫年表》，宋・吳廷燮撰，《二十五史補編》本。
15. 《宋大臣年表》，清・萬斯同撰，《二十五史補編》本。
16. 《文獻通考》，元・馬端臨撰，明正德己卯建陽劉氏愼獨齋刊本，簡稱《馬考》。
17. 《通志》，宋・鄭樵撰，新興書局排印本。
18. 《三朝名臣言行錄》，宋・朱熹撰，《四部叢刊》本。
19. 《廬陵歐陽文忠公年譜》，宋・胡柯撰，《歐陽文忠公全集》本。
20. 《歐陽文忠公年譜》，清・楊希閔編，《豫章十五家年譜》本。
21. 《增訂歐陽文忠公年譜》，清・華孳亨編，《昭代叢書》本。
22. 《江西通志》，清・劉坤一等修，華文書局影印本。

23. 《集古錄目》，宋・歐陽棐撰、明黃本驥輯，《三長物齋叢書》本。
24. 《二十二史箚記》，清・趙翼撰，《知不足齋叢書》本。
25. 《十七史商榷》，清・王鳴盛撰，廣文書局影印本。
26. 《史糾》，明・朱鎬撰，《指海》本。

二、書志類

1. 《國家圖書館善本書目》。
2. 《國立故宮博物院善本書目》。
3. 《國立中央研究院歷史語言研究所善本書目》。
4. 《臺灣省立臺北圖書館善本書目》。
5. 《美國國會圖書館館藏中國善本書目》。
6. 《美國普林斯敦大學葛斯德東方圖書館善本書目》。
7. 《日本靜嘉堂漢籍分類目錄》。
8. 《日本嘉業堂善本書目》。
9. 《日本內閣文庫漢籍分類目錄》。
10. 《日本宮內省圖書寮漢籍分類目錄》。
11. 《韓國奎章閣圖書中國本編目錄》。
12. 《江蘇省立國學圖書館圖書總目》。
13. 《讀書敏求記校證》，清・錢曾撰，廣文書局《書目叢編》本，簡稱《錢記》。
14. 《蕘圃藏書題識》，清・黃丕烈撰，廣文書局《書目叢編》本。
15. 《滂熹齋藏書記》，清・潘祖蔭撰，廣文書局《書目叢編》本，簡稱《潘記》。
16. 《鐵琴銅劍樓藏書目錄》，清・瞿鏞撰，廣文書局《書目叢編》本，簡稱《瞿目》。
17. 《善本書室藏書志》，清・丁丙撰，廣文書局《書目叢編》本，簡稱《丁志》。
18. 《藝風藏書記》，清・繆荃孫撰，廣文書局《書目叢編》本，簡稱《繆記》。
19. 《文祿堂訪書記》，民國・王文進撰，廣文書局《書目叢編》本，簡稱《王記》。
20. 《拾經樓紬書錄》，民國・葉啓勳撰，廣文書局《書目叢編》本。
21. 《日本訪書志》，清，楊守敬撰，廣文書局《書目叢編》本，簡稱《楊志》。
22. 《經籍訪古志》，日本・森立之撰，廣文書局《書目叢編》本，簡稱《森志》。
23. 《古文舊書考》，日本・島田翰撰，廣文書局《書目叢編》本。
24. 《宋元舊本書經眼錄》，清・莫友芝撰，廣文書局《書目叢編》本，簡稱《莫錄》。
25. 《五十萬卷樓羣書跋文》，民國・莫伯驥撰，廣文書局《書目叢編》本。
26. 《郡齋讀書志》，宋・晁公武撰，廣文書局《書目續編》本，簡稱《晁志》。
27. 《直齋書錄解題》，宋・陳振孫撰，廣文書局《書目續編》本，簡稱《陳錄》。
28. 《內閣藏書目錄》，明・張萱等編，廣文書局《書目續編》本，簡稱《內閣目》。

29. 《欽定天祿琳琅書目》，清・于敏中等奉勅編，廣文書局《書目續編》本，簡稱《天祿目》。
30. 《皕宋樓藏書志》，清・陸心源撰，廣文書局《書目續編》本，簡稱《陸志》。
31. 《儀顧堂題跋》，清・陸心源撰，廣文書局《書目續編》本，簡稱《陸跋》。
32. 《適園藏書志》，清・張鈞衡撰，廣文書局《書目續編》本。
33. 《寒瘦山房鬻存善本書目》，清・鄧邦述撰，廣文書局《書目續編》本，簡稱《鄧目》。
34. 《史略》，宋・高似孫撰，廣文書局《書目續編》本。
35. 《藏書紀要》，清・孫從添撰，廣文書局《書目續編》本。
36. 《文淵閣書目》，明・楊士奇等編，廣文書局《書目三編》本，簡稱《明文淵閣目》。
37. 《孫氏祠堂書目內編》，清・孫星衍撰，廣文書局《書目三編》本，簡稱《孫目內編》。
38. 《雙鑑樓善本書目》，民國・傅增湘撰，廣文書局《書目三編》本，簡稱《傅目》。
39. 《莛圃善本書目》，民國・張乃熊撰，廣文書局《書目三編》本，簡稱《張目》。
40. 《述古堂書目》，清・錢曾撰，廣文書局《書目三編》本，簡稱《述古堂目》。
41. 《盋山書影》，廣文書局《書目四編》本。
42. 《鐵琴銅劍樓宋金元本書影》，廣文書局《書目四編》本。
43. 《郘亭知見傳本書目》，清・莫友芝撰，廣文書局《書目五編》本，簡稱《莫目》。
44. 《彙刻書目》，清・顧修撰、朱學勤補，廣文書局《書目五編》本，簡稱《彙刻目》。
45. 《愛日精廬藏書志》，清・張金吾撰，清道光丁亥原刻本，簡稱《張志》。
46. 《經義考》，清・朱彝尊撰，清乾隆二十年刊本。
47. 《天一閣見存書目》，清・薛福成撰，光緒己丑刻本。
48. 《寶禮堂宋本書錄》，民國・潘宗周撰，文海出版社影印本・簡稱《潘錄》。
49. 《竹汀日記鈔》，清，錢大昕撰，《武訓堂叢書》本，簡稱《錢日記抄》。
50. 《結一廬書目》，清・朱學勤撰，《觀古堂叢刊》本・簡稱《朱目》。
51. 《帶經堂書目》，清・陳徵芝撰，上海活字排印本，簡稱《帶經堂目》。
52. 《鄭堂讀書記》，清・周中孚撰，世界書局排印本。
53. 《國史經籍志》，明・焦竑撰，《粵雅堂叢書》本，簡稱《焦志》。
54. 《清修四庫全書總目》，清・紀昀等奉勅撰，藝文印書館影印本。
55. 《四庫提要辨證》，清・余嘉錫撰，藝文印書館影印本。
56. 《增訂四庫簡明目錄標注》，清・邵懿辰撰，世界書局排印本。
57. 《四庫全書簡明目錄》，清・紀昀等撰，世界書局排印本。

三、子集類

1. 《儒志編》，宋・王開祖，《四庫全書珍本・四集》。
2. 《二程遺書》，宋・二程子門人所記，《二程全書》本。
3. 《洙泗考信錄》，清・崔述撰，《崔東壁遺書》本。
4. 《朱子語類》，宋・黎德靖編，《四部備要》本。
5. 《章氏遺書》，清・章學誠撰，吳興嘉業堂刊本。
6. 《習學記言》，宋・葉適撰，《四庫全書珍本・三集》。
7. 《困學紀聞》，宋・王應麟撰，《四部備要》本。
8. 《容齋五筆》，宋・洪邁撰，《四部叢刊》本。
9. 《義門讀書記》，清・何焯撰，《四庫全書珍本・二集》。
10. 《日知錄》，清・顧炎武撰，《四部備要》本。
11. 《曲洧舊聞》，宋・朱弁撰，《知不足齋叢書》本。
12. 《石林燕語》，宋・葉夢得撰，《四庫全書珍本・別輯》。
13. 《避暑錄話》，宋・葉夢得撰，《學津討原》本。
14. 《墨莊漫錄》，宋・張邦基撰，《稗海》本。
15. 《梁谿漫志》，宋・費兗撰，《學海類編》本。
16. 《鶴林玉露》，宋・羅大經撰，《稗海》本。
17. 《齊東野語》，宋・周密撰，《學津討原》本。
18. 《無邪堂答問》，清・朱一新撰，世界書局影印本。
19. 《能改齋漫錄》，宋・吳曾撰，廣文書局《筆記三編》本。
20. 《聞見前錄》，宋・邵伯溫撰，廣文書局《筆記三編》本。
21. 《聞見後錄》，宋・邵博撰，廣文書局《筆記三編》本。
22. 《皇宋事實類苑》，宋・江少虞撰，《四庫全書》本。
23. 《玉海》，宋・王應麟撰，華文書局影印本。
24. 《職官分紀》，宋・孫逢吉撰，《四庫全書珍本・初集》。
25. 《澠水燕談錄》，宋・王闢之撰，《知不足齋叢書》本。
26. 《錢氏私志》，宋・錢世昭撰，《學海類編》本。
27. 《東觀餘論》，宋・黃伯思撰，《學津討原》本。
28. 《默記》，宋・王銍撰，《知不足齋叢書》本。
29. 《揮塵後錄》，宋・王明清撰，《四部叢刊》本。
30. 《清波雜志》，宋・周煇撰，《知不足齋叢書》本。
31. 《獨醒雜志》，宋・曾敏行撰，《知不足齋叢書》本。
32. 《十駕齋養新錄》，清・錢大昕撰，世界書局排印本。

33. 《皇宋書錄》，宋・董史撰，《知不足齋叢書》本。
34. 《雲自在龕隨筆》，清・繆荃孫撰，世界書局排印本。
35. 《朱文公校昌黎先生集》，唐・韓愈撰，《四部叢刊》本。
36. 《文忠集》，宋・周必大撰，《四庫全書珍本・二集》。
37. 《巽齋文集》，宋・歐陽守道撰，《四庫全書珍本・二集》。
38. 《景文集》，宋・宋祁撰，《四庫全書珍本・別輯》。
39. 《公是集》，宋・劉敞撰，《四庫全書珍本・別輯》。
40. 《嘉祐集》，宋・蘇洵撰，《四部叢刊》本。
41. 《朱文公文集》，宋・朱熹撰，《四部叢刊》本。
42. 《渭南文集》，宋・陸游撰，《四部叢刊》本。
43. 《艾軒集》，宋・林光朝撰，《四庫全書珍本・別輯》。
44. 《姑溪居士後集》，宋・李之儀撰，《粵雅堂叢書》本。
45. 《溫國文正司馬公文集》，宋・司馬光撰，《四部叢刊》本。
46. 《元豐類藁》，宋・曾鞏撰，《四部叢刊》本。
47. 《二程文集》，宋・胡安國編，《二程全書》本。
48. 《吳正傳先生文集》，元・吳師道撰。
49. 《吳文正集》，元・吳澄撰，《四庫全書珍本・二集》。
50. 《潛研堂文集》，清・錢大昕撰，《四部叢刊》本。
51. 《曝書亭集》，清・朱彝尊撰，《四部叢刊》本。
52. 《道古堂文集》，清・杭世駿撰，清乾隆間刊本。
53. 《魯巖所學集》，清・章宗泰撰，《大華文史叢書》第一集。
54. 《宋文鑑》，宋・呂祖謙撰，《四部叢刊》本。
55. 《樂府雅詞》，宋・曾慥撰，《四部叢刊》本。
56. 《續詩話》，宋・司馬光撰，《歷代詩話》本。
57. 《臨漢隱居詩話》，宋・魏泰撰，《知不足齋叢書》本。
58. 《石林詩話》，宋・葉夢得撰，《歷代詩話》本。
59. 《觀林詩話》，宋・吳聿撰，《守山閣叢書》本。
60. 《彥周詩話》，宋・許顗撰，《百川學海》本。
61. 《介存齋論詞雜著》，宋・周濟撰，《詞話叢編》本。
62. 《說詩晬語》，清・沈德潛撰，《清詩話》本。
63. 《歷代詩話》，清・何文煥撰，藝文印書館影印本。
64. 《續歷代詩話》，清・丁仲祜撰，藝文印書館影印本。

四、一般參考書及期刊論文

1. 《古書眞僞及其年代》，梁啓超撰，臺灣中華書局。
2. 《圖書大辭典簿錄之部》，梁啓超撰，臺灣中華書局。
3. 《中國史學史》，金毓黻撰，鼎文書局。
4. 《中國目錄學史》，許世瑛撰，中華文化出版事業社出版。
5. 《中國目錄學史》，姚名達撰，臺灣商務印書館。
6. 《宋人軼事彙編》，丁傳靖撰，臺灣商務印書館。
7. 《書林清話》，葉德輝撰，世界書局。
8. 《圖書板本學要略》，屈萬里、昌彼得撰，中華文化出版事業社出版。
9. 《人間詞話》，王國維撰，臺灣開明書局。
10. 《易十翼質疑》，宋野哲人著、羅霈霖譯，《國立中山大學文史學研究所月刊》，第三卷第 1 期。
11. 《歐陽永叔治學之精神》，繆鉞撰，《思想與時代月刊》，第 40 期。
12. 《唐書源流考》，羅香林撰，《國立中山大學文史學研究所月刊》，第二卷第 5 期。
13. 《新五代史撰述の事情》，佐中壯撰，《史學雜誌》，第五十卷第 11 期。
14. 《歐陽修五代史記之研究》，林瑞翰撰，《臺大文史哲學報》，第 23 期。
15. 《新五代史的文體特色》，小林正樹撰、陳淑女譯，《書和人》，第 51 期。
16. 《二十四史版本沿革考》，王紹曾撰，《國專月刊》，第一卷第 1 期至第一卷第 4 期。
17. 《四庫全書目錄板本考——史部正史類》，葉啓勳撰，《金陵學報》，第三卷第 2 期。
18. 《中國家譜通論》，楊殿珣撰，《圖書季刊》，新第三卷第 1、2 期。
19. 《歐陽修集古錄目考》，姚薇元撰，《廣州學報》，第一卷第 1 期。
20. 《宋代古文運動之發展研究》，金中樞撰，《新亞學報》，第五卷第 2 期。
21. 《北宋詩話考》，郭紹虞撰，《燕京學報》，第 21 期。

兩宋《孟子》著述考

趙國雄　著

作者簡介

趙國雄，籍貫福建省林森縣，政治大學中國文學碩士，現任基隆崇右技術學院專任講師。曾專研目錄版本學、唐宋詞、宋代學術思想、中國考制史、唐宋地理志，現行專研辛棄疾其人其詞，教學研究則以考查地方文史資料為主，兼及國文作文教學法研發。

提　要

《孟子》一書，北宋初猶與荀揚並列子書，南宋始列入十三經，此間宋人對於《孟子》的態度，多因時代背景與《孟子》書中蘊義之相互激揚，使《孟子》於宋代學術中更形突出，特別是理學家揭櫫《孟子》，以為接承孔子遺緒，並藉此得窺儒學堂奧，因此注解衍義紛出。加以王安石主新政，改士試以經義，《孟子》亦列科場考試之用，論文之法行於當世，評點筆抹《孟子》之作紜夥。本書旨在考述兩宋有關《孟子》著作之初步面貌，期能藉此辨章兩宋各學派研究孟子之流源本末，並可由各家討論《孟子》仁義、心性、王霸等問題，得以探尋宋代理學之一端。

全書分現存書目考述、亡佚書目考述二大單元，約十萬言，大旨如下：

一、現存書目考述：不予分類，惟以作者時代先後排列，就作者、宗旨、內容、評述、版本（著錄）分項敘述，期能便於學者尋檢。

二、亡佚書目考述：分可輯佚書目及不可輯佚書目二類。可輯佚者，則於後人著作中搜羅，以補闕失，並予評述。其不可輯佚者，則查考文集、墓誌銘、史志、方志等資料，詳其作者，探其《孟子》著述旨趣，以見其書之大概。惟里氏生平不可考，又無文集留存，後人亦未述及者，則列目以存，俾為參考。

目次

敘　例

世人皆稱「孔孟」，然唐以前「周孔」並稱，宋以後始以「孔孟」並稱。而《孟子》一書在朱熹合爲四書之前，多被視爲子書，是以宋初孟子猶與荀子、揚雄並列。而《孟子》自來無今古文之紛爭，據諸家著錄所知，宋以前注釋《孟子》者，不過十三、四家，較諸宋以後數百家，眞不可以道里計。加以宋代理學家談及性理氣之說，《孟子》亦爲其演說根據之一，因此可知宋代之重視《孟子》。本文主旨即在呈現宋人《孟子》著述之內容大要，希望能藉此了解宋人對於《孟子》的態度以及其注釋的精義，欲以此作爲研究宋代學術思想之基礎。其體例如下：

一、全文分現存書目與亡佚書目二大部份。

二、分篇敘述，先題作者、書名、卷數，卷數不詳者則略。

三、現存書目之屬分述作者、宗旨、內容、評述、板本、附註。

四、亡佚書目之屬分述作者、考述、著錄、附註。

本文概在論陳各書之內容大要，其間所見，厥有數端：

一、宋初反對孟子者，不乏其人，其反對之理由有二：一爲尊王一統之觀念如司馬光、李覯等，此乃鑒於晚唐五代兵亂皆由地方藩鎮所引起，故欲尊君以一統天下，而孟子「樂王道而忘天子」（見李覯《常語》），則與尊君思想相違，是以反對孟子。此則多就宋初環境立論，其後晁說之《詆孟》雖承此而來，然已流於意氣之辨，因而後有余允文《尊孟辨》及朱熹之《讀尊孟辨說》以持平其說。其二則是對於經文的懷疑，唐代韓愈、林愼思即以經文非孟子自著，乃弟子記其言。而宋人更進一層，以爲經文有孟子門人妄爲附益者，如馮休《刪孟》即是。

二、孟子之爲宋人重視，王安石之影響不小。其初創經義局，於三經新義外，亦兼釋孟子義，而安石「喜孟子，自爲之解」（晁公武語），其子王雱及門人許允成、龔原續有《孟子解》，是皆應科考程式之需，利祿之途，士人翕然相向，孟子遂益受重視。

三、理學家之解孟子，在闡發性命之根源，頗欲上承孔孟之道統，故所解多性理氣質之說，如程頤、張載、尹焞、游酢……等，其所解則與漢唐舊注迥異，是爲宋人著述之主流。

四、宋代《孟子》著述雖多，然至朱熹《集註》出，注解漸趨一元化。前此諸家注解雖多有師承，然亦有不守陳義、自闢新術者如蘇轍《孟子解》、沈括《孟子解》。而朱熹《集註》一出，後此者多依此增補疏義，少有新闢蹊徑者，即如陸九淵之門傅子雲《孟子指義》，雖大異於此，然此著述甚少，影響甚微，故元明二代多宗朱熹《集註》。而陸門之說解《孟子》亦必待王守仁出，方得重顯於世。

以上諸端，僅就全文大概而論，其間如蘇洵《孟子評》，則以批點筆抹《孟子》，全屬論文之法，且涉及僞作，不可視爲宋人《孟子》著述之一端。

宋人《孟子》著述，云亡者夥，雖撰述期間頗有輯佚，然除輔廣、王柏外，餘者不過數條，而大多爲無可輯佚者，欲以此考見當時著述之宗旨，實有力不從心之感。加以行文倉促，疏漏不少，雖經喬師衍琯殷殷補正，然以文本疏泛，起振無力，有愧師長之教導，故文中不善者，罪當在我。惟祈博雅君子，有以教正。

壹、現存之《孟子》著述

一、孫奭等　《孟子音義》二卷

（一）作　者

孫奭字宗古，博州博平人。太祖建隆三年生，仁宗明道二年卒，年七十二（962～1033）。幼與諸生師里中王徹，徹死，有從奭問經者，奭爲解析微旨，人人驚服，於是門人數百皆從奭。九經及第，爲莒縣主簿，上書願試講說，遷大理評事，爲國子監直講，眞宗以爲諸王府侍讀。奭以經術進，守道自處，即有所言，未嘗阿附取悅。累表乞歸，以太子少傅致仕，卒，謚曰宣。奭性方重，事親篤孝，嘗掇五經切於治道者爲經典徽言。奉詔與邢昺、杜鎬校定諸經《正義》、《莊子》、《爾雅釋文》，並考正《尚書》、《論語》、《孝經》、《爾雅》謬誤及律音義。又奭進序言與王旭、馬龜符、吳易、馮元等推究本文而成此音義，則是書之作乃奉敕撰定，作者不止一人，惟孫奭領其銜而已。參見《宋史》卷四百卅一、《玉海》卷四十三。

（二）宗　旨

唐陸德明《經典釋文》於經皆有音義，而諸子亦有《老子》、《莊子》音義。宋初多重定諸經音義，後又校《莊子》、《列子》，至眞宗大中祥符四年乃校《孟子》，直至七年乃上新印《孟子》及音義。是此書之作，爲校定《孟子》時，刊正唐張鎰《音義》、丁公著《手音》二書，兼引陸善經《孟子注》乃成。

（三）內　容

此書分上下二卷，自趙岐〈孟子題辭〉下至〈離婁〉章句上爲上卷，餘者爲下卷。全書多依《經典釋文》之例而作，先列所釋之字，下附以音、義。奭進序曰：「今既奉敕校定，仍據趙注爲本，惟是音釋，宜在討論。臣今詳二家撰錄，俱未精當，張氏則徒分章句，漏略甚多。丁氏則削識指歸，譌謬時有，若非刊定，豈可通行……推究本文，參考舊註，采諸儒之善，削異說之煩，證以字書，質諸經訓，疏其疑滯，備其闕遺，集成音義二卷。」是此書參究舊說，亦在訂正張、丁二書之失。如釋「匹雛」（告子章句下）云：「丁作疋雛云：案注云疋雛小雛也。即疋訓小，而訓詁及諸書疋訓藕，訓小無文。今案方言尐小也，音節蓋與疋字相似，後人傳寫誤耳。」考今《說文》二篇上：「尐，小也。」音義以爲形式而誤，此其說之最善者。又錢曾《讀書敏求記》以爲「孟子見梁惠王、梁襄王」；並當與「暴見於王」、「他日見於王」同音現，然音義於前二「見」字無音，學者則相承如字讀，此則爲音義之疏失處。

（四）評　述

《四庫全書總目》稱「唐陸德明《經典釋文》，於群經皆有音義，獨闕《孟子》……」〔註1〕此以群經闕《孟子》，而有此《音義》之作，是乃以後世《十三經》求諸《孟子》。按宋初校定諸經正義後，並新定音義以上，是諸經皆以《釋文》校定。〔註2〕其後校諸子，首校《莊子》、《列子》，乃及於《孟子》〔註3〕是可知《四庫全書總目》所論爲非。然其又云：「書中所釋，稱一遵趙注，而以今本校之，多不相符……凡六十有九條，皆今本注文所無，惟《孟子注》之單行者，世有傳鈔宋本，尚可稽考僞正義刪改其文，非復趙岐原書，故與音義不相應也，因是書可以證趙注之舊，並可證奭疏之僞，則其有功典籍亦不細矣。」是爲有見。惟〈段玉裁與黃堯圃論《孟子音義》書〉云：「此書僅長於邵武士人而謬漏不少。」〔註4〕然《孟子》一書，自漢以來，爲之注解者不過五、六家，以此薄鄙音義，似爲細苛之言。俞樾云：「自是以後，讀《孟子》者始得以考正文字、辨別訓詁，厥功鉅矣！」〔註5〕周中孚稱：「所以補陸氏之闕典，而並可推爲趙注之功臣矣。」〔註6〕皆持論平允。而宋初諸家注解《孟子》，多雜新義、口義，其采善削煩、考辨音義，於訓釋之功，則孫奭《音義》一書，故後世朱熹集注於此多所徵引，亦可知俞氏所言不謬！

（五）板　本

1. 士禮居覆刊宋蜀大字本。
2. 《通志堂經解》本。

〔註1〕參見卷卅五，四書類一《孟子音義》。
〔註2〕參見王應麟《玉海》卷四十三，「開寶校釋文」。
〔註3〕參見《玉海》卷四十三，「景德校諸子」。
〔註4〕見段玉裁《文集》卷十一。
〔註5〕見《春在堂雜文》五編，蔣杉亭〈孟子音考正序〉。
〔註6〕見《鄭堂讀書記》卷十二，「孟子音義」。

3. 微波榭本。
4. 抱經堂本。
5. 乾隆辛丑本。
6. 韓氏岱雲刊本。
7.《四庫全書》本。
8. 道光廿三年日照許氏影向禮堂刊本。
9.《讀粵雅堂叢書》本。
10.《吉石盦叢書》本。
11. 日本文化十年翻刻士禮居覆宋刊本。

二、孫奭 《孟子正義》十四卷

（一）作 者

舊題孫奭撰。然朱熹謂：「孟子疏乃邵武士人假作，蔡季通識其人。」〔註7〕，王應麟亦曰：「孫奭《正義》，《崇文總目》、《館閣書目》、《讀書志》皆無之，朱文公謂爲邵武士人作。」〔註8〕自來論孟子疏之作者多據此。然朱緒曾《開有益齋經說》卷二引呂南公《灌園集》云：「出自閩人徐生。」而朱熹所稱邵武正是閩地，或此邵武人即《灌園集》所稱徐生者。然呂南公卒於哲宗元祐初，而蔡季通生於高宗紹興五年（1135），其距元祐元年（1086）已五十年，《灌園集》已稱「閩老生徐某」，當爲蔡季通所不及見。而朱熹謂蔡季通識其人，則又似非同一人，抑或朱熹所記有誤？詳見錢大昕《十駕齋養新錄》卷三、余嘉錫《四庫提要辨證》卷二。

（二）宗 旨

是書箋釋文句，悉遵趙岐《孟子注》，蓋欲承唐人作疏之體。然所疏之文，多本通俗語體，頗似後世之口義，《四庫全書總目》以爲「其疏皆敷衍語氣，如鄉塾講章」，是爲便於初學者。陳澧《東塾讀書記》則以爲書雖僞作，其中亦有精善處，不可以僞而廢！

（三）內 容

此書分卷十四，一依趙注，書前錄有孫奭上表，以爲《孟子正義・序》，並錄趙岐〈孟子題辭〉。篇名之下，先說明篇次之意，又詳計篇中章數，述說分卷上下之因，並揭明名章之旨，以爲題目。其疏解，多因文衍義，於每章之下，亦先述章旨，多

〔註 7〕見《朱子語類》卷十三。
〔註 8〕見《困學紀聞》卷八。

與篇前大旨重複，而文多淺顯，頗似今之語譯文。而其總舉大旨者，語多協韻，蓋掠取趙岐章指之文，而多所更易，於趙注所有者，多逕刪削，其書卷十三自稱其例云：「凡於趙注有所要者，雖於文段不錄，然於事未嘗敢棄之而不明。」顯見此書頗有矛盾之處。而明國子監承修此本，今人遂更遠離於趙岐原本。〔註9〕

（四）評　述

何焯云：「僞疏直取宣公音義之序，稍有竄語，豈有爲之正義，體大力艱，反僅同附贅者乎，其人蓋兔園塾師之下者，議論多依王氏新學，熙寧以後人也。」〔註10〕周中孚曰：「於注意多所未解，而妄說之處，全鈔宗古音義，略加數語，署曰孫奭疏。」〔註11〕焦循則以爲「疏中背經背注極多，非復孔賈之遺。甚至不顧注文，竟自憑臆立說，與其音義又時相矛盾，豈有一人之作而忽彼忽此者……至其體例踳駁，徵引之陋略乖舛，文義之冗蔓俚鄙，隨舉比比，朱文公指爲邵武士人作，不解名物制度，只繞纏趙岐之說，其實豈止名物之失哉？」〔註12〕此評可謂鄙薄。然陳澧以爲僞疏亦有精善處，不可以僞而忽之，其言曰：「如公都子曰告子曰章疏云……形色天性章疏云……如此二段，精善之至，近人以其僞而蔑棄之，不知其有可取者矣。」〔註13〕，然亦陳其疏中不通者六，以爲「此疏必非一人之筆也」〔註14〕。近人余嘉錫考其疏中稱引者，多有誤謬，如引《史記》解西子，然實出自《碉玉集》中。疏負芻之禍，乃用《呂氏春秋》語，疏誤託《左傳》之名。《離婁》章注黃帝亡其元珠使離朱索之，疏全用《淮南子》，而誤名爲《莊子》。似此引他書以說，併多杜撰，實不可據。故而余嘉錫云：「今所傳《碉玉集》，僅殘本二卷，而其爲僞疏所援引者，已屢見不一，是直視兔園冊子爲枕中鴻寶，其人之爲村塾腐儒，即斯可見矣。」〔註15〕蓋村塾講師，隨手掇取，故有誤託書名，舛駁不通處，無怪乎焦循以爲此疏乃《十三經》注疏中最下者。〔註16〕另近人張允亮校以故宮藏宋嘉泰間刊本，則以爲邵武士人雖因音義以作僞疏，初未嘗修改，至明國子監則大加點竄，敷衍成編，是又僞中之僞。〔註17〕此書之作，僅此諸家

〔註9〕參見張允亮《故宮善本書志》孟子注疏解經。
〔註10〕見《義門讀書記》卷五。
〔註11〕見《鄭堂讀書記》卷十二「孟子注疏」。
〔註12〕參見《孟子正義》篇敍疏文。
〔註13〕參見《東塾讀書記》卷三「孟」子。
〔註14〕同上。
〔註15〕見《四庫提要辨證》卷二「孟子正義」。
〔註16〕見焦循《孟子正義》。
〔註17〕見註9。

之說，已可斷其非出於一時一人之手，然以村塾講章視之，亦有便於初學者也。

（五）板　本

1. 宋嘉泰兩浙東路刊明初印本。
2. 宋建刊明代修補十行本。
3. 明嘉靖間李元陽福建十三經注疏本。
4. 明熊九岳等校刊本。
5. 明崇禎癸酉毛氏汲古閣刊本。
6. 清乾隆四年武英殿刊本。
7. 《四庫全書》本。
8. 《四部薈要》本。
9. 清嘉慶廿年南昌府學重刊宋本。

三、李覯　《常語》一卷

（一）作　者

李覯字泰伯，建昌軍南城人。眞宗大中祥符二年生，仁宗嘉祐四年卒，年五十一（1009～1059）。覯俊辯能文，淹通五經，尤長於禮，其言正大，其行高古。舉茂才異等不中，親老，竭力奉養，不求榮達，倡立盱江書院，以教授自資，學者常數十百人。仁宗慶曆五年，余靖薦於朝，以爲「博學、通識、包括古今，潛心著書、研極治亂，江南儒士，共所師法。」仁宗皇祐初，范仲淹亦薦爲試太學助教。嘉祐初，歷太學說書，復爲通州海門縣主簿，權同管勾太學。學者稱爲盱江先生。著有《周禮致太平論》、《平土論》、《禮論》、《明堂定制圖》等，今併爲《盱江集》。參見《宋史》卷四百卌二、《宋元學案補遺》卷三、《宋史新編》卷一百六十四、《盱江集前附錄祠堂記》、《墓記》。

（二）宗　旨

是書旨在非難孟子者也。謂「天下無孟子可也，不可無六經；無王道可也，不可無天子」，其所據以非難孟子者，惟「扶王室、尊一統，以明君臣之分觀念」而已。雖其書詆毀孟子仁義王道之說，頗有不論其世之病，然處宋之初，亦可知是書之設有切於實用！

（三）內　容

覯之常語，旨在非難孟子「言王道、行仁義」之說，爲權誘諸侯簒天子之位，使天下君臣之義失，故全書所論多遵孔子「君君臣臣」之旨加以闡發。如論「孟子之道人皆可以爲君也」，則謂「彼孟子者名學孔子而實背之者也。」又論「湯武修仁行義以取桀紂」，則歎曰：「嗚呼！吾乃不知仁義之爲篡器也。」類此之論，皆準以君臣之義，而無視孟子仁義王道之要。故論桓文之事，以爲其扶持王室乃深知君臣之禮者，而非難孟子之不尊桓文。又言「聖王之後不能無昏亂，尙賴臣子扶救之爾，天下之地方百里者有幾，家家可以行仁義，人人可以爲湯武，則六尺之孤可託者誰乎？」非孟子以「不仁之甚」。蓋宋初鑒於唐以來藩鎭勢力大，以致中央尾大不掉，故覯之常語持此以難孟子之說，稍涉驚奇，然亦非空論者可比。此書凡十七章，載於《盱江集》。

（四）評　述

覯之論說，多倡實用，觀《盱江集》所錄〈周禮制太平論〉、〈平土論〉等，皆欲施之政事。故所論不避功利、亦不諱言霸道。雖其說利於君臣之分，然亦有持論偏頗者，如言「孟子之道人皆可以爲君也，天下無王霸，言僞而辨者不殺，諸子得以行其意，孫吳之和，蘇張之詐，孟子之仁義，其原不同，其所以亂天下，一也。」朱熹則駁之曰：「李氏以蘇張孫吳班焉，蓋不足以窺孟子之藩離而妄議之也。」〔註 18〕其論仁義之爲天下纂器，余允文辯之曰：「斯言一發，天下以談仁義爲諱，則人將遺其親後其君，爲禽獸夷狄之歸矣，言其可不愼乎？」〔註 19〕而覯之常語亦有設問過當處，如云：「學者又謂孟子權以誘諸侯，使進於仁義。」朱熹辯之曰：「李氏難學者謂孟子以權誘諸侯之說，孟子本無此意，是李氏設問過當，略明辨之。」葉紹翁引《揮塵錄》以覯平生不善孟子，故不之讀。〔註 20〕然楊愼以爲覯乃「深於孟子者也」〔註 21〕，則此書之作當有別旨。蓋自唐宋、迄於五代，天下大亂垂百餘年，至宋方見統一，於是高倡君權之說遂此而生，一以現前代亂世之由，一以言新宋之合於正統。〔註 22〕故李覯《常語》所非難孟子者，即在明孟子君臣之義之不當。而陳澧云：「李泰伯以天子在上，而孟子游於諸侯，皆說以王道，湯文武所以得天下之說，未開一言乃獎周室，自來非孟子者以此說爲最甚。泰伯之說乃讀書而不論其世也。」〔註 23〕此論乃不知覯所非難之旨，亦爲「不論其世者也」。至如《四庫全書總目》云：「其（覯）論治體悉可見於實用，故朱子謂覯文實有得於經，不喜孟子，特偶然偏見，與歐陽修不喜〈繫辭〉同，可以置

〔註 18〕見朱熹讀〈余氏尊孟辯〉。
〔註 19〕見《尊孟辯》。
〔註 20〕見《四朝聞見錄丙集》。
〔註 21〕同上。《四部叢刊本》之按語。
〔註 22〕參見薩孟武先生《中國社會政治史》第十一章。
〔註 23〕見《東塾讀書記》卷三孟子。

而不論。」〔註24〕則爲持平之論。

（五）板　本

1. 明成化刊本。
2. 明正德戊寅孫甫刊萬曆十七年建昌知府孟紹慶修補本。
3. 清康熙乙亥修補本。
4. 《四庫全書》本。
5. 《四部叢刊》影明本。

四、司馬光　《疑孟》一卷

（一）作　者

司馬光字君實，陝州夏縣人。眞宗天禧三年生，哲宗元祐元年卒，年六十八（1019～1086）。仁宗寶元初中進士甲科。七歲聞《左氏春秋》、大愛之，退爲家人講，即了其大義。年十五，於書無所不通，文詞醇深，有西漢風。官至天章閣待制、龍圖閣直學士。神宗即位，詔爲翰林學士、御史中丞，及王安石爲相，行新法，乃首言其害，以身爭之，退居於洛。哲宗嗣立，太皇太后臨政，起爲門下侍郎，遷正議大夫、左僕射，遂廣開言路、分別邪正，罷新法諸政。其學主之以誠，守之以議，規模宏大，謹嚴而正，以清直仁厚聞於天下。學者稱爲涑水先生。卒，追封溫國公，諡曰文正。著有《資治通鑑》、《考異》、《目錄》、《稽古錄》、《注古文孝經》、《注太玄經》、《注揚子》、《潛虛》、《傳家集》等十餘種。參見《宋史》卷三百卌六、《宋元學案》卷七。

（二）宗　旨

此書亦非難孟子者，然司馬光性醇厚，故於孟子僅止疑而已。而其一意提倡尊君，於孟子說齊國可以王天下，疑非孟軻之言，故著論是正之。

（三）內　容

全書一卷，凡十一篇〔註25〕，多就《孟子》書中之言而疑，其大要：一、疑「伯義隘柳下惠不恭」。二、疑「陳仲子避兄離母」。三、疑「孟子將朝王」。四、疑「沈同問伐燕」。五、疑「父子之間不責善」。六、疑「性猶湍水」。七、疑「生之謂性」。八、疑「齊宣王問卿」。九、疑「所就三所去三」。十、疑「堯舜性之也湯武身之也五

〔註24〕見卷一百五十三別集六《盱江集》。

〔註25〕或有分「孟子將朝王」二篇，總數十二。今依晁公武《郡齋讀書志》之說定爲十一篇。

霸假之也」。十一、疑「瞽瞍殺人」。其所疑者，有據孔子言行以疑者，如謂「孟子稱所願學者孔子、然則君子之行，孰先於孔子。」亦有以爲委巷之語，非孟子之言，如十一章所論，言曰：「虞書稱舜之德曰父頑母嚚象傲，克諧以孝，烝烝乂，不格姦。所貴乎舜者爲其能以孝和諧其親，使之進進以善自治，而不至於惡也。如是則舜爲子，瞽瞍必不殺人矣。若不能止其未然，使至於殺人，執於有司，乃棄天下，竊之以逃，狂夫且猶不爲，而謂舜爲之乎？」是則以理推之，以爲非孟子之言也。凡其所論諸說無不以尊君爲的，如云：「孔子，聖人也；定哀，庸君也，然定哀召孔子，孔子不俟駕而行，過位，色勃如也，足躩如也。過虛位，且不敢不恭，況召之有不往而他適乎，孟子學孔子者，其道豈異乎？」類此之說皆以尊君爲據而疑難孟子。

（四）評　述

司馬光論性主善惡〔註 26〕，頗近揚雄，故所作《潛虛》乃擬《太玄》，又採諸儒之說以注《法言》〔註 27〕。雖然不同於孟子性善，然亦未鄙薄孟子，《四庫四書總目》載其鈔孟子等書以「覈其意」「志道德」〔註 28〕，而朱熹論「伯夷隘柳下惠不恭」條亦云：「溫公之所援以爲說者，乃所以助孟子而非攻也。」而宋初等視孟荀揚諸家之說〔註 29〕，司馬光亦云：「古今傳道者自孔子及孟荀揚王韓孫柳張賈才十人耳……彼數君子者誠大賢也，然於道殆不能無駁而不粹者焉。」〔註 30〕則其視孟子一如諸子而已。今人錢穆先生則以爲《疑孟》之作，意在尊君〔註 31〕觀《資治通鑑》臣光曰：「文王序卦，以乾坤爲首，孔子繫之曰天尊地卑，乾坤定矣，卑高以陳，貴賤位矣。言君臣之位，猶天地之不可易也。《春秋》抑諸侯，尊王室、王人雖微，序於諸侯之上，以是見聖人於君臣之際，未嘗不惓惓也。非有桀紂之暴，湯武之仁，人歸之，天命之，君臣之分，當守節伏死而已矣。」〔註 32〕是所言不差。而《四庫全書總目》云：「元白珽『湛淵靜語』謂爲王安石而發，考孟子之表章爲經，實自王安石始，或意見相激，務與相反，亦事理所有……。」〔註 33〕觀乎《疑孟》內容，察以錢穆先生之言，則《四庫全書總目》之說，似未必然。

〔註 26〕司馬光《文集》性辯云：「夫性者，人之所受於天以生者也，善與惡必兼有之……揚子以爲人之性善惡混……。」

〔註 27〕見《四庫全書總目》卷九十一子部儒家類一法言集注下。

〔註 28〕見《四庫全書總目》卷一百卌一子部雜家類存目八徽言。

〔註 29〕同上。

〔註 30〕見《文集》卷五十九〈答陳充秘校書〉。

〔註 31〕見《中國史學名著》中司馬光資治通鑑文。

〔註 32〕見卷一引。

〔註 33〕見卷一百五十二別集類五《傳家集》。

（五）板　本

1. 說郛本。
2. 清乾隆甲子百祿堂刊五十五年喬人傑修補本。
3.《四庫全書》本。
4.《四庫薈要》本。
5.《四部叢刊》影紹興刊本。

五、張載　《孟子解》

（一）作　者

張載字子厚，先世居大梁，後僑居鳳翔郿縣橫渠，遂爲橫渠人。眞宗天禧四年生，神宗熙寧十年卒，年五十八（1020～1077）。少孤自立，志氣不群，喜談兵，年十八，慨然以功名自許，欲結客取兆西之地。上書謁范文正公，公知其器遠，責之曰「儒者自有名教可樂，何事於兵」，手〈中庸〉一編授焉，遂翻然志於道，嘗求諸釋老者累年，乃反求之六經。仁宗嘉祐二年，舉進士第，爲雲巖令，以敦本善俗爲志務，俗用丕變。神宗時遷著作佐郎，除崇文院校書，以王安石行新法，遂託疾歸橫渠，終日危坐一室，左右簡編，俯讀仰思。告諸生以知禮成性變化氣質之道，學必如聖人而後已。其學古力行、篤志好禮，爲關中士子宗師，嘗於學堂雙牖書〈東銘〉、〈西銘〉以砭愚訂頑，毅然以聖人之詣、三代之治必可至，志云：「爲天地立心，爲生民立命，爲往聖繼絕學、爲萬世開太平。」自任之重，足以開示後學。著有《橫渠易說》、《正蒙》、《經學理窟》、《語錄》、《文集》等。參見《宋史》卷四百廿七、《宋元學案》卷十七。

（二）宗　旨

張載論學「以易爲宗，以中庸爲的，以禮爲體，以孔孟爲極」，其以易爲宗，極言天下神化性命之理，中乃言學者窮理精義之功，明乎道之所自出，終於孔孟之極則，以著作聖之功而修以教者善誘之道。是書之解孟子其宗旨在此，亦爲其論學要點之一端。

（三）內　容

是書朱氏《經義考》引晁公武語以爲存，當是轉抄而誤。今所存《張子全書》俱未錄此，然清茅星來《近思錄》集注於附說中載有橫渠先生《孟子說》，並注載《孟子說》六條，今就此以觀其內容之大概：「多聞不足以盡天下之故，苟以多聞而待天下之變，則道足以酬其所嘗知，若劫之不側，則遂窮矣。」（卷二引）是以聞見爲心則不足以盡心；恐因此而小卻此心。又「敦篤虛靜者，仁之本；不頗妄、則是敦厚也；無所繫閡昏塞、則是虛靜也，此難以頓悟，苟知之，須久於道實體之，方知其味，夫仁亦在乎熟之而已。」（卷三引）此又以體道須久，熟之有味爲言。蓋全篇所論多從孟子言而推論，未嘗援引原文，然如「不資其力而利其有，則能忘人之勢」（卷七引）是則能就孟子所論獻子五友而言。因文衍義，闡釋孟子性命之說，並發明理氣之幾，或即此書著作之原意也。

（四）評　述

張載之學頗能發明天人合一之觀念，其因天道以推聖德，是能言人物生化之理，神氣往來感應之幾，故甚專力於《易經》〔註34〕。因此而能知性之所自受，乃存養之以發性之蘊，遂主學者當窮理精義，以明道之所自出，故當立心以學。此學雖上達天道，然須下學有實，於徵於日用尤爲切近，故詳釋論孟二書以見聖人之功。由此可知，張載之著爲《孟子解》，乃爲開示學者進修之方，尤切於身心之用。朱熹《集義》所引「張子曰」者六十餘條，然多援自《正蒙》及《語錄》中，至於非之書者如「不賢者民將去之，故不保其樂也。」（梁惠王篇上五立於沼下章引），則亦能明釋孟子之言。而如「國君進賢如徇從人情，不得已而進之，則貪妄者日益進于上，廉恥之人反屈于疏賤矣。」（〈梁惠王篇〉下「所謂故國者」章引）是又能因言明道，切於實用。至於〈西銘〉所論，程朱極稱之，以爲自孟子後未見此書〔註35〕。觀張載之立學，出入佛老，翻然向儒，是當知其學有別於異端，而其立說如《正蒙》、《西銘》亦能自成一家，開關學之途，雖此孟子解爲其立論之一端，然亦可由《西銘》、《正蒙》而推知其學。

六、程頤　《孟子解》十四卷

（一）作　者

程頤，字正叔，程顥之弟，河南人。眞宗明道二年生，徽宗大觀元年卒，年七十五（1033～1107）。世稱「小程子」，其學出於胡瑗、張載，年十八上書闕下，勸仁宗黜世俗之論，以王道爲心。游太學，胡瑗試以顏子所好何學，得頤論，大驚，延見，處以學識，同學呂希哲以師禮事之。哲宗初，司馬光、呂公著共疏上其行義，詔爲西京國子監教授，力辭。後擢崇政殿說書，每當進講，必宿齋豫戒，潛思存誠，冀以感動上意，而其說常於仁義之外，反覆推明，歸之人主。士人歸其門甚盛，頤

〔註34〕參見張子《正蒙》及王夫之注。
〔註35〕見《宋元學案》卷十七附錄。

亦以天下自任，議論褒貶，無所顧避，紹聖間以黨論削籍，送涪州編管。徽宗即位，復其官。頤之學，本於至誠，其見於言動事爲之間，疏通簡易，不爲矯異，不爲狷介。頤性嚴毅，不似兄顥之和易，故人近顥、遠避頤、然顥嘗曰：「異日能使人尊嚴師道者，吾弟也。」學者初稱廣平先生，後居洛陽，始稱伊川先生，弟子甚眾，蔚成洛學，爲宋代理學之主流。著有《伊川易傳》、《伊川經說》、《粹言》、《語錄》，今總爲《二程全書》。詳見《宋史》卷四百廿七、《宋元學案》卷十五、《二程全書》附錄年譜、祭文、奏狀。

（二）宗　旨

是書爲後人纂集遺書、外書之有解孟子之言而成。其論孟子之言，多就分析性理、涵義道德而解。主「性即理」以解孟子性善說，而推本孔子「性相近、習相遠」之旨；又以居敬解孟子集義養氣說，而推明浩然之氣所由生。其解孟子之言多爲門人所宗，而後朱熹解孟子亦以此爲本，而上推於孔孟。是程頤論孟子之言，影響甚鉅，爲宋代解孟子者之主流。

（三）內　容

是書乃程頤門人所記〔註36〕，蓋爲程頤平日講學之言。今書已不見，而《二程全書》頗多載有程頤解孟子之言，是由其所載，可探求程頤解孟子之說。程頤論性，主「性即理」，言曰：「性即理也，所謂理性是也。天下之理，原其所自，未有不善。」〔註37〕，又曰：「孟子言人性善，是也。雖荀揚亦不知性。孟子所以獨出諸儒者，以能明性也。性無不善，而有不善者，才也。性即是理，理則自堯舜至於塗人，一也。」〔註38〕此則以孟子「性善說」爲是，而有不善者，乃因才有不善。又以居敬之說解孟子，其言曰：「敬只是涵養一事，必有事焉，須當集義，只知用敬，不知集義，卻是都無事也……敬只是持己之道，義便知有是有非，順理而行，是爲義也，若只守一個敬，不知集義，卻是都無事也，且如欲爲孝，不成只守著一個孝字，須是知所以爲孝之道，所以侍奉當如何，溫情當如何，然後能盡孝道也。」〔註39〕由此可知其「涵養須用敬」之旨。此外，如解「天下之言性則故而已矣」曰：「則，語助也；故者，本如是者也，今言天下萬物之性，必求其故者，只是欲順而不害之也。故曰以利爲本，本欲利之也。此章皆爲知而發行，其所無事，是不鑿也。」〔註40〕

〔註36〕《宋史・藝文志》程頤《孟子解》下注云。
〔註37〕見《二程全書》〈遺書〉卷廿二上。
〔註38〕見《二程全書》〈遺書〉卷十八。
〔註39〕同上。
〔註40〕見《二程全書》〈遺書卷〉十五。

皆因文分析，偏於義理。是其解孟子之言，旨在涵養心性，歸本於道，純粹理學家解經之說。

（四）評　述

程頤嘗曰：「孟子言舜完廩浚井之說，恐未必有此事，論其理而已，堯在上，而使百官事舜於畎畝之中，豈容象得以殺兄，而使二嫂治其棲乎，學孟子者以意逆志可也。」〔註 41〕又曰：「於語孟二書，知其要約所在，則可以觀五經矣。讀語孟而不知道，所謂雖多，亦奚以為。」〔註 42〕則程頤解孟子之旨，由此可知。而其論性既主性善之說，又以性之不善，乃因才之故，言曰：「性出於天，才出於氣，氣清則才清，氣濁則才濁……才則有善與不善，性則無不善。」〔註 43〕此則與張載氣質之性頗為相同，皆推本於孔子「性相近、習相遠」之說。又引孟子「必有事焉、而勿正，心勿忘、勿助長也」以說主敬之義，其言曰：「纔說靜，便入於釋氏之說也，不用靜字，只用敬字，纔說著靜字便是忘也。孟子曰必有事焉、而勿正，心勿忘、勿助長也。必有事焉便是心勿忘，勿正便是勿助長。」〔註 44〕此言「必有事焉」則是非「靜」，故涵養用敬而不用靜，恐忘而入釋氏，故曰：「敬則自虛靜，不可把虛靜喚作敬。」〔註 45〕黃震於此亦曰：「大抵孔孟之學，大中至正之極，而二程之學正以發明孔孟之言，不幸世之默者，借佛氏之名，售莊列之說，蕩以高虛，舉世生長習熟於其間而不自知，聞程子之說，稍不加審，則動心陷入於彼。」〔註 46〕則程頤之學亦在排佛尊儒。又程頤論為學之方，主「進學在致知」，由格物致知而窮理，其言曰：「是以大學始教，必使學者即凡天下之物，莫不因其已知之理而益窮之，以求至乎其極，至於用力之久，而一旦豁然貫通焉，則眾物之表裏精粗無不到，而吾心之全體大用無不明矣！」〔註 47〕又曰：「致知在格物，格物之理，不若察之於身，其得尤切。」〔註 48〕是可其論「知」乃德性之知。又嘗言「由經窮理」〔註 49〕則其「知」又含有經書之知，然所歸仍在於「理」，是此入手工夫，較程顥為落實，後朱熹之學多本於此，而益有發揮。胡安國稱曰：「孔孟之道，不傳久矣，自頤兄弟始發

〔註 41〕見《二程全書》〈遺書〉卷四。
〔註 42〕見《二程全書》〈粹言〉卷一。
〔註 43〕見《二程全書》〈遺書〉卷十九。
〔註 44〕同註 38。
〔註 45〕同註 40。
〔註 46〕見黃氏《日抄》卷卅三。
〔註 47〕見朱熹《大學章句》補傳。
〔註 48〕見《二程全書》〈遺書〉卷十七。
〔註 49〕見《宋元學案》卷十六。

現之，而後其道可學而至也，不然，則或以六經語孟之書資口耳、取世資，以干利祿，愈不得其門而入矣！」〔註 50〕所論則頗爲中肯！

（五）著　錄

1.《郡齋讀書志後志》卷二。
2.《遂初堂書目》論語類作《程氏語孟說》。
3.《玉海》卷四十六。
4.《文獻通考・經籍考》。
5.《宋史・藝文志》卷二百五作四卷。
6. 焦竑《經籍志》卷二。
7.《經義考》卷二百卅三。

七、蘇洵　《孟子評》二卷

（一）作　者

蘇洵字明允，眉州眉山人。眞宗大中祥符二年生，英宗治平三年卒，年五十八（1009～1066）。洵廿七歲始發憤爲學，歲餘舉進士及茂才異等皆不中，悉焚常所爲文，閉戶益讀書，遂通六經百家之說，下筆頃刻數千言。仁宗至和、嘉祐間，與二子軾、轍皆至京師，歐陽修上其所著廿二篇。既出，士大夫爭傳之。其文奇峭雄拔，有先秦風，一時學者競效蘇氏爲文章，號稱老蘇，名列唐宋八大家。嘗與姚闢同修禮書，成《太常因革禮》。著有《嘉祐集》、《謚法》。詳見《宋史》卷四百四十三、《宋史新編》卷一百七十、《宋元學案》卷九十九。

（二）宗　旨

是書專以文法求《孟子》，有點筆以示其要，有批筆以解文勢，亦多述文句之風格者。而於《孟子》全書章旨，未嘗措意，蓋爲學文制義之用也。

（三）內　容

全書二卷，多以硃筆批點孟子，以明其筆勢及作文之法。其點者有「大圈、小圈、連圈、重圈、三角圈」因文氣之輕重而標點有異。而批者則有承、總、起、振、開、解、應、轉、折、申、頓入、引證諸法，如「齊宣王以羊易牛」段，文曰：「我非愛其財，而易之以羊也，宜乎百姓之謂我愛心。」下接「無傷也。……」批曰：「此段又翻，文勢至此已抑而不振，故必揚之。」此就筆勢而論。又如「獨樂樂、與人樂樂，孰樂？」「與少樂樂，與多樂樂，孰樂？」二語，批曰：「倒問兩語、卻是波

〔註 50〕同上註。

瀾。」此就文法而觀。此外，亦有求一章章法者，如〈孟子見梁惠王〉章，批曰:「此篇務引君當道，得進諫之題。」〈莊暴見孟子〉章，批曰:「此篇悲壯頓挫，深得告君之體。」另有幾字點出文章之法者，如「予豈好辯哉？予不得已也。……」批曰:「一篇骨子。」而辯〈許行之「賢者與民並耕而食」至「然則治天下獨可耕且爲與，有大人之事，有小人之事……。」〉批曰:「此下若決江河。」至於詳文句之風格者，如「婉切」、「感慨」、「鏗鏘」諸話，頗能指明文章氣勢之所在，便利於初學文者也。

（四）評　述

孟子以言明道，求諸筆法，似已失本旨。然其文鎔鑄天成，非綴輯可此，熟讀之亦可充氣理之盛，悟作文之法。而蘇洵文章爲士大夫所競效，故所批點，當爲學者所重。然《四庫全書總目》云:「是書《宋志》不著錄，孫緒無用閒談稱其論文頗精，而摘其中引洪邁之語在洵以後，知出僞託，則正德中是書已行矣。」〔註51〕而今本所見蘇批《孟子》，其中不載洪氏語，或經後人刪削以滅迹？文云:「宋人讀書於切安處，率以筆抹……此本有大圈、有小圈、有連圈、有重圈、有三角圈、已斷非北宋人筆，其評語全以時文之法行之，詞意庸淺，不但非洵之語，亦斷非宋人語也。」〔註52〕而《鄭堂讀書記》曰:「《讀書志》、《書錄解題》、《通考》、《宋志》俱不載，朱氏《經義考》始載之，作蘇氏洵《孟子評》一卷，蓋依託也。」〔註53〕考之明徐𤊹《紅雨樓書目》、陳第世《善堂藏書目錄》皆載有此書，作七卷，是此書明季猶存，至清朱彝尊時，則書已然不復原本。雖則書出於僞託，已非蘇洵之筆，然其中如:「夫天未欲平治天下也，如欲平治天下，當今之也，舍我其誰？」批曰:「平生自任如此。」其勉人亦深矣。至如〈齊人有一妻一妾〉章於「良人出，則必饜酒肉而後反，其妻問所與飲食者，則盡富貴也」四語重覆，批曰:「四語叠見，只隔六字（其妻告其妾曰），不覺冗複，是其運筆之妙處。」而〈牛山之木嘗美矣〉章，批曰:「情思對照，感慨有味，郊字、牧字、梏字皆死字活用法。」皆能就文法而言，亦親切有味。至於孟子所擅長之譬喻，如「揠苗助長」者，批曰:「引喻先提一句（心勿忘，勿助長也，無若宋人然），《莊子》多此法。」此皆能約略指點，足爲初學文者之津梁，不可以依託而忽之。

（五）板　本

1. 明萬曆丁巳吳興閔氏刊朱墨藍三色套印本。

2.《四庫全書》本。

〔註51〕見卷卅七四書類存目〈蘇評孟子〉。

〔註52〕同上。

〔註53〕見卷十二〈蘇批孟子〉。

3. 清同治十三年大文堂重刊本（有清趙大院增補）。
4. 日本藤澤恒校疏刊本。
5. 日本井上揆撰刊本。

八、蘇轍　《孟子解》一卷

（一）作　者

蘇轍字子由，眉州眉山人。洵之子，軾之弟。仁宗寶元二年生，徽宗政和二年卒，年七十四（1039～1112）。十九歲與兄軾同登進士科，又同策制舉，歷官著作郎、秘書省校書郎、起居郎中。神宗時，王安石行新法，轍力言其不可。以大中大夫致仕，築室於許，號穎濱遺老，自作傳萬餘言，不復與人相見，終日默坐，如是者數十年。卒後，追復端明殿學士。轍性沈靜簡潔，爲文汪洋澹泊，平正博雅似其爲人，雖不欲人知，而瑰偉秀奇之氣，終不可掩，其高明處，殆與兄軾相迫，著有《詩傳》、《春秋傳》、《古史》、《論語拾遺》、《孟子解》、《老子解》、《欒城集》。詳見《宋史》卷三百卅九、《宋元學案》九十九。

（二）宗　旨

是書解孟子多獨得之見，並不依傍前人之說。所解者多議論之言，亦似其平日爲文汪洋自恣之風。

（三）內　容

是書廿四章，每章或先舉孟子之言，下爲作解；或先爲議論，後引孟子之言以爲證。其要目有：一、謂聖人躬行仁義而利存非以爲利。二、謂文王之囿七十里乃山林藪澤與民共之。三、謂小大貴賤其命不出於天故曰畏天樂天。四、解責難於君陳善閉邪富君爲好君。五、論浩然之氣即子思之謂誠。六、論養氣在學而待其自至。七、論知言自知其所以病。八、以克己復禮解射者正己。九、論貢法未善之因。十、論陳仲子之廉病在使天下之人無可同立之人。十一、謂學聖不如學道。十二至十四，以孔子論性難孟子論性。十五、以智屬夷惠力屬孔子。十六、解孟子語「孔子從而祭膰肉不至不稅冕而行」。十七、以貞而不亮難君子不亮。十八、論事天立命。十九、論順受其正。廿、論孟子「舜負瞽瞍而逃」爲野人言。廿一、論「形色非天性也」。廿二、論進銳退速。廿三、以司馬懿楊堅得天下言仁不必論得失。廿四、論擴充仁義。

（四）評　述

此書解孟子多議論之言，其立義亦能醇正不支，如論學聖人不如學道，以爲學聖人只得其貌，學道則可以左右逢原，欲其自得。又以詖辭、淫辭、邪辭、遁辭乃諸子之病，謂孟子之於諸子非辯過之，知其病而已。此皆能持有己意，不依傍他人立說，是可見其特立獨行處。然書中亦不專主《孟子說》者，如以孔子「性相近、習相遠」言，駁孟子論性，於孟子論性頗有異見。至於引《古史》以論孟子者，如言楊堅司馬懿之得天下，與孟子言「不仁而得國者有之矣，不仁而得天下未之有也」不符，以爲言仁不必論其得失。此正其議論之長者也。至於謂孟子浩然之氣乃誠之異名，能明陳子思孟子之道統承傳，言人之所未言，亦足見其見識卓犖，不失儒者之言。《四庫全書總目》稱此云：「未免駁雜，蓋瑕瑜互見之書也，然較其晚年著述，純入佛者，則謹嚴多矣。」〔註54〕然所謂駁雜者，正因其不依傍他人，匯眾說而自成系統，爲其議論之長者。苟會心於此中所論，亦可偶發奇思，得見此書之精粹矣。而陳振孫《直齋書錄解題》〈穎濱孟子解〉下云：「其少年時作。」〔註55〕然穎濱乃轍晚年封號，是此「穎濱」當爲後人所加者也。

（五）板　本

1. 明萬曆刊本。
2. 《四部叢刊》影明活字本。
3. 指海本。
4. 《四庫全書》本。

九、徐積　《嗣孟》一篇

（一）作　者

徐積字仲車，楚州山陽人。仁宗天聖六年生，徽宗崇寧二年卒，年七十六（1028～1103）。積三歲而孤，事母至孝。以父名石，終身不用石器，遇石則避而不踐。從胡瑗學，初見胡瑗，頭容少偏，瑗則厲聲云「頭容直」，積猛然自省，不特頭容直，心亦要直，自是不敢有邪心。嘗曰「吾於安定之門，所得多矣，言之在身，一字不違」。積事母以純孝稱，母歿，廬墓三年，雪夜伏側，哭不絕聲，設考妣一如生時。其立身堅苦卓絕，可謂獨行之士，史傳稱其孝行，亦可知其爲人。《四庫全書總目》稱：「積篤於躬行，粹於儒術，所言皆中正和平，無宋代刻核古人之習，大致皆論事論人，無空談性命之說，蓋猶近古之儒家焉。」〔註56〕著有《節孝集》。參見《宋史》卷四百五十九、《宋史新編》卷一百七十九、《宋元學案》卷一。

〔註54〕見卷卅五四書類一〈孟子解〉。

〔註55〕卷三引。

〔註56〕見《四庫全書總目》卷九十二子部儒家類二〈節孝語錄〉。

（二）宗　旨

積謂「言性者宜法聖，以孟子之言性與孔子之言性一也」因就孟子性善論，發明孔子「性相近、習相遠」之旨。其名曰「嗣孟」者，或以爲其論性，可以上繼孟子者耶？

（三）內　容

此篇爲《節孝集》卷廿八之一，全篇要旨有四：一、謂孟子之言性與孔子之言性一也，不信於孟子，是亦不信於孔子。二、闡明孔子「性相近、習相遠」之義，以性習有別，其言曰：「性固善也，善固相近也，顏子之性近於孔子者也，游夏之性近於顏子者也，眾人之性近於游夏者也。性固相近也。又曰習相遠也，習有善惡也，善惡固相遠也，習顏子則爲顏子之徒也，習盜跖則爲跖之徒也，習固相遠也。」三、言性雖善，然只爲一開端而已，不可恃而善，言曰：「性固善也，然而不得恃而善也，善養則善，不善養則惡矣，仁義禮智四者之性，有其端而已矣！」四、習有善惡，因性善端，充而養之，則可爲善，其言曰：「端其可恃乎？養之可也，充而大之可也！」綜觀此，積以爲孟子言性善乃上承孔子而來（《語錄》謂：孔子言略、孟子言詳，孟子者孔子之解也。）然孟子於「習相遠」未有發揮，故積乃因性善論，大爲發揚長善正習之說，此則其所謂「嗣」者之由？

（四）評　述

積之學原於胡瑗，故所論亦多師說。《語錄》嘗曰：「治《春秋》當以孟子爲折衷，蓋知《春秋》者獨孟子爾，如言無義戰者，止譏其戰無義者也。」是其解孟子頗有異於他人之說。此《嗣孟》一篇既主孟子性善論，故積於荀子性惡論，亦多所辨正，其〈荀子辨〉曰：「孟子以仁義禮智謂之四端，夫端亦微矣，其謂仁者亦遂足用爲仁哉，其謂義者豈遂足用爲義哉，是在其中養而大之也。……故人之欲爲善，以其善之未足也，而有可志之資可爲之質也，何必待性惡而後爲善哉！」此皆可與《嗣孟》相發明者。又曰：「余以爲禮義者所以充其未足之善，法制者矯其已習之惡。」以禮義、法制對言，亦是見其深明性善之旨。雖然，〈荀子辨〉只爲《嗣孟》立論，而其所論之「習」，《嗣孟》則未能詳盡其義，故另有辨習之作，其論曰：「性者善也，習有善與惡也，習久不變，然後善惡定也，卒而爲君子，卒而爲小人，皆所以取之道也，故習不可不慎也。善習者雖瞽鯀爲父，亦捨父而習他矣。不善習者，雖父堯子舜，亦捨父子而習他矣！」此發明孔子習說，可補《嗣孟》之不足。故觀此篇當與〈荀子辨〉、〈辨習〉併觀，乃可知徐積性善之旨。清人黃式三《儆居集》〈談徐氏荀子辨〉云：「其論性，駁荀尊孟，懍乎衛道之嚴。雖然亦有過焉，荀子言禮義生於聖人之僞，僞者人爲之也，徐氏則直以爲作僞心勞，是駁之過也。孟子之不動心，是言得位行道，功名不足以動心，而富貴不能動心，自在其中，徐氏則謂充養之至，雖以齊國卿相之重位，亦不動心，思經營而可治，是尊之過也。」《東坡志林》稱其「文怪而放」。然以此數篇而觀，似又不然。王資深撰〈行狀〉論曰：「其說以簡易渾成爲主，學者毋以異求之。」是爲有見。

（五）板　本

1. 清康熙間覆宋刊本。
2. 《四庫全書》本。

十、程俱　《孟子講義》四篇

（一）作　者

程俱字致道，衢州門化人。神宗元豐元年生，高宗紹興十四年卒，年六十七歲（1078～1144）。以外祖尚書左丞鄧潤甫恩，補蘇州吳江主簿、監舒州太湖茶場。紹興初，始置秘書省，召俱爲少監。奏修日曆，秘書長貳得預修纂自俱始。時庶事草創，百司文書例從省記，俱摭三館舊聞，比次爲書，名曰「麟臺故事」，上之。擢中書舍人兼侍講，除徽猷閣待制。其爲文典雅閎奧，爲世所稱。著有《北山小集》。參見《宋史》卷四百四十五、《宋史新編》卷一百七十一，《北山小集》附錄行狀。

（二）宗　旨

俱藉進講之便，因《孟子》經文予以發明，著爲講義。大旨在敷陳人君之治，發明仁政爲治道之根本，期使人君知此根本而有所施行。

（三）內　容

凡四篇，多依《孟子》經文章節以解釋大義，全篇大旨則列於篇首以爲綱領，末尾則多以爲君之道終結。如講〈梁惠王曰寡人願安承教〉章云：「臣觀孟子告梁惠王以王道之始與夫制民之產之意，所謂五畝之宅、百畝之田之類是也。而又及於爲政以殺人者，如狗彘食人食之類是也。於是其言有慨於王心者，此梁惠王所以有願安承教之言也。夫刃之與政，其殺人無人異，猶梃之與刃也，然臣以謂政之殺人有甚於刃，蓋政之所及者廣，而其爲禍深且久故也，此苛政之害，孔子所以知其甚於猛虎者也。」講義之說皆類此，亦可知其中寓有深意！

（四）評　述

此四篇分別爲講義第三、五、七、九授，審其所缺者，合以孟子，皆兩篇講義中間之章節，據葉夢得《北山小集》序云：「（俱）嘗裒集平生所爲文，欲屬余爲序，會兵興不果，後遇火焚棄殆盡，稍復訪集，尚得十四五……。」此四篇或即焚棄殘餘者。俱此四篇，雖僅述各篇大意，然旁徵博引、詳述原委，意在使人君明白領略，如講「率獸食人」，則曰：「古者馬不皆食粟而有食粟之馬焉，故傳稱季文子相魯而家無衣帛之妾與食粟之馬。所謂粟者菽菱之類是也，吳越之地菽菱之生者寡。比者，行軍過州縣，皆歛稻穀以食馬，二石之穀，一石之米。歛萬石之穀以食馬，則民間無五千石之米矣，此其所以飢色餓莩常相屬於野也。」似此，皆欲廣人君耳目，以達聰明，則孟子仁政可得而行。葉夢得序謂「其文精確深遠，議論皆本仁義」，所評頗爲恰當。雖然，此編原爲人君之學而設，然其敘述明暢、條理清晰，亦足以濬發學者之心思矣！

（五）板　本

1.《四庫全書》本。

2.《四部叢刊》本。

十一、余允文　《尊孟辨》六卷

（一）作　者

余允文字隱之，建安人。朱熹《文集》稱引此人，其言曰：「唯是隱之父子不解事，來此干預宋家產業，出言不遜，恐將引若方氏復來生事，今陳吳二婦作狀經府告示之。」〔註57〕《四庫全書總目》以爲允文「蓋武斷於鄉里者，其人品殊不足重。」〔註58〕此據朱熹「不解事」言而推，當亦可信。

（二）宗　旨

此書意在尊孟，於非難孟子者多予以論辨訂正。所論辨者：辨司馬光《疑孟》十一條、《史剡》一條；《辨李觀常語》十七條、不辨者一條；《辨鄭厚叔藝圃折衷》十條。〈自序〉云：「余權世之學者，隨波逐流，蕩其心術，仁義之道益泯，於是取三家之說，折以公議而辨之，非敢必人之信，姑以自信而已，命之曰《尊孟辨》。」又有續辨者，取王充刺孟者十條、蘇軾《論語》說者八條，併而辨之。而〈別錄〉存〈原孟〉三篇，道孟子書作之原由，傳聖人之道、息諸子之僞，而以孟子學孔子終結。大體此書旨在尊孟，於非難孟子之言則議而辨之，然其論辨亦有不精當者，朱熹嘗補正之。

（三）內　容

〔註57〕朱子《文集》〈與劉共甫書〉。

〔註58〕見卷卅五四書類一《尊孟辨》。

此書凡六卷，分爲《尊孟辨》、〈續辨〉、〈別錄〉。所論辨者多就其文逐條而辨，如《常語》疑「孟子盡信書則不如無書」言：「血流漂杵，未足多也。」又言：「虞夏商周之書出於孔子，其維不知，孟子一言，人皆畔之，畔之不已，故今人之取孟子以斷六經矣！」允文辨曰：「武成曰血流漂杵，武王以此自多之辭，當時倒戈攻後，殺傷固多，非止一處，豈至血流漂杵乎？孟子深慮戰國之君以此藉口，故曰盡信書則不如無書，而謂血流漂杵，未足爲多，豈示訓之意哉，經注之禍正此類也，反以孟子爲畔經，是亦惑矣！」此辨頗得其平。全書所論，大抵類此。而原孟之作，頗能明孟子作書之原委，並述及傳聖人道統，息諸子之詭論，欲學者由此而神遇心會也！

（四）評　述

宋初，馮休《刪孟》、司馬光《疑孟》、李覯《常語》等相繼而出，疑孟者漸多，而此諸家亦多知名之士，後世學者遂多宗其議論，允文〈自序〉云：「世之學者貴耳賤目，厭常好怪，往往喜其立論之意，誠以孟子爲不足學，羞稱王道，恥言仁義，叛道亂倫，淪胥爲禽獸之歸矣。予爲此憂，不得已而與之辨，務明仁義而已矣。」觀此可知當時風氣，然此諸家多就政事而論，未可盡以道統爲據親爲叛道亂倫。而是書亦有辨之不精，所論非當處。如辨《常語》「三分天下有其二以服事殷」朱熹以爲「隱之只以衰微二字斷周之不可事，正在李氏詆罵中」。其辨折衷「孟子非賢之」一章，朱熹言「此段辨孟軻非賢人之句，亦須引孟子所傳之說，今只以趙氏題辭爲據，恐未足以折談者之鋒也。」《四庫全書總目》謂此書「亦窺伺意旨，迎合風氣而作，非眞能闢邪衛道者」〔註 59〕此則鄙薄允文人格而有是語，其後又云：「當群疑蠭起之日，能別白是非而定一尊，於經籍不爲無功，但就其書而觀，固卓然不磨之論也。」〔註 60〕是爲平允之論。而此書系統井然，不失特立之見，亦有助於孟子者也！

（五）板　本

1.《四庫全書》本。

2.《守山閣叢書》本。

十二、沈括　《孟子解》一卷

（一）作　者

沈括字存中，杭州錢塘人。仁宗天聖九年生，哲宗紹聖二年卒，年五十六（1031～1095）。仁宗嘉祐八年進士第，編校昭文書籍，爲館閣校勘，刪定三司條例故事。

〔註 59〕同上。

〔註 60〕同上。

神宗熙寧五年充史館檢討，九年春旨編修天下州縣圖。十年，蔡確誣劾，以集賢院學士知宣州，官至龍圖閣待制知審官院。括博學善文，於天文、方志、律曆、音樂、醫藥、卜算無所不通，著有《長興集》、《蘇沈良方》。又記平日與賓客言者爲《夢溪筆談》，多載朝廷故實、耆舊出處，並於天文、算法、鐘律，尤爲究心，所錄甚爲該博，頗爲今人所重。詳見《宋史》卷三百卅一、《宋史新編》卷一百九十、《夢溪筆談》附年表。

（二）宗　旨

沈括所學該博，而長於考證。此書凡廿一條，內容雜瑣，解《孟子》多以考證制度爲主，能濾其所見，如詳九一而助、布帛、關市之征等制度，皆徵於實學，是爲宋人解《孟子》之特出者！

（三）內　容

此書共廿一條，見載於《長興集》中，不引《孟子》經文，亦不依《孟子》次序，所論偏於考證制度爲多，由此進而詳釋《孟子》文義，如解「關之有征」曰:「關之有征，抑遊者也，王者之禁遊惰未作，故有里布屋粟關市添林之征。政事修，民不失其業，然後禁可行也。故周官國凶札則弛關門之征，但譏而已。文王與孟子之時，天下之政不可謂之修，民之不失其業者蓋鮮，故孟子欲去關市之征，文王去關之征，而不及於市，關所以待天下之民，市則吾國中也，文王之國中與孟子之時法度固宜有間矣。」是能詳制度之原委，亦可分析《周官》、《孟子》法度之異也。此外，亦引他書以解《孟子》，如解「仁言不如仁聲之入人深也」云:「聲，聞也。善政善行作於此而聞於彼，之謂聲。詩曰載色載笑，匪怒伊教，言也。相土烈烈，海外有截，聲也。」則能融合經書以解，是爲深於此者。而解「必有事焉而勿正心勿忘勿助長也」曰:「舜有事焉，非以其爲仁義而後之也，人皆有是心，舜能勿忘而已，求仁義而爲之，所謂正心與助長者也。」此則能補《孟子》意不足者。凡此，皆與當時解《孟子》風氣截然不同。雖然解《孟子》少涉性理，亦多臨闡明《孟子》文義，獨有創見。

（四）評　述

沈括頗爲善文博學，尤精於考證，觀其〈答崔肇書〉云:「人之於學不尊則不能，雖百工其業至微，猶不可相兼而善，況君子之道，若某則不幸所兼者多矣，眾人之所患，而某之所取……博學之，審問之，篤行之，不至則命也。」則沈括亦嘗自詡其傳聞辨證，所言「人之所患，而某之所取」蓋即指此而言。其《孟子解》一篇之宗旨多本於此，故篇中多徵實之學，如解「九一而助」、「圭田」、「市廛」、「布帛」

等，皆能詳述制度之原委，並說明其古今之變，使孟子之意了然於心。其解「人之患在好爲人師」云：「數學之道，來學焉則吾所以教也，有問焉則吾所以告也。今於其教也，不待其來學；於其告也，不待其有問，非教學之道也，好爲人師也。」頗發時人所未言者。至於論性，則以爲：「孟子曰天下之言性者，則故而已矣。故者，以利爲本，故猶常也，役於物者非其本性也，順利而無所鑿者天命也，故禹之行水也，行其所無事也，行其所無辜者水之利也，動而不順利者，盡其性也。舜由仁義行，孔子從心所欲不踰矩，順利之至也。」此說明順利人性而不違逆之，更可發明《孟子》之旨。凡此諸章，皆是以見其書之精善，讀者未可以篇牘少而忽之也！

（五）板　本

1.《四庫全書》本。

2.《四部叢刊》本。

十三、尹焞　《孟子解》十四卷

（一）作　者

尹焞字彥明，一字德充，洛陽人。神宗熙寧四年生，高宗紹興十二年卒，年七十二（1071～1142）。少師事程頤，所學篤於踐行，不爲虛語，爲程門之顏氏〔註61〕。當時學於程門者多，然未若焞之質直弘毅、實體力行，程頤嘗以「魯」許之，且曰：「我死而不失其正者，尹氏子也。」所重若是。哲宗紹聖元年應舉，策問有誅元祐諸臣之議，焞不對而出，終身不就舉。靖康元年，以布衣薦，不至，賜號「和靖處士」。金人陷洛，轉奔於蜀，止涪。紹興五年，侍讀范沖舉以自代，累辭不得，八年冬始入見，除秘書少監。累遷徽猷閣待制，提舉萬壽觀，留侍經筵。秦檜當國主和，上疏求去。著有《論語解》、《孟子解》、《文集》。詳見《宋史》卷四百廿八、《宋元學案》卷廿七、《伊洛淵源錄》卷十一。

（二）宗　旨

是書乃尹焞侍講經筵時所解，全書多戒時君行仁政以求合於民心，所論多本程門之說，於聖賢仁義之道多能闡發。而於《孟子》時誼之辨，尤爲詳說，務使時君知所鑒取，以行乎王道也。

（三）內　容

《四庫全書總目》載此書，以爲「每章之末略數語評論大意，多者不過三四行，皆詞義膚淺，或類坊刻史評，或類時文批語，無一語之發明」而謂爲「妄人所依託

〔註61〕見黃幹〈新建和靖先生祠記〉。

也」，故列於存目。今朱熹《孟子精義》中所錄尹氏解孟子凡二百四十九條，《孟子集註》亦載有三十五條，是亦可觀其《孟子解》之大概矣。爰就《精義》所錄大略分之：其一乃戒時君之論，此多因《孟子》言推而論之，如論「君之視臣如手足」章云：「君臣以義合者也，報施之道必至於此，孟子以深曉時君也。」又云：「此三句說君臣相待厚薄感應之理，非謂待之之理。」其二、倡言民心之論，如云：「堯不能以天下私與舜，非孟子不足以識之，天視自我民視，天聽自我民聽，誠哉是言也。」（〈萬章篇〉「堯以天下與舜語」）此在因《孟子》之言推衍出民心之論，以爲時君遵循者也。其三、據《孟子》之時以解《孟子》之言，如云：「君之與民貴賤雖不同，而心則未始有異也，孟子所以力陳其說，便曉然易知，其言可謂深切矣，齊宣不能推而用之，惜哉！」（〈梁惠王篇〉「齊宣王見孟子於雪宮」章語）又云：「言上有古人，須當論其所遇之時如何，不可一概而論也。論其詩讀其書，而不論其世，則知之有不能盡。」（〈萬章篇〉「一鄉之善士章」語）是知尹焞所解《孟子》之大旨。

（四）評　述

此書已散佚〔註62〕，尹焞疾革之時，門人稱遺表，乃曰某一部《孟子解》便是，是其所重亦在此。趙希弁《郡齋讀書附志》云：「以崇政殿說書召，既侍講起，首解論語以進，繼解孟子，甫及終篇而卒。」而韓元吉云：「先生曰……有第三篇及其某章皆未備，宜爲我足之。」陳振孫云：「紹興中經筵所上《孟子解》，未成，不及上而卒。」是此書雖爲尹焞所解，然猶有未備。及歿後，亦未上於經筵，其後趙希弁所見邢正夫刊本，當即依原本而刻。尹焞嘗曰：「吾言得入，則天下蒙其利，不能，則反之。」是知其解《孟子》之旨意。黃百家稱「和靖在程門，天資最魯，而用志最尊。」朱熹亦云：「和靖直是十分鈍底，被他只就一個敬字做工夫、終做得成。」是尹焞篤守師說最醇、而其解《孟子》之言，多爲朱熹所取，是可知其持守者。觀《精義》所錄尹焞解《孟子》之言，屢引師說以爲論，乃知黃震「不失其師傳者」，洵非虛言。

（五）著　錄

1.《郡齋讀書志》附志。
2.《直齋書錄解題》卷三。
3.《文獻通考・經籍考・孟子類》。
4.《宋史・藝文志》卷二百五。
5. 焦竑《國史經籍志》卷二。

〔註62〕見《四庫全書總目》《集部・別集類》十和靖《語錄》。

6.《經義考》卷二百三十四。

7.《四庫全書總目・四書類存目》。

十四、林之奇　《孟子講義》

（一）作　者

林之奇字少穎，福州侯官人。徽宗政和二年生，孝宗淳熙二年卒，年六十五（1112～1176）。高宗紹興廿一年進士第，召爲秘書省正字轉校書郎，朝廷欲令學者參用王氏新經，之奇上言以爲罪同王何，深於桀紂，謂爲邪說詖行淫辭之不可訓者。以病求去，遂以祠祿家居，自稱拙齋。甫冠，從呂本中學，教之以廣大爲心，以踐履爲實。將試禮部，以不得事親而反，學益力，學者稱爲「三山先生」。門風極盛，弟子之中尤以呂祖謙出其藍者也。著有《尚書全解》、《論孟揚子講義》、《拙齋集》等。詳見《宋史》卷四百卅三、《宋元學案》卷卅六。

（二）宗　旨

是書以求《孟子》之意，謂《孟子》之書大抵推明《論語》旨意，故學《論語》者必自《孟子》始。

（三）內　容

此書《宋史・藝文志》不著錄，陳振孫《直齋書錄解題》亦未見，故《經義考》注云佚。蓋此書自朱熹後則已少見，終至亡佚。今《孟子集註》中尚錄有十二條，可見其梗概。其論「孟子曰可以取可以無取取傷廉」章，曰：「公西華受五秉之粟，是傷廉也。冉子與之，是傷惠也。子路之死於衛，是傷勇也」（離婁篇）則引《論語》與史記之事以發現之。又講「孟子曰君子有三樂」章曰：「此三樂者，一係於天，一係於人，其所以自致者，惟不愧不怍而已，學者可不勉哉。」（盡心篇）鉤玄提要，使能明白通達。而其論「孟子曰爲政不難不得罪於巨室」章，則曰：「戰國之世，諸侯失德，巨室擅權，爲患甚矣。然或者不修其本，而遽欲勝之，則未必能勝，而適以取禍，故孟子推本而言，惟務修德，以服其心，彼既悅服，則吾之德教無所留礙，可以及乎天下矣。」此說則以身修而推及於天下，則天下悅服。蓋全書所論，多類此者。而其論「爲君之道莫先於仁義」文中所論：「臣聞孟軻與人君言必稱堯舜，自古爲君之盛，未有過堯舜者，軻之言必稱焉，斯爲言之至也。」則其推尊孟子「仁義」之說可知。又其〈揚子講義・序〉云：「大抵孔子之後，欲如孟子著書無一一可議者，蓋難乎！」而〈孟子講義・序〉又曰：「夫既與門人答問而言之矣，又恥沒世而無聞，退而編次其言以傳後世，此蓋漢魏以降文人之通弊，孔孟之志必不若是之狹也。」其推崇孟子之意由此可知。

（四）評　述

《四庫全書總目》云：「呂氏之學頗雜佛理，故之奇持論亦在儒釋之間。」然以《集註》所錄存之十二條而觀，則經局部無關乎釋氏者也。如論「思天下之民匹夫匹婦有不被堯舜之澤者」下云：「以堯舜之道要湯者，非實以是要之也，道在此，而湯之聘自來耳，猶子貢言夫子之求之，異乎人之求之也。」似此皆醇儒之言。而《孟子講義・序》亦引趙岐之說「凡為篇所以七者，以象七政，章所以二百六十一者，所以象三時之日數也……」以為「若此之類，其說迂濶，是猶相馬者，徒求於物色牝牡之間而失其眞者遠矣……大抵求孟子之意者，必求其言，至於文字多寡，篇名先後，出於一時之偶然，不可泥也。」則不囿於趙氏之說，頗有見地。至於《孟子》所論與王制周禮不同所論爵祿之等、地方之制、建學之名，則試為折衷之說，亦可見其深於孟子處。又說《孟子》未嘗攻乎異端，即闢楊墨，亦辨其理之是非，而非攻也，此恐疾之已甚，適所以為害也。凡此，皆可見其有關《孟子》之說，惜書已佚，難窺其全貌，而朱熹《集註》有所徵引，亦可見其諳於《孟子》也。

（五）著　錄

1.《經義考》卷二百卌四。

十五、楊時　《孟子義》

（一）作　者

楊時字中立，南劍將樂人。仁宗皇祐五年生、高紹興五年卒，年八十三（1053～1135）。幼穎異，能屬文。稍長，潛心經史。熙寧九年中進士第，時二程講孔孟絕學于於熙豐之際，河洛之士翕然師之。時調官不任，以師禮見顥於穎昌，相得甚歡，其歸也，顥目送之曰「吾道南矣」。又見程頤於洛，時蓋年四十矣。嘗疑張載〈西銘〉近於兼愛，與程頤辨論往復，聞「理一分殊」之說，始豁然無疑。官至龍圖閣直學士。晚年，優游林泉，以著書講學為事。初時，崇尚元祐學術，後朱熹、張栻之學得程氏之正，其源委脈絡皆出於時，學者號曰「龜山先生」。著有《六經義辨》、《二程粹言及文集》、《語錄》。詳見《宋史》卷四百廿八、《宋元學案》卷廿五。

（二）宗　旨

序稱「君子之言行，無所不在，而肆諸筆舌，以傳後世，皆所以明道也。發諸身、措諸用，舍皆所以行道也。世之學者因言以求其理，由行以觀其言，則聖人之庭戶可漸而近矣。精思之、力行之，古之好學者皆然，而亦不肖之所望於諸君也。

然聖道淵懿，非淺識所知，姑論所聞，未知中否」。則是書乃原儒道以解《孟子》之義，期使學者言行近於聖人之庭戶矣！

（三）內　容

是篇凡四十四條，所說各條，皆先立標題，而系其解說於下。其解說短者有若眉批，如「賢者亦樂此乎」下云：「人君當樂民之樂，臺池鳥獸豈足樂哉。」而長者亦多就《孟子》文義，加以申說，如說「無道桓文之事」：「齊宣王見孟子於雪宮，曰賢者亦樂此乎，而孟子對以晏子之言，則霸者之事無非傳也，君子務引某君於當道，則桓文之事不足爲也。」又釋「薛居州善士也」曰：「政不足與閒也，人不足與適也，惟大人爲能格君心之非，則雖一人可與王爲善矣，薛居州善士而已，不足以與此，故一薛居州，其如宋王何？」似此，頗能申述《孟子》微言。而於世儒謬說，亦多駁斥，如「世儒或以孟子教齊宣王行王政，爲臣不忠，與孔子尊王之意異，蓋未嘗論世故也。春秋之時，名位未亡，天下猶以爲君也，故孔子曰如有用我者，吾其爲東周乎。孟子時諸侯皆稱王，則天下不復有周也，分爲東西君之位，號亦亡矣，雖欲尊之，尙可得矣？聖賢之趨合時變，各有當也，世儒不論其世，而謬爲之說，失其旨矣！」似此以論世之觀點，駁諸家之失。如此論說，皆在欲使《孟子》之道益明，而學者知所遵循矣！

（四）評　述

楊時學本二程、氣象和平，議論醇正，雖解《孟子》之說，持論平實，其辨析，極切經旨，而其中精妙處，頗得《孟子》精髓，呂本中謂其「沈浸經書，推廣師說，窮探力索，務極其趣，涵蓄大而不敢賴自肆也。」至於全祖望則以爲「楊時晚年溺佛，流於異端」，然此不知楊時也，《孟子解》卷末〈辨論儒佛〉其明：「吾聖人以爲天下自然之理而以常事言之，故言近而聞者無懼焉，異端之學自以爲精微之論，其徒累千百言而不能盡其義，故學者莫知適從，而去道益遠矣。此儒佛之辨也。」胡安國則論曰：「推本孟子性善之說，發明中庸大學之道，有欲知方者，爲指其攸趣，無所隱也。」如此則可知其解說此篇之旨趣也！

（五）板　本

1. 明弘治李熙將樂縣刊本。
2. 明林熙春刊本。
3. 清順治八年楊令聞刊本。
4. 《四庫全書》本。
5. 清張國正重刊本。

十六、張栻　《癸巳孟子說》七卷（附孟子《詳說》）

（一）作　者

張栻字敬夫，一字樂齋，號南軒，廣漢人。高宗紹興三年生，孝宗淳熙七年卒，年四十八。（1133～1180）父浚，故丞相。栻穎悟夙成，長師五峯胡宏，問程氏學，告以孔門論仁親切之旨，栻退而思，若有所得。胡宏極稱之曰：「聖門有人矣！」栻益自奮厲，以古聖賢自期，作希顏錄以見志。栻樂於聞道而勇於徙義，詣理既深，信道又篤，與朱熹呂祖謙講誦切磋。大抵其學主居敬立本，察乎義利之辨，實由胡宏上接於程子之學。著有《南軒易說》、《癸巳論語解》、《癸巳孟子說》，並有朱熹輯定《南軒文集》。詳見《宋史》卷四百廿九、《宋元學集》卷五十。

（二）宗　旨

此書成於孝宗乾道九年（1173），歲次癸巳，因以名曰《癸巳孟子說》。書中於王道之辯、義利之分，言之最明。

（三）內　容

是編卷首附〈程子議論孟法〉九條，大抵歸本程子而加以闡發義理，與朱熹之說亦時有異同。此書作法與《論語解》相似，不在詮釋名物訓詁，而於仁義王霸之論、養氣性善之說，反覆尋繹而無已。如論「枉尺直尋」曰：「夫君子之所以能直人者，爲其己之直也，己先枉，如直人何？嗟乎！事無巨細莫不有義利之兩端存焉，惟居敬者爲能審其幾微，不然，鮮不失矣。曰比而獲禽獸，雖若丘陵弗爲也。學者要當立此志而後可以守身也。」則養以居敬爲能見義利之幾微，若枉尺直尋，學者所不當爲。又曰「一傅眾咻」曰：「愚讀一薛居州獨如宋王何之語，未嘗不太息也，夫長幼卑尊皆楚之咻也，而望一居州欲以變王之質，豈不難哉？非惟力不能勝，居州有言於前，而眾人尼之於後，居州且將不能以自立，而況敢望有益於王身乎？」頗有言外之意。全書之說多如此類，至於釋「徹助之制」，援引張載、楊時以解；述孔子《春秋》之義，多申胡瑗之說，亦知其所論不囿於己見。

（四）評　述

張栻之學上推程子，於居敬格物性命忠恕、天理天命與仁誠義利等情事，皆能明析衍說，而於「持敬主一」之意，尤三復言之。故朱熹論講學師友，於呂祖謙病其雜，於陸九淵病其禪，惟於栻則獨稱「見識卓然不可及，從遊之久，反覆開益爲多」。而栻於《論語》嘗與朱熹往返論難，務必極言是非，不肯違附，按《文集》所錄存，多至一百十八條，是可見其信道之篤、議論之精。是書於爭辨者較少，然與朱注異者亦不少，如「孔子兼之曰我於辭命則不能也」句，栻以爲乃孟子之言，朱注則引林之奇以爲皆公孫丑之問，如此各抒己見，互有異同，亦不復更定責難，學者於此當悉心究其義理，以互相發明。《四庫全書總目》於此稱「栻之出也，以諫張說爲執政，故是編於〈臧倉沮孟子〉及〈王驩爲輔行〉兩章，皆微有寄託，至解『交鄰』章……其辭感憤，亦爲南渡而發，然皆推闡經義之所有，與胡安國《春秋傳》務於借事抒議而多失筆削之旨者，固有殊焉。」是爲的論。湖湘之學至栻乃集大成者，然以早卒，門下無有能光大其學，孝宗乾道、淳熙之後，學派分爲三大派，曰朱學、曰呂學、曰陸學，而不及於張栻，殊爲可惜。然錢穆先生以爲朱熹之學不入於禪，皆栻之力〔註 63〕，朱熹述〈行狀〉亦云：「公之教人，必使之先有以察乎義利之間，而後明理居敬，以造其極。」是可知其學之大本，亦可知此書之深旨。

（五）板　本

1.《通志堂經解》本。
2.《四庫全書》本。
3.《四庫薈要》本。
4. 墨格舊鈔本。

（六）附　錄

《直齋書錄解題》、《文獻通考》俱載《孟子說》十七卷，《郡齋讀書附志》作《孟子說》七卷，然《宋史・藝文志》作《孟子解》七卷外，又有《孟子詳說》十七卷，《經義考》則兩存並於《孟子詳說》下注云未見。則張栻於《孟子說》外，似有《詳說》一書，然陳、馬二家所載卷數與詳說合，不知此爲一書，抑或分別之二書，而張栻嘗以建寧書坊刻《孟子解》，恐悟學者，乃移文漕司毀板。至於都司罷歸，於舟中取所解《孟子》觀之，以爲「段段不可意，正當深培其本」，是此書當有刪訂，或以初名《詳說》者乃毀板之書，而此《孟子說》則爲改訂之書，究竟如何，亦無可考。

十七、張九成　《孟子解》廿九卷

（一）作　者

張九成字子韶，其先開封人，徙居錢塘。哲宗元祐七年生、高宗紹興廿九卒，年六十八（1092～1159）高宗紹興二年進士第一人。九成夙學天成，八歲默誦六經，通大旨，父積書坐旁，命客就試，應答如響，且置卷歛衽曰：精粗本末無二致，勿謂紙上語不多，下學上達，某敢以聖賢爲法。諸老驚歎曰：眞奇童子也。十歲善文，

〔註 63〕參見《宋明理學概述》〈張栻〉。

時稱雄，十四遊郡庠，閉閤終日，比舍生穴隙以視，則歛膝危坐，對賓大編，若與神明爲伍，更相驚服而師尊之。游於京師，從楊時學。歷官太常博士、宗正少卿、禮部侍郎兼侍講經筵。忤秦檜，誣以謗訕朝政，謫南安軍。檜死，知溫州，即丐祠歸，居南安十四年，解釋經義，自號「橫浦居士」，亦稱「無垢居士」，謚文忠。著《孟子解》、《孝經解》、《中庸解》、《論語解》、《橫浦集》等。詳見《宋史》卷三百七十四、《宋史新編》卷一百卅九、《宋元學案》卷四十。

（二）宗　旨

是書之旨在發現義利經權之辨，特著明《孟子》尊王賤霸有大功，撥亂反正有大用，主於闡揚宏旨，不主於箋詁文句。

（三）內　容

此書又名《孟子傳》，今《四庫全書》所據《南宋舊刊》、《四部叢刊》影印宋刊本皆作《孟子傳》廿九卷，佚〈盡心篇〉。然《郡齋讀書志》、《直齋書錄解題》、《文獻通考》皆作《孟子解》，除《郡齋讀書志》載爲卅六卷外，餘二者皆爲十四卷，或此書晁公武尚窺及全本，而至南宋所刊已存廿九卷，今已難考其詳。此書現存廿九卷，每章爲之說解一篇，主於闡揚孟子義理，不主於箋詁文字，是以曲折縱橫，全如議論之體，如〈梁惠王〉「寡人之於國也」章下云：「余嘗求王道而不知其所向、讀至此，乃知所謂王道者，其忠厚和樂乃至於此也，使一國如此行，則鄰國聞之，老者長者少者貧乏者苦征役者，皆悅而歸之矣，又何患民之不多哉，孟子此對可謂舉網提綱，挈裘振領矣。」，而書中亦多述及大學格致之學，如「孟子曰人有恒言」章下云：「余嘗考之大學之道始於致知，孟子之論始於修身，何也，蓋致知方求其體，而修身已見於用，身已修則齊家之本也，家已齊則治國之本，國已治則平天下之本也。所治愈廣則收效愈大，學而至於修身極矣，齊家治國平天下，特移修身之道以用之身，非有加損於其間也。」此則能通貫二書，以明聖賢致治之理。而「墨者夷之」章，則云：「此一章書顚倒失次，自漢以來無有辨之者，余深入其中，乃知編次脫易，輒爲改正之。」是則改易經文以順文理者。

（四）評　述

張元濟跋云：「元祐更新，老臣柄國，用人行政盡反熙豐之所爲，不以至誠相感，而惟意氣是尚，於是紹述之議起，朋黨之禍成，內爭不息、外患乘之，而宋室從此不振，公生其時，追惟禍始，始思爲懲前毖後之計，著爲是書，以爲謀國者告。」而《四庫全書總目》云：「特以孟子之意欲極當日之戰爭，九成之解則欲防後世之僭亂。」則可知其作書之旨。又云：「九成之學出於楊時，又喜與僧宗杲遊，故不免雜於釋氏……惟注是書……辨治法者多，辨心法者少，故其言亦切近事理，無由旁涉於空寂，在九成諸著作中，此為最醇。」蓋《孟子》之書隨機立教，不主故常，引人於善而已，九成此書多因此旨而論，如〈齊宣王問曰文王之囿方七十里有諸〉章，則云：「孟子能用聖王之學，隨機應變，宛轉屈曲，終引之於正道而後已。」又於〈孟子謂齊宣王曰王之臣有託其妻子於其友〉章，則云：「披玩此言，深有意味，託物引喻，比類陳辭，使聽之者不驚，味之者生畏，不逆其身而深注其心，此聖王之學以為可尚也。」如此，皆似為熙寧元祐兩朝時事而發，其於「孟子見齊宣王曰所謂故國者」章，則云：「然而人君多喜新進而惡見老臣，何也……此孟子所以拳拳於世臣之論。」則九成為深知孟子隨機立教之旨者也。明乎此，則九成設問而對，鋪衍成論以解孟子之意可知矣！

（五）板　本

1.《四庫全書》本。

2.《四庫薈要》本。

3.《四部叢刻》影印宋刊本。

十八、游酢　《孟子雜解》一卷

（一）作　者

游酢字定夫，建州建安人。仁宗皇祐五年生，徽宗宣和五年卒，年七十一（1053～1123）。神宗元豐五年進士，調蕭山尉，遷博士，知清河縣。范純仁判河南，待以國士，有疑輒咨之。純仁入相，復以為太學博士。徽宗立，擢為監察御史，歷知漢陽軍、知、舒、濠三州。酢與兄醇並以文行名於世，所交皆天下英豪。年十二，潛心《孝經》，年廿九錄明道先生語，年四十一錄伊川先生語。程頤以事至京師，因受業焉，謂其資可以進道。程顥興扶溝縣學，招使肄業，乃欣然往從，得其微言。楊時嘗云：「伊川謂游君德器粹然，問學日進，政事亦絕人遠甚。」又稱「公自幼不群，讀書一過目輒成誦。比壯，益自力，心傳目到，不為世儒之習，誠於中，形諸外，儀容辭令，粲然有文，望之知其為成德君子也。」酢與楊、謝鼎足程門，既錄二程語，是知其深得程門微旨。年四十六，築草堂於廌山之麓，學者稱為「廌山先生」。著有《中庸義》、《論語孟子節義》、《易說》、《詩二南義》。參見《宋史》卷四百廿八、《宋元學案》卷廿六、《伊洛淵源錄》卷九。

（二）宗　旨

游酢解孟子多本程子，然所重則在於義，如論「孟子言舜完廩浚井之說，恐未必此事，論其理而已，堯在上，而使百官事舜於畎畝之中，豈容象得以殺兄而使二嫂治其棲乎，學孟子者以意逆志可也。」（《廌山集》卷二師語）是其雜解微旨，即「論其理」與「以意逆志」也。

（三）內　容

游酢《孟子雜解》，今僅見於《廌山集中庸義》後八條，朱熹集注亦僅載二條，而〈燕人畔章〉又重覆，是游酢解《孟子》者僅存九條，然觀此解亦頗能因《孟子》之文，推衍其理，以求達於言義之旨。如〈公孫丑燕人畔章〉云：「象之惡已著而其志不過富貴而已，故舜得以是而全之，若管叔之惡則未著，而其志其才皆非象比也，周公詎忍逆探其兄之惡而棄之耶，周公愛兄，宜無不盡者，管叔之事，聖人之不幸也。舜誠信而喜象，周公誠信而任管叔，此天理人倫之至，其用心一也。」此則能言天理人倫，故朱熹《集註》取以爲解。而〈離婁篇〉「規矩方圓之至也章」云：「孟子言聖人人倫之至也，人倫至於聖人而後爲至者，蓋非盡性不能也，學者之於人倫，亦期於盡而已矣。」是其重天理而至於人倫。又〈萬章篇〉「娶妻如之何章」云：「告而娶，義之小也，廢人之大倫，罪之大者也。瞽瞍之頑，告則不得娶，舜知之宜審美，故受而不告之名，而不忍陷父於廢大倫之罪，如必告俟其不從，然後遠之，則是重拂其親之意，而反彰其惡也，故其不告，君子以爲猶告。」此正其所謂「學孟子者以意逆志可也」。

（四）評　述

游酢之解《孟子》多主於義，其云：「仲尼言仁未嘗兼義，獨於易曰立人之道曰仁與義，而孟子言仁必以義配，蓋仁者體也，義者用也。知義之爲用，而不外焉，可與語道矣！」〔註 64〕又云：「蓋王者，天下之義主也，故孟子所以勸齊之可以王者此也。」〔註 65〕是知其解《孟子》多順天理、循人倫，以意逆志，其云：「孟子言語句句是實事。」〔註 66〕即因體爲用，反求仁義之實也。游酢晚年學於禪，然未入於佛，其言佛云：「使其道不合於先王，固不願學也，如合於先王，則求之六經是矣，奚必佛？」〔註 67〕又云：「往年嘗見伊川先生云吾之所攻者迹也，然迹安所從出哉，要之，此事須親至此地方能辨其同異，不然難以口舌爭。」〔註 68〕此可知其學禪之旨，亦可知其信道之篤，不爲釋氏說所惑，而其因時爲教，又深得《孟子》

〔註 64〕見《廌山集》卷四〈書說〉。
〔註 65〕同上。
〔註 66〕同上。
〔註 67〕《廌山集》卷三〈師說〉。
〔註 68〕見《宋元學案》卷廿六。

時誼之義。雖游酢列名程門四先生，然其著書獨不傳，弟子亦不振，胡宏謂其爲程門罪人，故晚謬一至於此，全祖望頗以爲然〔註69〕，然此或未之深考，不足爲評。至於《宋史・藝文志》所載《孟子節義》十四卷，除焦竑《經籍志》載之之外，諸家目錄則未見，而楊時撰〈墓誌銘〉亦未言及於此，不知《宋史・藝文志》所據爲何？

（五）板　本

1.《四庫全書》《廌山集附》。

十九、施德操　《孟子發題》

（一）作　者

施德操字彥執，鹽官人。生卒年不詳。德操與張九成遊從頗厚，文章學問亦其輩流，然學有本末，主孟子，排佛氏。張九成祭彥執文謂其「生不娶，至於絕嗣……不得一官，終於老死」，則德操乃一隱君子也。又與彥執書稱其「處靜有味，所得益高，發於言辭，粹然可錄」，學者稱爲「持正先生」。生平論纂甚富，惟多散佚，今僅存《孟子發題》、《北窗炙輠錄》二書。參見《宋元學案》卷四十、《宋史翼》卷廿四、《咸淳臨安志》卷六十七。

（二）宗　旨

此編之旨在明指《孟子》所論學人心術之要四，藉以示學者，使能存以誠敬，養以持久，窮以學問，而漸摩以師友，斯可謂眞識《孟子》之仁義者。不然，白首七篇，猶曰未讀，其名曰「發題」，蓋爲此耳！

（三）內　容

德操自曰：「孟子有大功四：道性善，一也；明浩然之氣，二也；闢楊墨，三也；黜五霸而尊三王，四也。是四者發孔氏之所未談，述六經之所不載，遏邪說於橫流，啓人心於方惑，余之所謂卓然建明者，此其尤盛者乎？」其論「孟子道性善」曰：「所以爲知性之言，而大有補於斯人也」，而堯舜禹湯文武周孔之事業，皆因此而建立。其論「浩然之氣」曰：「其氣之充於吾身也，睟然見於面，盎然發於背，沛然見於周旋動作之間，古人之大有爲於世者，皆出於此。」又論「闢楊墨」曰：「至於墨子之兼愛，則近吾聖人之仁，楊氏之爲我，則近吾聖人之義，惟其在於近似，天下莫知其非，此孟子不得不闢也。」至論「黜五霸而尊三王」，則倡孟子言舜跖之分，在利與善之間，故借狄伐衛、邢，齊力能救而不救，及衛、邢亡，乃率諸侯而城，謂爲

〔註69〕同上。

「外收寧難之名，內實欲乘危而取其國」。舉此四功，謂「皆聖人心術之要，孟子直指以示人」。

（四）評　述

張九成評曰：「（四功）皆前聖所未言，六經之所不載，有功於名教，此說亦是一見，然謂之功，似亦未善。」則張九成亦過貶《孟子》之功也。蓋九成之學流於佛門，故論辨不免有偏，全祖望謂「持正與橫浦爲心交，顧橫浦墮入妙喜之學，而持正獨否，則尤然不滓者矣！」《發題》之作，亦排釋氏：「後世談性，莫盛於釋氏。釋氏談性，明體而不明用，自喜怒哀樂以前，釋氏宜知之，喜怒哀樂以後，釋氏置之不論，此所以功用爲闕然……孟子兼其用而發之，始覺四端之用，沛然見於日用間。」程大昌〈鄉賢祠堂記〉曰：「彥執學有本來，主孟子以排釋氏，曰絕人倫、漫等級，棄仁義不用，謂能躐造空無，此其勝處。概之以道，尙自顚倒後先，況又飾荒幻報應、誑愚取資，則尤爲世蠹，因著爲論，以曉未悟，實有強立不惑之見。」此皆持平之論。至如《四庫全書總目》於《北窗炙輠錄》下所引，以爲其「宗洛不宗蜀」。又舉其論萬物皆偏於我一條，以爲「尤近荀卿性惡之旨，與橫浦之學偶相漸染，故立是異說歟！」此說頗有偏失，不足爲信。

二十、陳傅良　《經筵孟子講義》二篇

（一）作　者

陳傅良字君舉，溫州瑞安人。高宗紹興七年生、寧宗嘉泰三年卒，年六十七（1137～1203）。孝宗乾道九年進士，歷官吏部員外郎、中書舍人兼侍講、同國史院修撰，以寶謨閣待制卒於家。傅良少以斯文爲己任，強學篤志，弗得弗舍。初患科舉程文之弊，思出其說爲文章，自成一家，人爭傳誦，從者雲合，由是文擅當世。永嘉鄭伯熊、薛季宣以學行聞，傅良皆師事之，而得於季宣之學爲多，入太學，與張栻、呂祖謙友善。其爲學自三代秦漢以下，靡不研究，一事一物，必稽於極而後已。於歷代經制大法，與夫當世制度、沿革得失之故，稽驗鉤索，委曲該洽，尤爲所長，學者稱爲「止齋先生」。著有《毛詩解詁》、《周禮說》、《春秋後傳》、《建隆篇》、《止齋文集》。詳見《宋史》卷四百卌四、《宋元學案》卷五十三，《攻瑰集附神道碑》、《止齋文集》附〈蔡幼學行狀〉、〈葉適墓誌銘〉。

（二）宗　旨

此二篇爲傅良經筵所講之作。南宋之時，主弱兵驕，傅良乃因《孟子》〈滕文公篇〉「禹抑洪水」、「周公兼夷狄」、「孔子成春秋」，發明《孟子》正人心、息邪說、

距詖行、放淫辭之旨，勸人君「當以天下爲己任，不敢以位爲樂」，深察謹行，以正時弊。

（三）內　容

此二篇今存錄於《止齋文集》中，皆錄〈孟子滕文公篇〉文以講，篇中逐句而解說，其所解者如「抑，遏也；兼，并也。言并治之。」所說者，如「楊氏爲我是無君也者，此孟子所以闢楊朱，何也，朱之爲說曰拔一毛而利天下，弗爲也。且夫惟天生民，有欲無主乃亂，故人主者，天之所置，非天下徒尊之也，葵藿之於太陽，江漢之於河海，鳥獸之於麟鳳，皆此物也，而誰敢易之，是故天下之士，忘身以爲主，忘家以徇國，非直苟利祿也，假使世之學者，皆操楊朱之心，雖損一毛而不以利物，是無與事君者也，故曰是無君也。」二篇所解說，大抵類是。然其說解中多有寓意，如言：「蓋聖王不作，則教不明、禁不立。教不明則曲學之論興，禁不立則朋邪之類勝，及其末流而末之救也，由此觀之，凡不本於孔子而敢爲異說者豈不甚可異哉。有聖王者作，豈可不深察哉？」亦有於講義之末明言時君之責者：「且夫禹周公，人臣也；孔孟，布衣也。夫爲人臣，爲布衣，不敢不以天下爲己任，況尊爲天子，富有四海之內乎？」是此雖僅二篇，然寓意深微，頗切於時用。

（四）評　述

永嘉之學，鼎足朱陸，先其巨擘者薛季宣也，而傅良從學，所得爲多，則是其得於薛季宣者在經世實用。葉適撰〈墓誌銘〉稱其「實究治體」，蔡勤學〈行狀〉則稱「公深於《春秋》，其於王霸尊卑華夷消長之際及亂臣賊子之所由來，發明獨至。」觀其所著《建隆編》、《春秋後傳》、《周禮說》等，知其所長在考索歷代大法、稽驗當世制度，是其眞可謂切於實用者也。此二篇之末語云：「今敵國之爲患大矣，播遷我祖宗，邱墟我陵廟，羶腥我中原，左衽我生靈，自開闢以來，夷狄亂華未有甚於此者也。高宗崎嶇百戰，撫玄江左，將以討賊，而沮於議和。孝宗憂勤十閏，經營富強，將以雪恥，而屈於孝養，二聖人之責，至今猶未塞也，陛下以仁聖之資，嗣有神器，豈得一日而忘此邪……每行一事，每用一人，必自警曰得無爲敵國所侮乎。吾民困窮如此，吾士卒驕惰如此，吾內外之臣背公營私如此，吾父子之間歡意未洽如此，吾將何以待敵國也，常持此心，常定此計，周公豈欺我哉，則大義可明、大功可立矣。」是皆在極究《春秋》聖人制作本旨，推明太祖開創本原，歷陳政事要道，以進君用。故樓鑰撰〈神道碑〉稱「研精經史、貫穿史氏、以斯文爲己任，綜理當世之務，考覈舊聞於治道，可以興滯補敝。」所論甚爲精寓。《四庫全書總目》「在宋儒之中可稱篤賞，故集中多實用之文。」（《集部・別集類》十二）而葉適〈溫州新修學記〉稱:「永嘉之學，必彌綸以通事變者。薛經其始，而陳緯其終。」其言於永嘉之學、薛陳之教，洵爲的論。

（五）板　本

1.《四庫全書》本。

2.《四庫薈要》本。

3.《四部叢刊》影印宋寧宗嘉定間刊本《止齋文集》。

4. 清光緒間瑞安孫氏江寧刊本。

二十一、朱熹　《孟子集註》十四卷

（一）作　者

朱熹字元晦，一字仲晦，徽州婺源人。高宗建炎四年生，寧宗慶元六年卒，年七十一（1130～1200）。年十八貢於鄉，紹興十八年中進士第，主泉州同安簿，歷知南康軍、漳州。其歷宦凡五任，立朝纔四十日。熹少時，慨然有求道之志，嘗師事胡憲、劉勉之、劉子翬三人。及問學李侗，乃襲洛學正統。朱熹爲學，大抵窮理以致其知、反躬以踐其實，而以居敬爲主。其教人以大學、語、孟、中庸爲入道之序、而後及諸經。嘗與呂祖謙講學，共編《近思錄》、又與陸九淵兄弟會鵝湖，往復論辯，各抒己見，終至不合而散，朱陸之學遂儼然分立。然朱熹之學雖承自李侗，而於周敦頤《太極說》、張載《正蒙》、二程子之學，兼取並收，稽之孔孟，乃集宋學之大成者。熹居閩中，其學派稱閩學，與濂洛關諸學，並爲理學之正統。所著有《易本義》、《詩集傳》、《大學中庸章句》、《論語孟子集註》、《四書或問》、《論孟精義》、《孟子要略》、《通鑑綱目》、《近思錄》、《伊洛淵源錄》、《文集》、《語類》等。詳見《宋史》卷四百廿九、《宋元學案》卷四十八、《朱子新學案》第三冊、第五冊。

（二）宗　旨

是書乃薈取《精義》之要髓，並集漢唐來諸家之說以成此「註」者。其所采宋代以前學者有十二家，宋代學者有廿八家，而徵引典籍亦有十九種。大抵宋以前學者多引趙注之說，常擇錄其語而不名；宋代學者則多引二程爲說，并及諸家，以爲折衷。蓋引文入注，無不準之以經，故少有偏頗。是書乃爲集漢以下經學與宋儒學之大成者！

（三）內　容

是書首列孟子序說，餘分十四章。其書先列經文，其下先解說音訓，或作異文，其後以○分隔，再解說字訓、文義與經文本義，諸家說明白切當者，引用其名。解說之後，有於○下者，或通論一章之大旨，或推廣本義以引申、發現，亦有朱熹案語。又集註於圈外有引二、三家之說，以各家說法不同，相似而又少異，正可相資。又有其說全然相別，未定孰是，則併存之，以待讀者審擇。惟兩說併存之例，多以前說勝後說。又《集註》於稱引諸家，多稱「某氏曰」，其有稱「子」者，惟孔子、董子、韓子、周子、二程子、張子等。而稱「師」者，惟李侗而已。而朱熹引典籍注《孟子》，凡徵引書十九種，除儒家經典之外，亦旁及莊、列、史傳之文，而於《說文》、《方言》等字書，或發現文義、或證其出處、或闡明字義，無不求理之洽爾。此可證朱熹之著《集註》，於前人舊注亦多徵引，不因發現義理而屏棄不用。又此書既成，又屢爲修訂。而《集註》既刪改《精義》而成，故當以《集註》、《精義》對讀，以察其同異，朱熹教人讀書云：「凡看文字，諸家異同處最可觀。」（《語類》卷一○四）是參校此二書，乃可求其去取之意，再徵之《或問》、《語錄》則可現朱熹著述之深旨矣！

（四）評　述

趙順孫《四書纂疏・序》曰：「朱子註釋，其意精密，其語簡嚴，渾然猶經也。」《集註》簡嚴，故精密處往往不得見．必當參諸他書，乃得窺探《集註》之微旨，如〈萬章篇〉「敢問交際章」：「殷受夏，周受殷，所不辭也，於今爲烈，如之何其受之」《集註》云：「殷受至爲烈十四字，語意不倫，李氏曰以爲此必有斷簡，或闕文者，近之，而愚意其直爲衍字耳，然不可考，姑闕之可也。」《或問》云：「《或問》……趙氏有成說矣。或者又謂若義在可受，則三代受人之天下而不辭，今禦人者乃爲暴烈，不義如此，如何而可受其饋乎？烈如詩參所謂厲王之烈者，暴烈之意云爾。或又以爲烈光也，三代相受而光烈至今也，是三說，擇一而從之可也，何至闕而不爲之說乎？曰熟讀本文此十四字，自與上下文不相屬，如趙氏之說，則辭受二字與上下文亦不相似，或者二說亦覺費力，不若從李氏闕之之愈也。」是此已有三說，實可擇一而從之，然朱熹以爲上下文不相似，寧捨三說以備存，而從李氏闕如之說，雖己意以爲衍字，然以不可考，遂闕之。由此可知，朱熹著《集註》之嚴謹審慎也！

又是書之成，多重在述，而不在作，據日人大槻信良《四書集註典據考》所考，則《孟子集註》中有《孟子新義》者約四十三處，猶不及所註百分之一，由是可見朱熹所重在述，而不重作。朱熹〈答柯國材書〉亦云：「大概讀書且因先儒之說，通其文義而玩味之，使之浹洽於心，自見意味可也，如舊說不道而偶自見得別有意思，則亦不妨，但必欲於傳記之外，別求所謂自得者而務立新說，則於先儒之說，或未能究而遽之矣，如此則用心愈勞而去道愈遠，且謂之自得，則是自然而得，豈可強求也哉，今人多是認作獨自之自，故不安於他人之說，而必己出耳。」是可知其所「述」之旨。

然清儒閻若璩《四書釋地》，於此書頗加考證，以爲「涉事援引多誤，朱子猶不能免」，所論者有「八尺曰仞」、「廿兩爲鎰」、「三尺之孤」，謂自注皆有不合者，然《四庫全書總目》則爲之辨，以爲存三說，「是知鎔鑄群言，非出於私見、苟不詳考所出、固未可概目以師心矣。」而陳澧亦云：「朱子舊書既多，自不能無誤，《四書章句集註》，雖極用意，然尚有誤處，後儒自當訂正之。」（《東塾讀書記》卷廿一）而《四庫全書總目》云：「大抵朱子平生精力，殫於四書，其剖析疑似，辨別毫釐，實遠在《易本義》，《詩集傳》上，讀其書者，要當於大義微言，求其根本，明以來攻朱子者，務摭其名物度數之疏，尊朱子者又併此末節回護之，是均門戶之見，烏識朱子著書之意乎？」持論亦頗中允。然則據《語類》云：「某集注《論語》，只是發明其辭，使人玩味經文理皆在經文內。」（卷十九）是《集註》之述只在「發現其辭，使人玩味經文」此是欲導學者入於經文中以求其道理，而非專力於注文，以免破碎經意，讀《集註》者此又不可不知也。至於《精義》之轉成《集註》，雖其間亦不過取捨之與否，然朱熹必欲歸合於經文，是乃據主觀之說解，以就客觀之經義，此間之轉換，乃《集註》精粹之所在。至此《集註》之成，宋初以來以「宋儒說孔孟」，遂變成「以孔孟說孔孟」！

（五）板　本

1. 十四卷　宋刊七行十五字本。
2. 十四卷　清內府仿宋淳祐本。
3. 十四卷　元至正廿六年上虞泳澤書院修補燕山嘉氏復宋宣城本。
4. 存八卷（缺九～十四卷）　元延祐五年溫州路學稽古閣刊本。
5. 十四卷　明正統間內府刊本。
6. 七卷　明萬曆乙卯年榮藩崇義書院刊本。
7. 七卷　《四庫全書》本。
8. 七卷　《四庫薈要》本。
9. 七卷　清乾隆間刊本。
10. 七卷　清光緒廿四年廣雅書局校刊本。
11. 七卷　《四部備要》本。

二十二、朱熹　《孟子精義》

（一）作　者

見朱熹《孟子集註》。

（二）宗　旨

是書集二程、張載、范祖禹、呂希哲、呂大臨、謝良佐、游酢、楊時、侯仲良、尹焞十一家之說以成。初名《要義》，後以其詳於義理，乃刪錄改爲《訓蒙口義》，此時朱熹頗得其中深趣，乃易名曰《精義》，其後以諸家之說僅二程爲精當，乃改爲要義，及至刻於豫章郡學，復改爲《集義》，蓋以二程之說亦有未精當者。觀此書之演，可知朱熹進學之次，而《集註》爲繼此以成，故必參以此書，乃知其間之差異，並可由此知《集註》之精要！

（三）內　容

是書先簡列經文於首，而後依次羅列諸家之說，書中所引多程頤、楊時、尹焞之說，故朱熹於此三家之說所得爲多。然此書復經屢次刪補，而書名亦爲之更易，其內容之更易今已難詳考，要之，此書爲集諸家之說解，多載宋儒之義，而朱熹未嘗指一辭也！

（四）評　述

朱熹《語類》云：「某所以讀書自覺得力者，只是不先立論。」（卷一○四）是《孟子精義》之作，朱熹亦未嘗先立論，故能於諸家之說，反覆沈潛，得其精奧。而此書所引宋儒之說，即有漢唐之說，多止於訓詁音讀，故此書可謂集宋儒解說孟子之大成，此則所謂「以宋儒說孔孟」者也。陳振孫《直齋書錄解題》以爲「其所言外自託於程氏而竊其近似之言，以文異端之說者，蓋指張無垢也，無垢與僧宗杲遊，故云爾。」以《精義》一書之屢爲更名觀之，此又不然，蓋不知朱熹著作之旨，而擅爲臆說。《四庫全書總目》：「是書蓋本程氏之學，以發揮經旨，其後採擷精華撰成集註，中間異同，疑似當加剖析者，又別著之於《或問》，似此書乃已棄之糟粕。然考諸《語類》乃謂讀《論語》須將《精義》看，又謂語孟《集義》中所載諸先生語，須是熟讀，一一記於心下，時時將來玩味，久久自然理會，又不以集註廢此書者。」此說則頗能得其微旨，而《語類》又云「今讀語孟，不可便道《精義》都不是，都廢了，須借它階梯去尋求，將來自見道理。」是朱熹亦有見於此，故發爲此言，治此《精義》者，不可不知此微旨也！

（五）板　本

1. 明鈔本。
2. 清康熙呂氏寶誥堂刊本。
3. 清《四庫全書》本。
4. 清光緒公善堂刊本。

5. 日本景正保十四年刊本。

二十三、朱熹　《孟子或問》卅九卷

（一）作　者

見朱熹《孟子集註》。

（二）宗　旨

朱熹既作《孟子集註》，復以諸家之說紛錯不一，因設問答，明所以去取之意。此書在明白《精義》轉成《集註》其間之義，亦即主觀說解轉爲客觀經注間之關係。讀朱熹《孟子集註》，不可不讀此書，比較《集註》、《或問》，則朱熹之學乃明！

（三）內　容

此書先設問，而後答以取捨之意，其答語或陳朱熹之說，或評斷諸家優劣，亦有言其闕失而補之者，如：「曰孟子引詩書大多與今本不同，當以何者爲正？曰古者詩書簡冊重大，學者不能入，有其藏師弟子間，類皆口相授受，故其傳多不同，要亦互有得失，不可一概而論也。」（卷二）全書之內容，多如此類。

（四）評　述

朱熹《語類》載：「先生說，《論語》《或問》不須看，請問？曰：支離。」（卷一○五）是單看《或問》一書，則將流於支離之病，故朱熹逕告學者不須看《或問》。集注屢加訂正，與朱熹四十八歲時初成書時大異，而朱熹自云：「論孟集注後來改字處多，遂與《或問》不甚相應，又無工夫修得《或問》，故不曾傳出，今莫若且就正經上玩味，有相通處，參考集註，更自思索爲佳！」（《文集》卷六二〈答張元德書〉）、是因不及修改《或問》乃不傳出其書。雖然《或問》僅在述其去取之意，然閻若璩以爲《或問》有勝於《集註》者，云：「如父母使舜完廩是也，其辭曰：林氏謂司馬公以爲是時堯將以天下禪舜，瞽象雖愚，亦豈不利其子與兄之爲天子，而欲殺之乎？借使殺之，堯必誅己，宜亦有所不敢矣。蘇氏以爲舜之側微，已能使瞽象之不格姦矣，豈至此而猶欲害之哉，以此皆疑孟子之誤。惟程子以爲此非孟子之言，乃萬章傳聞之誤，而孟子有不暇辯耳。是數說者恐皆未安也，蓋天下之事，有不可以常情測度者，使瞽象而猶知利害之所在，則亦未爲甚頑甚傲，而舜之所處，亦未是爲天下之至難矣，不格姦者，但能使之不陷於刑戮，若家語所謂索而殺之，未嘗可得，即此焚廩揜井之事也，且聖賢於世俗傳聞之事，有非實者必辯而明之，以曉天下後世，豈有知其不然，而不暇辯者哉。余謂世誣舜以瞽瞍朝己，孟子則辯其必無，誣舜以放象，則辯其未嘗有，凡於傳謁之迹，朱有不辯而明之，以曉天下後世者，豈有知其不然，而故設言其理？」（《四書釋地又續》）是其說亦能明《或問》之要。而《集註》之說，苟無《或問》以明其去取，則注意亦無由得知。觀《或問》所云：「曰趙氏以至大至剛以直養爲句，而程子從之有成說，子之不從何也？曰：程子之前固已有以至大至剛四字爲句者矣，則此讀疑亦有所自來，不獨出於近世之俗師也，今以直字屬之上句，則與剛字語意重覆，徒爲贅剩，而無他發明，若以直字屬之下句，則既無此病，而與上文自反而縮之意首尾相應，脈胳貫通，是以寧舍趙程而從俗師之說，蓋亦有所不獲已。」（卷三）此則《集註》所未言明者，而《或問》既字字推敲，且參以上下文意，故述其所以不從趙程，而從於俗師之師之由，設無《或問》，則朱熹此意略而不顯矣。至於《四庫全書總目》所云：「其與集注合者，可曉然於折衷眾說之由，其於集注不合者，亦可知朱子當日原多未定之論，未可於《語錄文集》偶摘數語，即據爲不刊之典矣！」是說可謂甚有見地。

（五）板　本

1. 清康熙呂氏寶誥堂重刻白鹿洞原本。
2. 《四庫全書》本。
3. 日本景正保四年刊本。

二十四、朱熹　《孟子問辨》（《語類》孟子部分）十二卷

（一）作　者

見朱熹《孟子集註》。

（二）宗　旨

此書乃朱熹晚年所論辨者，其中頗多朱熹晚年刪定之意見，雖《或問》於《集註》之去取有所說明，然朱熹集注其後刪改愈精、而《或問》則不復釐正，是欲求《集註》成書後之去取與隨時改易之經過，則有賴此書，以探究其原委。

（三）內　容

此書載於《朱子語類》卷五十一至六十二，凡十二卷，其中所錄，有一字一句而三易四易其說者，如〈公孫丑篇〉「不得於言勿求於心」句，即引陸九淵、張載〈西銘〉之說以反覆論辨，所載即有七條。而「浩然之氣」之問辨，竟多達十七條，是可見其審慎精密者也。亦有一章一節經四易五易始定設者，如〈離婁篇〉「天下之言性也則故而已矣」一節，所錄亦有十條，務與辨明其意，由此亦可想見朱熹《集註》成書後，猶不斷更訂，而其間論辨之激烈、定說之不易，亦可由此書而得見。

（四）評　述

朱熹既成《集注》，此後迭有改定，至老不輟，而《或問》雖在既明去取之意，然晚年不再釐定，而《語類》所論多在四十歲之後，是以欲探求朱熹晚年改定《孟子集註》之經過，實有賴此書，是可謂爲《或問》之緒也。故而趙順孫《孟子纂疏》引此以疏《集註》之不明處，多達四百九條，此書之有助於《集註》，由此可見。而其書於《集註》之說，多詳爲論說，如〈公孫丑篇〉「擴而充之」集註曰：「擴，推廣之意；充，滿也。」《或問》於此則未有所論，《問辨則》云：「擴是脹開，充是放滿。」又云：「推是從這裏推將去，如老吾老以及人之老，幼吾幼以及人之幼，到得此充則塡得豐滿了，如注水相似，推是注下水去，充則注得這一器滿了，蓋仁義之性，本身充塞天地，若自家不能擴充，則無緣得這個殼子滿，只是個空殼子。又曰充是占得這地位滿，推是推向前去。」似此反覆陳言，務求明瞭乃已，是可補《或問》之缺，使人易曉集注之意。又朱熹晚年於孟子亦續有新義，而《集註》則尙未更定者，如〈滕文公篇〉「決汝漢、排淮泗而注入江」《集註》曰：「據禹貢及今水路，惟漢水入江耳，泗則入淮，而淮自入海，此謂四水皆入於江，記者之誤也。」而《問辨》曰：「決江漢淮泗而注入江，此但作文取其字數，以是對偶耳……大抵孟子之言只是行文之失，無害於義理，不必曲爲之說，閒費力也。」是則能補《集註》者。至於《問辨》與《集注》相異者，李性傳《朱子語類》後序云：「《語錄》與四書異者，當以書爲正；而論難往復，書所未及者，當以語爲助。」此言甚是。蓋此書貴能取以與《集註》對讀，而不可擅據以爲詆毀《集註》，是又《或問》未竟之功也！

（五）板　本

1. 明成化九年江西藩司覆刊宋黎氏本。
2. 明覆刊成化本。
3. 明萬曆卅二年刊本。
4. 清康熙呂氏寶誥堂刊氏。
5. 《四庫全書》本。
6. 日本刊本（語類大全）。

二十五、朱熹　《孟子要略》五卷

（一）作　者

見朱熹《孟子集註》。

（二）宗　旨

眞德秀後序云：「先生（朱熹）之於孟子發明也至矣，其全在集注，而其要在此編，蓋性者義理之本源，學者不明乎此，而後知天下萬善皆由此出，非有假乎外也，故此編之首曰性善焉，性果何物哉，曰五常而已耳，仁義者，五常之綱領也，故論性之次曰仁義焉。心者，性之主，不可以無操存持義之功，故論心爲仁義之次；事親從兄，天性之自然，而本身發見之尤切者也，故孝弟爲論心之次；仁義者，人心之所因而所以賊之者，利也。學者必審乎義利之分，然後不失其本心之正，故義利爲孝弟之次；義利明矣，推之於出處，則修吾之天爵，而不誘於人爵，推之於政事，則純乎王道而不雜乎霸功，故義利之次，二者繼之，聖賢之學，循天理之正，所以盡其性也，異端之學，循人欲之私，所以拂其性也，故以是終焉，先修次第之則，其指豈不甚明也哉，學者於集注求其全體，而又於此玩其要指焉，則七篇之義無復餘蘊矣！」是此書之作亦在使人感悟孟子義理，得與踐履處融會，以自得於心。書以編次而成，一如朱熹「述」意，而不加贊一詞！

（三）內　容

此書一名「指要」，又名「要指」，今所見五卷，乃清人劉傳瑩所輯。《孟子》書凡二百六十章，朱熹采入《要略》者八十五章，蓋朱熹於《孟子》用力既勤，深造自得、左右逢源，乃編次《要略》，以見孟子義理之一貫相通。其書首論人性本善，欲人存心養性以復其初，次論孝弟之道，再次嚴義利之辨、辨王霸之方、明治道之要，而終以循理盡性。每卷之首章必有數語以發明大旨，然今已佚亡。

（四）評　述

此書雖朱熹編次本文而成，然其寓意亦深，《語類》云：「若先生所編要略，均是要從源頭說來。」（卷一五〇）是此書欲使人從源頭漸入，其後首尾相貫，而能得《孟子》之義理。此書於經文下亦有注文，多援引《集註》成說以附，然亦間有與《集註》異者，金履祥《孟子集注考證》於〈人皆有不忍〉章謂「要略注尚是舊說。」於桃應問章云：「要略注文微不同，而集注爲明經。」，然今散佚既久，注文不全。不然，以要略晚出，當可補集注之說。然朱熹編次此書，於經文並非全然採入，如〈萬章篇〉「問娶妻如之何」段，下略去首二節與中間子產一段，金履祥以爲此「似爲一書之玷」。而曾國藩辨之曰：「朱子編次此書之意，蓋擇其要者，時時切己體察，而欲凡讀孟子者皆反諸身而體驗之也。不然，以孔孟子之經，任意去散，顚倒措置，此佔畢庸夫所不爲，而謂朱子之賢爲之也。即此章不錄首二節與子產一段亦不過芟去繁文，尤便省覽耳，非有所去取於其間也。……

仁山先生之論似未嘗深究朱子本意。」是其說頗能深中金氏之失。又其序此書云：「蓋深造自得，則夫泳於心而味於口者，左右逢其源，參伍錯綜，而各具條理……讀之，亦但見其首尾完具，而不復知衡決顛倒之病，其犁然切當於人人之心可知也。」此論乃曾氏深造自得，而後形諸於言，嘗爲的論。而眞德秀後序謂「學者於集注求其全體，而又於此玩其要指焉，則七篇之義無復餘蘊矣！」是其所論，推崇備至，蓋此書乃朱熹孟子著述中最近義理者，雖主於義理，然猶以「述」意編次之。又《語類》云：「此書不特是義理精明，又且是甚次第底文章，某因熟讀後，便見自此也知作文之法。」（卷一五○），是知其首尾相應，脈絡一貫，熟讀之，亦能有得於作文之法。

（五）板　本

1. 傳忠書局重刊曾文正公全集本。
2. 廣雅書局本。
3. 光緒刊本。
4. 山西排印本。

二十六、朱熹　《讀尊孟辨說》一卷

（一）作　者

見朱熹《孟子集註》。

（二）宗　旨

是書係就余允文《尊孟辨》所辨《疑孟》、《常語》、《藝圃折衷》三種，反覆論說，詳加辨正，務明孟子所傳大道。並於《尊孟辨》之未當處，多所補正。

（三）內　容

是書所辨論者爲《疑孟》、《常語》、《折衷》，其於余氏辨說之善者，則不再辨，但題云：「辨已得之」。亦有辨已得之，而意尚隱晦者，朱熹則補之，如《折衷》以歐陽修、王安石、蘇軾辟好孟子書，謂「斯文衰矣」，朱熹則曰：「疑歐陽氏、王氏、蘇氏未得爲眞知孟子者，亦隨其所見之深淺，志焉而樂道之爾，餘隱之之辨已得之矣！」又有先爲議論，現辨說之未洽者，如云：「蓋當是峙，舉天下莫能行吾言矣，則能有接我以禮貌而周我之困窮者，豈不善於彼哉？是以君子以爲猶可就也。然孟子蓋上下言之，若君子之自處，則在所擇矣。孟子於其受賜之節，又嘗究言之曰饑餓不能出門戶，則周之亦可受也，免死而已矣。以是而觀，則溫公可以無疑於孟子矣，而隱之所辨引孔子事爲證，恐未然也。」而於余氏辨之繁雜者，則有「刪而補之刪而易之」以簡明聖道，期於易曉。又有訓詁為解，補正《辨說》者，如云「望道而未之見，而與如，古人多通用。此句與上文視民如傷為對，孟子意曰文王保民之至，而視之猶如傷，體道之極，而望之猶如未之見，其純亦不已。」至於眞有未明者，則付之闕如，不妄辨說。

（四）評　述

余氏《尊孟辨》於諸家之詆疑者，無不辨解，期使學者尊孟而已，故所論辨，無不在於折鋒辨難。惟所立既偏，故於理有未明，而朱熹之議說，則先詳述聖道全體，不偏一偶，故於諸家之說頗能辨解，而於余氏之辨亦能補正，如云：「孔子尊周、孟子不尊周……時措之宜異爾，此齊桓不得不尊周，亦迫於大義，不得不然。夫子筆之於經，以明君臣之義於萬世，非專為桓公也，孔孟易地則皆然，李氏未之思也。隱之以孟子之故，必謂孔子不尊周，又似諸公以孔子之故，必謂孟子不合不尊周也，得時措之宜，則並行而不相悖矣！」此論頗能言之有理、辨之精當也。然而觀以朱熹所言「學者當先識聖人相傳大體同處，然後究其所至之深淺，則不出乎大方而義理精矣」又言：「孟子學孔子而得其傳焉，其去齊之果，而出晝之遲，皆天理自然，而未嘗有毫髮私心也，非知其所傳者何事，則何足以語是哉。」則是知堯舜孔孟所傳之正，然後乃知異端之為害也，是朱熹之尊孟，異乎他人。

（五）板　本

1. 明洪武間刊本。
2. 明嘉靖壬辰福建按察司刊本。

二十七、眞德秀　《孟子集編》十四卷

（一）作　者

眞德秀字景元，後更景希，建州浦城人。孝宗淳熙五年生。理宗端平二年卒，年五十八（1178～1235）。寧宗慶元五年進士，繼中博學宏辭科，累官起居舍人兼太常少卿，拜參知政事而卒。立朝不滿十年，奏疏亡慮數十萬言，直聲震朝廷，四方文士誦其文，想見其風采，及遊宦所至，惠政深洽。自韓侂胄立僞學之名以錮善類，凡近時大儒之書，皆顯禁絕之，德秀晚出獨立，慨然以斯文自任，講習而服行之，黨禁既開，而正學遂明於天下後世，多其力也。學者稱為「西山先生」。著有《大學衍義》、《四書集編》、《讀書記》、《文集》等。詳見《宋史》卷四百卌七、《宋元學案》卷八十一。

（二）宗 旨

是書蓋推衍朱熹之學者。德秀《四書集編》惟學庸二書親自纂定，而論孟二書皆劉承所纂集，劉之才序云：「西山所編學庸，本之朱子集注，附以諸儒問辯問，又斷以己意，薈萃既詳，采擇亦精……惟論孟二書闕然，扣之庭聞，則云已經點校，但未編集，學正劉承謂《讀書記》中所載論孟處與今所刊學庸凡例同，他如文集衍義等書，亦有可采摭者，因勉其纂集成書。是此成書之所由。

（三）內 容

此書所陳多就朱熹《集註》為本，或引《語錄》、或引《或問》、或引《集義》，而於張栻之說則多所徵引，又引《大學衍義》以解《孟子》。此外，於程頤、楊時、黃幹之說亦有引徵，然為數極少。是此書推本於朱熹之學，而於所引《或問》、《語錄》、《集義》，則有省略其言，惟多能精簡朱熹之義以解《集註》之說，次則以張栻之說為多，是可見其所重篇也。

（四）評 述

朱熹一生精力萃於四書，宋元儒者推衍其說而為之疏證者，亦不在少數，惟德秀以一代醇儒纂輯集編，實多闇合朱熹集注之意，黃百家稱「從來西山鶴山，並稱如鳥之雙翼，車之雙輪，不獨舉也……然而二家學術雖同於考亭，而鶴山識力橫絕，眞所謂卓犖觀群書者。西山則依傍門戶，不敢自出一頭地，蓋墨守之而已。」〔註70〕惟能墨守，故少旁雜，然不知博引眾說以益《集註》，其得在此，失亦在此。而其篤守朱熹之說以解《集註》，頗為後人取法，是有功於《集註》也。又《四庫全書總目》稱「是編博採朱子之說以相發現，間附己見，以折衷諸異，志道序述德秀之言自稱有銓擇利潤之功，殆非虛語，趙順孫《四書纂疏》備列德秀所著諸書，而不載其目，蓋至宋末始刊，其出最晚，順孫未之見也。自是以後，踵而作者，汗牛充棟，然其學皆不及德秀，故其書亦終不及焉。」〔註71〕惟是書雖本於德秀凡例，然非親手纂定，是為可惜，而其集德秀之言而成編，是亦可視為德秀之書，然與學庸二書是不可同日而語也！

（五）板 本

1.《通志堂經解》本

2.《四庫全書》本

3.《四庫薈要》本

〔註70〕見《宋元學案》卷八一。

〔註71〕見《四庫全書總目》卷卅五《四書集編》。

二十八、趙順孫　《孟子纂疏》十四卷

（一）作　者

趙順孫字和仲，號格庵，縉雲人。宋寧宗嘉定八年生，宋恭帝德祐二年卒（元世祖至元十三年），年六十二（1215～1276）。八歲能誦說九經，宋寧宗嘉定十五年賜童子出身，理宗淳祐十年進士。父雷師事朱熹門人滕璘，傳之。眞德秀見而奇之，謂其父雷曰：大君之門者，必此子也。順孫不以自矜，益務親師取友，而求其所未至。既長，謂朱熹之微言奧旨，散出於門人所記錄者，莫克互見，乃采集以爲《四書纂疏》，學者盛傳之。居官自禮書即五遷至侍御史，皆兼講讀之職，歷官吏部侍郎兼祭酒、吏部尚書，同知院事兼參政，賈似道當國，順孫以忤當道，亟欲求去，度宗不允。及馬廷鸞去丞相位，度宗欲用順孫爲右揆兼元樞，然以時事不可爲，亟歸。憂憤疾篤，不復御藥。嘗築學道書院以講學，學者稱爲「格齋先生」。著有《四書纂疏》、《近思錄精義》、《孝宗繫筆錄》、《中興名臣言行錄》、《格齋集》。詳見《宋元學案》卷七十、《金華黃先生文集》卷卅〈格庵先生阡表〉、《吳都文粹續集》卷十三。

（二）宗　旨

是書蓋闡發朱熹之孟子學者，〈自序〉云：「朱子四書註釋，其意精密、其語簡嚴、渾然猶經也……因徧取朱子諸書及諸高弟講解有可發明注意者，悉彙於下，以便觀省，亦以鄙見一二附焉……」則《纂疏》之作是在發明注意，所纂者除朱熹書外，徵引輔廣、黃榦、眞德秀、陳淳、蔡模、陳埴、歐陽謙之、李閎祖、陵陽李氏九家之說。所疏者，本爲朱熹《孟子集注》作疏，〈自序〉云：「強陪於穎達公彥後」，是可知其所以名疏之由。全書稱引輔廣之說占其大半，雖亦附以己見，然輔廣既有《四書纂疏》，又謹守朱熹之說，或此書爲本於輔廣書，又因以爲名？

（三）內　容

是書凡十四卷，先列《孟子》本文、次以朱熹《集註》，而所纂疏者即附於《集註》之下，所徵引諸家則標「○」以分隔。全書於徵引朱熹《語錄》、《文集》、《或問》，共一五百四十四條，是可發明朱熹《集註》之微旨。如朱熹註「配義與道」云：「配者，合而助之義。」，《纂疏》乃引《語錄》以疏之，其言：「《語錄》曰配字從前只訓作合，今以助意釋之，有據否，曰非謂配便是助，但養得那氣充不餒，方合得那道義，所以說有助之意。」（卷三引）。又徵引諸家之說者，如朱熹註「保民而王，莫之能禦也」云：「保，愛護也。」，《纂疏》云：「輔氏曰保，如保赤子之保，有終始周旋之意，言其愛護斯民始終無間斷、周旋無遺闕。」又引：「眞氏曰：保云者愛護養育之意、王道不外乎保民，而保民又不外乎此心。」（卷一引）。

而順孫亦時有按語，然多解名物制度，如疏朱註「權稱陲也」云：「愚謂稱上謂之衡、稱錘謂之權。」而疏朱註「霓、虹也，雲合則雨，虹見則止。」云：「愚案爾雅云雲出天之正氣，霓出地之正氣、雄謂之虹、雌謂之霓，則雲陽物也，陰陽合而既雨，則雲散而霓見矣。」（卷二引）是亦能徵引古說以解。雖然此書多爲纂集諸家之說以爲疏，然亦有順孫己意附焉，如疏朱註「小勇，血氣所爲；大勇，義理所發」云：「愚謂血氣所爲之勇，如溝澮之水，暴集隨涸，故謂之小。義理所發，如天開地闢，自不能已，故謂之大。」（卷二引）是則能以己意疏解。然全書中順孫案語多未置於諸家之說後，蓋諸家未有疏解者，乃以己意疏之，而於諸家之說不斷一詞。

（四）評　述

納蘭成德序云：「朱子自言集註如稱，上稱來無異，不高不低，又言添減一字不得，然學者非由《集義》、《詳說》、《或問》、《語錄》以觀其全，無由審章句集注之精粹，則是書之有功於朱子多矣！」而順孫〈自序〉亦云「編取子朱子諸書及諸高第講解有可發明注意者，悉彙於下，以便觀省。」是此言之作亦在「以朱解朱」。而洪天錫序云：「使讀之者，如侍考亭師友之側，所問非一人，所答非一日，一開卷，盡得之，博哉書乎。然……文公一生精力多在此書，一章之旨，二子之義，或數年而更易而後定，或終夜思索而未安，學者以易心讀之，豈能得聖賢之意哉……設非親聞，未易意逆，此纂疏所以有功於後學也。」則亦有見地。然元胡炳文《四書通》以爲此書之病有三：一、不知古字訓說。二、書有筆誤者。三、書有舛謬者。〔註 72〕《四庫全書總目》稱「鄧文原作胡炳文《四書通》序頗病順孫此書之冗濫、炳文亦頗摘其失，然經師所述，體例各殊、註者詞尚簡明，疏者義存曲證，順孫書以疏爲名，而〈自序〉云陪穎達公彥後，則固疏體矣，繁而不殺，於理亦宜。文原殆未考孔賈以來之舊式，故少見而多怪歟！」〔註 73〕然順孫《纂疏》亦不僅止孔賈舊疏之形式而已，蓋朱熹教學者，當先讀古註，因先儒之說，通其文義。〔註 74〕是朱熹《集註》亦多有融會古註而成者，故《纂疏》之爲訓詁疏解，是可知其承繼朱熹之教，而亦有所發揮。故而馬浮先生云：「學者欲通四書，其或於《精義》、《輯略》、《或問》、《語類》不能備覽，苟得趙氏纂疏而詳究之，則於朱子之說亦思過半矣……趙氏之書其有助於朱子，譬猶行遠之賴車航，入室之由門入。」（序文）誠爲的論。

〔註 72〕參見胡炳文《四書通》凡例。
〔註 73〕見《四庫全書總目》卷卅五四書類《四書纂疏》。
〔註 74〕參見陳澧《東塾讀書記》卷廿一朱子。

（五）板　本

1.《通志堂經解》本。

2.《四庫全書》本。

3.《四庫薈要》本。

4. 清同治十三年廣州粵東書局重刊本。

5. 民國卅六年復性書院重刊通志堂初印本。

二十九、黃榦　《孟子講義》

（一）作　者

黃榦字直卿，稱勉齋先生，福州閩縣人。高宗紹興廿二年生，寧宗嘉定十四年卒，年七十（1152～1221）。父瑀沒，往見劉清之，清之奇之，因命受業朱熹。黃榦嘗詣東萊呂祖議，以所聞于熹者相質正。及張栻亡，熹與榦書曰「吾道益孤矣，所望于賢者不輕。」後遂以其子妻榦。寧宗時，監台州酒務，丁母憂，學者從之講學于墓廬甚眾。熹作竹林精舍成，遺榦書有「他時便可請直卿代即講席」之語。及編禮書，獨以喪祭二篇屬榦。病革，以深衣及所著書與榦。手書與訣曰「吾道之託在此，吾無憾矣。」訃聞，持心喪三年。畢，調嘉興府石門酒庫，改知新淦縣。知漢陽軍時，即郡治後鳳栖山爲屋，館四方士，立周程遊朱四先生祠。除大理丞，不拜，爲御史李楠所劾，遂歸鄉里，弟子日盛。巴蜀江湖之士皆來，編禮著書，目不暇給，夜與之議論經理，訓誨不已，質疑請益如熹時。卒，謚文肅。詳見《宋史》卷四百冊，《宋元學案》卷六，《宋史新編》卷一百六十二。

（二）宗　旨

黃榦〈自序〉云：「榦蒙恩假守漢陽，每念此郡士風簡質渾厚，可與通道，輒誦所聞，以與士友講說，爲《孟子講義》廿章。……於此廿章之中，玩味而有得焉，則七篇之指，可以類推；聖賢之道，可以馴致，惟諸友勉之，庶幾異日漢水之濱，將有聖道爲諸儒倡者矣！此則講義之旨。

（三）內　容

是編爲黃榦知漢陽軍時講義，全編凡廿四章，末附黃榦〈自序〉。編中所論大體，不詳載《孟子》原文，僅錄章首經文以爲標題而逐條繫說。究其內容，多引述關、洛性理氣質之說，以闡發正心修身、持教養氣之學，意在著明孔孟之道，而使學者知所遵循。如論「孟子告滕文公不以富國強兵，而告以性善、堯舜之事」，則謂「性者人之所得於天之理也，堯舜者盡此性者也。苟盡此性，堯舜可爲也，況於區區之富強乎？人無賢愚，均具此性，堯舜之聖人皆可爲，何獨於文公而疑之哉？」頗能明示孔孟之旨。又論「人物稟氣以爲體，至於其中分別者」曰：「人之所以異於物者，又以稟氣之正而其心爲最靈，人物並生於天地之間，而獨異於萬物者如此，其可不知？所以自貴乎，聖賢教人必使之正其心修其身者，蓋不若是，則無以全天地之賦予，而異於萬物也。」皆能因關洛之學而昌明孟子「性善」之旨。而於《孟子》一章之旨，亦能因文發揮，如論「三代之得天下以仁」，則曰：「至於天下之人牧，未有不嗜殺人，則私意橫生，天理滅矣。不知人心既失，國其有不殆者乎，此孟子於戰國之際，深明榮辱得失之辨，其蓋世之心切矣！」至其論「性」，則歷引商書、周書、孔子、孟子、荀、楊、韓愈，並及佛氏之之說，而以「性即理也」折衷商周孔孟之說，斥荀楊佛氏之論，以爲非理之本也。而講「浩然之氣」，以爲「堯舜之事業，孔孟之道德，孰非是氣之所爲乎？」則甚爲有見。

（四）評　述

是編宗旨在使學者因玩味有得，「則七篇之旨可以類推，聖賢之道可以馴致」。故全編講論，多因文而發，務使學者瞭然於心。諸所論說，皆就孟子微言處，援引師門以爲講義，其論「格物致知」爲「寡欲之要」，既能發現孟子「養心莫善於寡欲」之旨，亦能遵循師說而不違。至於「性即理」、「持敬存心」、「以陰陽五行解仁義體知信」諸說，無不承自朱熹，故《四庫全書總目》謂其能「堅守師說、始終不二」。惟其中亦不乏獨見者，如論「孔子聖之時者」，則曰「孔子之異於三子者，知之至、行之盡，三子之不及孔子者，知有所蔽於始，而行有所缺於終也，此孔子所以獨得其全，而三子僅得其偏也。」至論「貧賤憂戚是人之所惡也，聖賢之說乃獨以是爲進德之地」則亦能明示《孟子》微言大義。雖全編所論不及文字訓詁，所講亦僅止《孟子》，然其論說旁通《論語》、《學庸》，於聖賢之道頗爲有功。而《四庫全書總目》以爲「其文章大致質直，不事雕飾，雖筆力未爲挺拔，而氣體醇實，要不失爲儒者之言焉。」誠爲的論。

（五）板　本

1.《四庫全書》本。

三十、蔡模　《孟子集疏》

（一）作　者

蔡模字仲覺，號覺軒，建安人。蔡沈長子、蔡抗之兄也。沈嘗師事朱熹，並受蔡沈之教，而模克承家學，嘗隱居篤學，一以聖賢爲師。王埜知建寧府，創建安書院，請任席長。淳祐四年，以丞相范鍾薦，謝方叔亦乞表異之，以勸後學，詔補迪功郎、添差本府教授。嘗輯朱子書爲《續近思錄》，並著有《易傳集解》、《大學衍說》、《論孟集疏》、《河洛探賾》等書。詳見《宋元學案》卷六十七、《伊洛淵源錄》卷十八、《儒林宗派》卷十。

（二）宗　旨

蔡抗後序稱其父嘗言「集註氣象涵蓄，語意精密，至引而不發，尤未易讀，嘗欲取《集義》、《或問》及張、呂諸賢門人高第往復問答話，如朱子所謂蒐輯條流，附益諸說者，類聚縷析，期於語脈分明，宗旨端的而已。」然未及編次而卒，蔡模乃與抗商榷以成書。書中備列諸家之說，以發現朱註之義，名曰「集疏」者，蓋欲效法群經義疏之例，輯諸家之說以爲疏明注意也！

（三）內　容

蔡抗後序言「伯氏究心於是也，參《或問》以見同異，采《集義》以備缺遺，《文集》則以剖決而無隱，《語錄》則以講辯而益精，以至兩世之所見聞，門人之所敷繹，有足以發越朱子言外之意及推廣其餘說者，會而通之，間以評論附焉。」其體於孟子原文之下，備載朱熹集註之語，然後循文推衍，暢發其意，而冠「集疏」二字以爲分別，「集疏」之下，則引朱熹及諸賢之說，以與《集註》相發明。間附評論者，則加「模案」以爲區別。然賈孔諸疏，多循文闡衍，不遺章句，而《集疏》旁通註意，不盡比附，如論「學問之道無他求其放心而已」，則曰「或者但見孟子有他而已矣之語，便立爲不必讀書不必窮理、只要存本心之說，所以卒流於異學，集註『學問之事固非一端，然其道則在於求放心而已』正所以發現孟子之本意，以救異學之失，學者切宜字字玩味，不可容易讀過也。」類此謹守一家之說，不似疏文之曲引博徵。大抵其書於諸說有所去取，而罕所辨訂，然於性命道德、動心養氣、王道霸功之理，皆擇之最精，語之最詳，誠有濟於義理之學，而於朱子之學實有羽翼之功也！

（四）評　述

朱熹治學以「道問學」爲下手工夫，所注諸經未嘗有廢考據。然蔡模是編以能盡朱熹一家之說爲主，但于訓詁名物，皆屏而不疏，雖於義理無所憾，而於朱熹道問學之旨，猶病其未達也。又其書與朱註亦時有異同，如言「效死而民勿去」一條，則徵引《語錄》謂註中義字當改作經字。又引蔡氏之說曰「仁術猶心術也，樂記注術所由也，又曰術猶道也，此言仁術恐是仁心所發之路。」至於「禹疏九河」一條，集註以簡潔爲兩河，蔡模則引爾雅九河，以簡潔爲一，謂「書傳與集註少異，書傳實經先師晚年所訂正，當以為定也。」蓋父說與師說異，則舍師說從父說，凡此之類，既違疏不背注之例，且蹈於私親之嫌。然後序言《集疏》成編九年，尚未敢脫稿，其簡擇頗為不苟，《四庫全書總目》謂「所取甚約，而大義已皆賅括，迥異後來鈔撮朱熹之說務以繁富相尚者，亦可知其淵源有自，知之難故擇之精矣。」誠為中允。

（五）板　本

1.《通志堂經解》本。

2.《四庫全書》本。

3.《四庫薈要》本。

三十一、黃震　《讀孟子日抄》十四卷

（一）作　者

黃震，字東發，學者稱為越公，慶元府慈溪人。宋寧宗嘉定六年生，元世祖至元十七年卒，年六十八（1213～1280）。震幼蒙父教，常讀朱熹《論語集註》，刻志儒宗。性清介信直，素厭時文之浮華，故每困場屋。年廿五，師事朱熹三傳門人王文貫於鄞縣學宮，受《論語》、《毛詩》、《春秋》，盡得其傳。理宗寶祐四年進士第，知撫州，嘗補刻六經、儀禮，修復朱子祠。致仕後歸居定海縣之澤山，國變後，隱居寶幢山，誓不入城府，以日惟一食，遂餓死。震之學，大抵尊信周程朱熹之說，並遠溯於孔孟六經大旨，驗於篤行、切於實用，倡朱熹之學於浙東，併佛老、陸學於鄙駁之列。震亦長於史，編修國史實錄時，即宗陸學者楊簡，亦求其行實，以編附入錄，而所著《古今紀要》，上自左傳、國話，下訖北宋，細大不捐。至論諸子，則辨別其偽，詳論學說，而一歸於孔孟儒術。於當代理學，尤推尊朱熹格致窮理之學、篤行實踐之行，以為集理學之大成。學者稱為「於越先生」。著有《日抄》、《古今紀要》、《戊辰修史傳》等。詳見《宋史》卷四百卌八、《宋元學案》卷八十六。

（二）宗　旨

是書之作，多本朱熹《集註》之說，然於《集註》所說有不以為然者，則予辨證。又震長於論事，於《孟子》諸篇亦多精闢之語。

（三）內　容

此書之說多本朱熹《集註》之論，如論〈公孫丑上〉曰：「前二篇皆載游說齊梁之說，此篇因公孫丑預設當路於齊動心否乎之問，遂明不動心，以及知言養氣之說，繼以王霸之說，繼以仁不仁之說，又繼以不忍之心，而發明四端之說，凡皆多前聖

所未發，有益萬世者，其指要已備於晦庵之集註，讀之瞭然，後學不待贅一辭矣！」而於《集註》所說不以爲然者，則辨之：「施施二字，注以爲喜悅自傳之貌，造語精矣，或疑施是施之於人，不反顧收斂，施施正是驕其妻妾之狀，未知然否？」而其論事之說，如解〈萬章下〉云：「此篇因三子之偏而論始終條理，所以示學者作聖之功精矣，自孟獻子有友五人，以至交際以至仕，非爲貧以致士，不託於諸侯，皆士之所以自守者。」由是可知其所論之大概！

（四）評　述

《日抄》於〈告子上〉稱：「言性莫善於孟子，孟子言性莫詳於此篇，然爲辯告子發也，非無故而言也，已而繼之以人心得養失養之分、齊王一暴十寒之喻、究詰於捨生取義本心之眞、反覆乎宮室妻妾外誘之惑，辯析乎養其小體、養其大體之孰章重輕，無非歸之實，踐履以全其在我者也。性學之說，至本朝愈詳，而晦庵集其成。今觀孟子之言性如此，晦庵之發，其指趣又如此，學者宜熟誦而深思矣，尙騰口說者何也？」是可知震於《孟子》一篇各章能予貫通，又言其大旨所在，而歸之於朱熹之說，可謂善於融通者也。然震亦非苟同朱熹之說，清人沈起元曰：「黃子固專崇朱子者，乃於象山既摘其過激之非，而仍標其篤實之論，於朱子之說詩說易，苟有未安，必詳其得失，惟聖道之歸而不爲苟同，斯誠紫陽之功臣矣！」〔註 75〕所論頗持平，而此書亦同於此。《四庫全書總目》稱：「解說經義，或引諸家以翼朱子，或舍朱子而取諸家，亦不堅持門戶之見，蓋震之學朱，一如朱之學程，反覆發明，務求其是非，中無所得而徒假借聲價者也。」是此所論推崇備至。而《日抄》〈回陳總領書〉云：「孔子言性相近習相遠此六個字，參之聖人、稽之眾庶，求之往古，驗之當今，無人不然，無往不合此平實語也。孟子道性善，人皆可以爲堯舜，人性固本善，而不能人人皆善，人固可爲堯舜，而未嘗見有能爲堯舜者，此立爲議論以誘人爲善，而非復孔子平實之比也，自此眾論並興，皆不能出孔子六字之外，雖伊洛說出天地之性、氣質之性，亦不過《孟子解》性善之說。」〔註 76〕則知震於論說不僅止於宋人之解，亦推本於孔子之說。

（五）板　本

1. 宋紹定間積德堂刊本。
2. 元至元慈溪黃氏刊本。
3. 明正德刊小字本。

〔註 75〕見清乾隆刊本序文。
〔註 76〕見《日抄》卷八十五。

4. 清乾隆卅三年刊本。

5.《四庫全書》本。

三十二、輔廣 《孟子答問》

（一）作 者

輔廣字漢卿，號潛庵，嘉興崇德縣人。其先趙州慶源人，父南渡居崇德，遂爲崇德人。始從呂祖謙遊，已問學於朱熹，留三月而後返。僞學禁嚴，學徒多避去，輔廣不爲所動。朱熹曰：「當此時，立得腳定者甚難，惟漢卿風力稍勁。」是爲推崇備至。輔廣容止氣象，不類東南人物，話言所及，皆諸老先生典刑，私竊起敬，當時達官貴人有知廣者，舉措少不合物情，廣輒盡言規戒。寧宗嘉定初，上書反覆是非成敗，其後無一語弗驗，而書上忤帝，授意言官劾之，奉祠而歸，築傳貽書院教授，學者稱爲「傳貽先生」，蓋以傳之先儒，貽之後學爲己任也。著有《語孟學庸答問》、《四書纂疏》、《六經集解》、《詩童子問》、《通鑑集義》、《潛庵日新錄》、《師訓編》。參見《宋元學案》卷六十四、《南宋書》卷六十三、《宋史翼》卷廿五、《眞文忠公集》卷卅六、《明一統志》卷卅六、《朱子門人》頁三百零二。

（二）宗 旨

是編大旨主於羽翼朱熹《集註》之說，其名曰「答問」者，蓋亦與《詩童子問》同旨，以親炙朱熹之門，深造自得於問答之際，尊其師說，退而弗敢自專。此書之作在「直彰朱熹集註之義，衍者隱之，幽者暢之，文理炳著，不別爲標的，以盡夫事師之道。」（《袁桷清容居士集》卷廿一〈論孟答問序語〉）是可知其著書之旨也。

（三）內 容

是書今已亡佚，然輔廣論《孟子》之言，趙順孫《四書纂錄》有八百七十五條，而胡炳文《四書通》亦錄一百八十六條，是亦可知其《孟子答問》內容大概，惟《四書通》所引多採自趙順孫《孟子纂疏》所引，今就《纂疏》所引者，以窺其大要。輔廣是書大抵在疏朱熹《集註》，如「齊宣王以羊易牛」，朱註云：「言以羊易牛，其迹似吝，實有如百姓所譏，然我之心不如是也。」是於意有所未盡，故輔廣云：「使宣王而有學問之功，知體察之要，則因孟子之言，反求而識眞不忍之實矣，亦何暇更辯百姓之言，今宣王乃汲汲於百姓之譏，是辯而但略及其所以不忍者以自解，則是前日都不知講學也。」（《孟子纂疏》卷三引）此能直彰朱註之義者。又孟子「以力假仁者霸」語，朱註云：「力謂土地甲兵之力，假仁者本無是心，而借其事以爲功者也，霸若齊威晉文是也。」輔廣云：「力如今人之言事力也，蓋生於己之所有，而霸者之所有，其大者則土地甲兵也。假仁者，謂己本無是仁心，徒以土地甲兵之力而借夫仁之一二事，以圖彊霸之功，如齊威晉文也，五霸獨以威文言者，舉其盛者也。夫假仁者，固不足道，然有土地甲兵之力，而不借仁以行之，則雖霸者之功亦無由可致矣！」（《孟子纂疏》卷三引）是則能遵守朱註而曉暢以文。此外，朱註所引諸家之說，亦在疏通之列，如「文王一怒而安天下」句，朱註引張栻言云：「小勇者血氣之怒也；大勇者，理氣之怒也，血氣之怒，理氣之怒不可無，此則可以見性情之正而識天理人欲之分矣。」輔廣云：「此說發現先儒所未到，怒乃人情之所不能無者，情則性之動也。但所發有理義血氣之不同，發於義理則爲性情之正，發於血氣則爲人欲而不正耳、理義血氣是乃天理人欲之分也。（《孟子纂疏》卷二引），是輔廣之所言，多尊其師說，而未敢自專。

（四）評 述

輔廣論學多宗師說，嘗謂「敬之一字，聖學所以爲始終者，又可見於文王之詩，二程先生挈出此二字以教後學，其有功於聖學多矣，學者舍是無以爲進德之階也。」〔註77〕，而朱熹嘗言：「廣著文字傷太快，恐不仔細，須于主一上做工夫。」〔註78〕是輔廣既尊師說而以敬爲進德之階，此可見其篤守師門者。又元胡炳文著《四書通》，「悉取纂疏集成之戾於朱夫子者，刪而去之」〔註79〕獨多取於輔廣之說，是又可見其尊於師說者。《四庫全書總目》稱「各尊其所聞、各行其所知，謹守師門，分門別戶，南宋以後，亦不僅廣一人。」〔註80〕是皆輔廣謹守師說之證。而此書於朱註亦多輔翼之說，故袁桷〈論孟答問序〉云：「今世補文公之遺書，夸多務博雜，然前陳莫知簡擇，予獨病之，合黃（幹）輔以傳，則文公授受之旨，益得以達。」是并推輔廣與黃幹爲得朱熹之傳。全祖望嘗謂「朱門弟子，潛庵其眉目也。」〔註81〕，或由此因？今此書雖已不傳，然稍後趙順孫之《孟子纂疏》，胡炳文之《孟子通》，頗多裁擇，是可知其影響，亦可知其有功於朱熹《集註》者。而所傳之學，於閩有陳普《孟子纂要》，於浙有黃震孟子《日抄》，皆歸本於朱熹《集註》之說，是足與黃幹、何基、王柏一脈並爲朱門之主流者也。

〔註77〕參見《宋元學案補遺》卷六十四〈潛唐詩說〉。

〔註78〕參見《朱子語類》卷一百十三

〔註79〕鄧文原《四書通》序文，見於通志堂經解本。

〔註80〕見於卷十五經部詩類《詩童子問》下。

〔註81〕《宋元學案》卷六十四全祖望按語。

三十三、王柏　《孟子通旨》七卷

（一）作　者

王柏字會之，一字仲會，或稱仲晦，婺州金華人。寧宗慶元三年生，度宗咸淳十年卒，年七十八（1197～1274）。柏少慕諸葛孔明，自號長嘯。大父師愈從楊時受易、論語，父瀚師呂祖謙，亦逮事朱子。柏年踰卅，始知家學之原，遂捐去舊學，勇於求道。與其友汪開之同讀四書，至《論語》「居處恭執事敬」惕然歎曰「長嘯非聖門持敬之道」亟更以魯齋。卅九歲，往謁《朱子門人》楊與立，知何基（北山）嘗從黃幹得朱子之傳，即往從之。基授以立志居敬之旨，作魯齋箴，勉以質實堅苦之學。柏遂發憤奮勵，致人百己千之功，遇有見疑，必從基就正，弗明弗措。其標注點校《論》、《孟》、《學》、《庸》、《通鑑綱目》諸書，尤爲精密。來學者眾，其教必先之以大學，嘗聘爲麗澤、上蔡兩書院師。卒，諡曰文憲。所著有《書疑》、《詩疑》、《論孟通旨》、《讀春秋記》、《伊洛精義》等。詳見《宋史》卷三百三十八、《宋元學案》卷八十二。

（二）宗　旨

吳師道《吳禮部集》卷廿〈錄何王二先生行實〉曰：「（柏）與其友汪開之同讀四書，取《論孟集義》別以鉛黃朱墨，求朱子去取之意。先生以勉齋『通釋』尚闕答話，約《語錄》精要足之，名曰『通旨』。」

（三）內　容

是書《經義考》云未見，而《宋元學案》亦未見此書，今所錄諸條，所見於金履祥《孟子集註考證》所錄尚有六十八條，多引《語錄》、《或問》、《精義》以解集註，其採自《語錄》者，如〈告子篇〉「牛山之木章」下云：「牛山之木，譬人之良心；句句相對，極分明」（《考證》卷六引），即全用《語錄》之文，一字不改。其約取《或問》者，如〈萬章篇〉「妻舜章」下云：「程子曰：人情天理，於是爲至。此數語最精切，學者所宜反覆深思，不可草草領略過。」（《考證》卷五引），而《或問》則曰：「程子……曰『人情天理，於是爲至』者，尤爲精切。學者所宜反覆而深思，未易草草領略也。」則改易一、二字而已。其撮取《精義》者，如〈梁惠王篇〉「寡人之於國也一章」下云：「『成』字應前『始』字，生于『教』字。」（《考證》卷一引），而《精義》引伊川曰：「孟子論王道……便從養生上說將去。既庶、既富，然後以飽食暖衣而無教爲不可，故教之也。」（按：養生爲王道之始，始善則終成，故云「成字應前始字」，然徒養而不教，則王道難成，故云「生于教字」。）此則取朱子大意以解。雖然通旨在疏解《集註》，多引朱子遺說，然其創見者亦有之，如〈孟子盡心篇〉「口之於味也章」下云：「孟子後段『命也』一句是歇後語。仁義五者非命也，到得所値不同，則命也。故程叔子、朱子于此五者之命，見其說不去，于是以『命也』推上去說清濁厚薄所値不同，以補語意。」此則因程、朱補申之意，以爲孟子未盡其說，謂之「歇後語」，其說乃前所未有，謂爲自創亦無不可。

（四）評　述

柏從學何基，而基之學以讀四書爲宗（《宋元學案》引曰北山之宗旨，熟讀四書而已。），基之治四書以《語錄》輔翼《集註》，其言：「大抵集註之說，精切簡嚴；《語錄》之說，均有痛快處，但眾手所錄，自是有失眞者。但當以集註之精嚴，折《語錄》之疏密；以《語錄》之詳明，發揮集註之曲折。」，柏早歲因用此法作《論語通旨》，然稍後《孟子通旨》，於《語錄》外復引《或問》、《精義》以爲疏解，較諸《論語》通旨，亦可見其進學之次第。雖然柏師於何基，然受影響者以理學爲主，至於其治經，則頗不同又何基之影響，如何基以爲「治經當謹守精玩，不必多起議論，有欲爲後學言者，謹之又謹可也」，《孟子通旨》之作，稍有異此，然仍未偏離師說。至其晚年疑《詩書》、改《大學》、訂《中庸》；推尊子思，譏《孟子》之文有戰國策士之餘風〔註 82〕此皆何基所不敢言者，而此《孟子通旨》則爲其早歲治經之門徑。雖說如此，《元史》伯璿未知通旨著作要旨，於《四書通》中譏此書多勦朱子《語錄》以下諸書之意而隱括之，當爲失眞之說。《四庫全書總目》：「蓋其天資卓犖，本一桀驁不馴之才，後雖折節學問，以鎔鍊其氣質，而好高務異之意，仍時時不能自遏，故當其挺而橫決，至於敢攻孔子手定之經。……終不似濂溪諸儒深醇和粹、自然合道也。特其勇於淬礪，檢束客氣，使縱橫者一出於正，爲足取耳！」此列柏於縱橫者流，不免譏之太過，一如柏之譏孟子也。雖則柏之疑古改經，不無謬失，然其斟酌損益考索之功，亦不可盡廢。至其承《集註》、《通釋》而作《通旨》，下開金履祥《集註考證》、許謙《讀四書叢說》，傳朱子之學脈，開元明之理學，亦甚有功焉。

三十四、金履祥　《孟子集註考證》七卷

（一）作　者

金履祥，初名祥，入學名爲開祥，後以師友之議，改名履祥，字吉父，號桐陽叔子，婺州蘭溪人。宋理宗紹定五年生，元成宗大德七年卒，年七十二（1232

〔註 82〕《魯齋集》卷十〈誠明論〉：「孟子親受業於子思子之門，性善養氣之論，眞發前聖人之未發，可謂傳得其宗。但其才高氣雄……終未能盡滌戰國之餘習……。」

～1303）。年十九，知向濂洛之學，聞北山何基得朱熹宗旨，欲往從之而莫之爲介，後獲見王柏而受其業。初入學，請問爲學之方，王柏答以居敬持其志，立志以定其本，志立乎事物之素，敬行乎事物之內。又請讀書之次，答以自四書始。嘗以自著《論語管見》求之王柏，王柏告以自得之義，乃去輕躁之病，務治實質堅苦之學，教授於釣臺書院。入元，屏居金華山中，以遺老自任，築仁山書堂，學者尊稱「仁山先生」。著有《通鑑前編》、《大學章句疏義》、《尚書注》、《論語孟子集註考證》、《文集》等。詳見《元史》卷一百八十九、《宋元學案》卷八十三、《仁山集》〈卷五行狀〉、〈事略〉。

（二）宗　旨

許謙序云：「先師之著是書，或隱括其說、或演繹其簡，或攄其幽、發其詳，或補其古今名物之略，或引群言以證之，大而道德性命之精微，細而訓詁名物之弗可知者，本隱以之顯，求易而難得，讀論孟者不可不由集註，集註有考證則精。」是此書之旨，由此可知。

（三）內　容

此書之作，乃在爲《集註》作疏，然以有《纂疏》，故不名疏〔註 83〕。其內容多就朱熹《集註》而考證，如卷六《集註》稱「韓子性有三品之說」，《考證》云：「說具原性曰：性之品有上中下三，上焉者善而已矣，中焉者可以導於上下者也，下也者惡焉而已矣。朱子曰：韓子說所以爲性者五是也，三品正可言氣。然氣質之殊，何正三品，蓋千百而無算也。」此則能因註爲疏。又卷六集註引范浚心箴說，考證則云：「本非爲此章而作，而與此章小體大體旨義吻合，朱子取之，呂成公問取此何爲，朱子曰正緣目前人不能如此道。」是又能補《或問》之不足。又卷三集註稱「則法也」，《考證》云：「《論語集註》曰則猶準也，惟天爲大，而堯之功德，與之相準。據此註則堯法天之大，當以註爲是，而此未及改。」是能以朱義解朱註。大體全書所論，多如此類。

（四）評　述

卷三《集註》稱「史遷所謂農家者流」，《考證》云：「太史公六家指要無農家，至班固藝文志分九流，始有農家者流，此集註未及改。」，《四庫全書總目》稱其「典確」。而其以《論語管見》求於王柏，王柏謂：「夫孟子之所謂自得，欲自然得於深造之餘，而無強探力索之病，非謂脫落先儒之說，必有超然獨見也。舉世誤認自得之意，紛紛新奇之論，爲言不小，且集註之書雖曰開示後學爲其明，其

〔註 83〕見金履祥〈自序〉。

間包涵無窮之味，益翫而益深，求之於言意之內，尚未能得其髣髴，而欲於言意之外可乎？」〔註 84〕是履祥所學篤守朱熹《集註》之意，然史伯璿《四書管窺》序云：「金氏論孟考證，蓋祖述師傳何文定北山、王文憲魯齋之言，而參以己意，以自成一家之書者也，然不免大半皆勦《語錄》以下諸書之意耳，其餘則又有一、二分，其兼收經史及隱僻之書，以爲經註之證者。」則非持平之論，此蓋不知朱熹《集註》之所由作，亦不明《考證》一書之旨。《四庫全書總目》稱：「其書於朱子未定之說，但折衷歸一，於事跡典故，考訂尤多。蓋集註以發明理道爲主，於此類率沿襲舊文，未遑詳核，故履祥拾遺補闕，以彌縫其隙，於朱子深爲有功。」〔註 85〕則所論頗平允。

（五）板　本

1.《四庫全書》本。
2.《金華叢書》本。

〔註 84〕見《魯齋王文憲公文集》卷九。
〔註 85〕見《四庫全書》卷卅五論孟集註考證。

貳、亡佚之孟子著述

一、馮休　《刪孟》二卷

（一）作　者

馮休。宋初人。生平不詳。

（二）宗　旨

疑《孟子》書中有叛違經者，乃孟子歿後門人妄有附益，因刪去之。

（三）考　述

此書《經義考》載爲：「《宋志》一卷。」註云：「未見」，然《郡齋讀書志》、《玉海》、《文獻通考》、《國史經籍志》俱作「二卷」，不知《宋志》所據爲何？而《經義考》得依此作一卷？又晁公武載此書爲二卷十七篇，今既已云亡，則所刪者何？十七篇之作爲何？亦無從得知矣！

《孟子》一書作者，三周姚信始疑爲孟子門人所記，其後唐韓愈答張籍書謂「孟軻之書，非軻自著，軻既歿，其徒萬章公孫丑相與記軻所言焉耳」則明指非孟子自作，而《崇文總目》載唐林愼思《續孟子》曰：「愼思以爲孟子七篇，非軻自著書，而弟子共記其言，不能盡軻意，因傳其說，演而續之。」則其說與韓愈同，又進而演續之。此皆先宋之疑《孟子》者，至宋初，馮休踵繼，其〈自序〉云：「觀孟軻書，時有叛違經者，殆軻之歿，其門人妄有附益耳，將刪考之，懼得罪於獨見，遂著書十七篇以別其僞。」則其所承續者亦前人之說，然觀其「懼得罪於獨見，遂以著書十七篇以別其僞」〔註1〕，似未刪去之，仍存《孟子》之全。至於晁公武所云：「前

〔註1〕此「懼罪於獨見」，乃見於袁本《郡齋讀書志》。然唐時孟子未尊爲經，宋初尚與荀揚並稱，因此而懼得罪，似又不然。衢本《郡齋讀書志》則無此句，是比較二本之

乎休而非軻者荀卿，刺軻者王允；後乎休而疑軻者溫公，與軻辨者蘇東坡，然皆不及休之詳也。」則是宋初之後司馬光作《疑孟》、李覯作《常語》、晁說之作《詆孟》、黃次伋作《評孟》以攻詆孟子者，皆受其影響，實開宋人疑《孟子》之風。

（四）著　錄

1. 晁公武《郡齋讀書志》子部儒家。
2. 《文獻通考・經籍考》。
3. 《玉海》卷四十六。
4. 《宋史・藝文志》子部儒家類。
5. 焦竑《國史經籍志》卷二。
6. 《經義考》卷二百三十三。

二、司馬康等　《孟子節解》十四卷

（一）作　者

司馬康字公休，光子，仁宗皇祐二平生，哲宗元祐五年卒，年四十一（1050～1090）。康幼端謹，不妄言笑，事父母至孝，敏學過人，博通群書，凜然有光之風。以明經擢第，為檢閱文字，除校書郎。以父喪免，服除，召為著作郎兼侍講，范祖禹乞優恤箚子稱其「搏履端方，學問深遠，士大夫共推其賢，以為能繼其父。」可想見其為人也。然是書奉詔編修，參與其事者不乏其人，范太史集中列范祖禹進編《孟子節解》箚子言，以為作者有司馬康、吳安詩、范祖禹、趙彥若、范百祿等五人，然據晁公武《郡齋讀書志》所引則以為范祖禹、孔武仲、吳安詩、豐稷、呂希哲五人。此說則與范祖禹進言有異，翁方綱《經義考補正》以為二說不同，恐是二書，疑朱彝尊誤合為一。然據范祖禹司馬康〈墓誌銘〉所述：「（元祐五年）四月，詔講讀官奏對邇英閣。……言孟子為書最醇正，陳王道尤明白，所宜觀曉，上尋詔講筵官編修《孟子節解》為十四卷以進。……康力疾，解孟子二卷。」又乞司馬康給俸箚子載司馬康於是年六月一日請假，范祖禹所進編修《孟子節解》箚子亦於司馬康下載一「假」字〔註 2〕，知此時司馬康已病，猶力自解《孟子》二卷。此外，元祐五年十一月〈祭司馬諫議文〉云：「某昨與公休同講無逸，今講書畢，一篇之義已錄上，公休進對請讀孟子，今則有詔講孟子矣，此二書，皆公休遺意也，公休雖沒，已陳之說，復備上覽，所請之書，日講帝前……。」則是書已陳帝前，無庸置

別，當可查知袁本一句，似為後人妄以增益者！

〔註 2〕《經義考》所引無此「假」字，今據《范太史集》補。

疑。惟晁公武所載諸人，亦皆元祐講官，而其所異者惟司馬康、趙彥若、范百祿三人，然據范祖禹向所述〔註 3〕，時司馬康官兼侍講，趙、范爲侍讀，與聖旨「令講讀官編修」言相符，且司馬康、范祖禹皆參與編修《資治通鑑》，於晁公武所評「貫穿史籍」頗爲暗合。或即此書於司馬康卒後，孔武仲等人續成，而由范租禹領銜之〔註 4〕，是以有不同之二說也。

（二）考　述

《宋元學案》卷八稱「溫公不喜孟子……因作《疑孟》論，而其子康乃曰孟子爲書最善，直陳王道，尤所宜觀，至疾甚革，猶爲《孟子解》二卷。司馬父子同在館閣，而其好尚不同乃如此，然以父子至親而不爲苟同，亦異乎阿其所好者矣。」此言頗能明示司馬光父子爲學之道。而黃震之所言：「公（司馬光）平生誠實，一語不妄，視議論之出乎權者，宜非其所樂歟，諫議（司馬康）孝友篤實，本無異於公，而獨喜孟子，稱其醇正，其殆有見於孟子之心者乎，可以補溫公之闕矣，善繼善述，諫議有焉。」〔註 5〕則能詳述原委，亦有功於司馬光父子矣！

（三）著　錄

1.《郡齋讀書志》子部儒家類。
2.《通考》經籍考〈五臣解孟子〉。
3.《玉海》題曰〈元祐五臣解孟子〉。
4. 焦竑《國史經籍志》〈孟子五臣解〉。
5.《經義考》卷二百卅三。

三、王令　《孟子講義》

（一）作　者

王令初字欽美，後黃莘以造道之深，改字曰逢原，廣陵人。仁宗明道元年生，嘉祐四年卒，年僅廿八（1032～1059）。令十數歲，晝從群兒嬉，夜獨誦書，往往達旦不眠，率以爲常。未嘗從師，爲辭章，雄偉老成，見者皆驚。稍長，倜儻不羈。見王安石，安石慨然而歎，以爲可以任世之重而有功於天下者，因妻以夫人之女弟。令聞一善言見一善行，未嘗不歎慕，故以宏材敏識、偉節高行，特立於一時。著有《廣陵集》、《孟子講義》。參見《宋元學案補遺》卷六、《臨川集》卷七十一、九十

〔註 3〕見〈乞司馬康給俸劄子〉。
〔註 4〕《郡齋讀書志》、《國史經籍志》皆以范祖禹爲首。
〔註 5〕見《宋元學案補遺》卷八，黃震之以爲孟子之勸君行王道以救世，乃孔子所謂「可與權」者也。

四、《東都事略》卷一百十五。

（二）考　述

令〈自序〉云：「令自孔子之後考古之書合於《論語》者，獨得孟子……於孟氏嘗願學焉，猶病其不能，故於所疑皆闕之，今其所言皆令所已信者，然亦不敢自以謂必與孟氏合，諸君何其不肖而加擇焉。」又王安石〈題講孟子後〉：「逢原在常江陰時，學者有問以孟子，而逢原爲之論說，是以如是其詳也。」則是此書名曰講義之故。

雖則王令《孟子講義》書今已亡，然《廣陵集》中載令之〈讀孟子〉：「今其言區區欲以百里數百里之國，五年七年之間，懷諸侯以有四海，復爲政于天下，又其言皆曰有七十里五十里與者，未聞以千里畏人，何時如此其難，而功如此甚大、如此甚速也。」是以孟子仁義之功速且鉅也。又其論性以爲性乃原出吾心，性說謂：「推吾心而以通萬物之心，一心也，是則性者萬物之源乎……人皆有稟之之資，而不知所以稟也，是蔽之也……性無善惡，有善有惡皆情耳。」是令以爲性無善惡，惟情有之爾。而〈交說送杜漸〉又謂「孟子道性善，信其性之善也，然其有不善者，非其才之罪也，不能擴而充之而習之遠之然也，有能資性之善而充之，習不相遠之，則信夫純乎哉。」則是令仍以孟子性善爲心之本原，其有不善；乃因不能擴充此心之善而習之以遠，是令之論性，頗主孔子「性相近、習相遠」之旨，然亦信孟子性善之論。

至於令〈讀孟子〉云：「予讀孟子之書，一年而奮奮乎旨中，三年而縮縮懼不能行，三年而退默以吁。」又〈說孟子序〉云：「夫道；豈難能哉，顧其力行何如耳。苟聽之於身，以存於心，用會於行事，則古之好學者皆然也。」是知令之學《孟子》旨在行道而已，觀王安石與王逢原諸書，亦可知其能「知及之仁又能守之」，實無愧於所立者也。而《四庫全書總目》稱其「〈性說〉等篇亦自成一家之言。王安石於人少許可而最重令，同時勝流如劉敞等並推服之，固非阿私所好矣。」而王安石〈講孟子後〉亦稱「若逢原所謂見其進未見其止也」則其脩學爲人，由此可知。至如〈正命〉所云：「今世言性者尤多而詳，大要歸孟子則爲得，而世之好事者往往偷出以附佛而爲說。」是又能歸宗《孟子》而闢當時附佛之說。

（三）著　錄

1.《遂初堂書目》作〈語孟解〉不載卷數。

2.《直齋書錄解題》載爲五卷。

3.《文獻通考・經籍考》。

4. 焦竑《國史經籍志》作《孟子講義》五卷。
5.《經義考》卷二百卅三。

四、王安石　《孟子解》十四卷

（一）作　者

王安石字介甫，臨川人。眞宗天禧五年生，哲宗元祐元年卒，年六十六（1021～1086）。早有盛名，廿一歲舉進士高第，以獻書萬餘言極陳當世之務，除直集賢院。神宗即位，除知江寧府，召爲翰林學士。熙寧二年參知政事，既執政，設置三司條例司，繼興青苗、免役市易、保甲諸法，孫覺、程顥諸人皆論變法非是，以次罷去。熙寧三年，拜同中書門下平章事，其徒呂惠卿修撰經義。後封舒國公、改荊國公。安石之學，未聞其所師授，全祖望以爲歐陽修之門人，當爲勉強。梁啓超以爲「蓋身體力行，深造而自得之，而輔仁之友，則亦有焉。」（王荊公第五章語）而其爲人「英特邁往，不屑於流俗聲色利達之習，介然無毫毛得以入於其心，潔白之操，寒於冰霜」（陸象山語）雖其性強忮，遇事無可否，自信所見，執意不回。嘗提舉修撰經義，訓釋詩、書、周官，既成，頒之學官，天下號曰新義。所著除《三經新義》外，尚有《洪範傳》、《左傳解》、《禮記要義》、《論語解》、《孟子解》、《字說》、《文集》等。參見《宋史》卷三百廿七、《宋元學案》卷九十八、梁啓超《王荊公集》等。

（二）考　述

安石修撰《三經新義》以爲學校教授，而其罷詩賦，改以《孟子》與群經試士，是書之作，爲一學術、正人心，而頒之學官，其後場屋舉子宗之，遂流爲科舉之弊矣！

然據晁公武稱安石素喜《孟子》，自爲之解。而今此書已佚，未知其內容。然觀諸《文集》，則安石論說多援引《孟子》之文以爲憑依，蓋能取其仁義之微旨，利用時變以施於政術。如「論隘與不恭」云：「孟子之所謂隘與不恭，君子不由者，亦言其時爾。且夏之道豈不美哉，而殷人以爲野，殷人之道豈不美哉，而周人以爲鬼。所謂隘與不恭，何以益於是乎？」（卷六十四三〈聖人〉）而安石之學亦不專主一家，其論性既不主孟，亦不偏荀，如云：「性，生乎情，有情然後善惡形焉，而性不可以善惡言也。……孔子曰性相近習相遠也。吾之言如此。」（卷六十八〈原性〉）由此亦可知其以學校取代考試爲取士之方矣。至於解孟子之言如「君子欲自得之也，自得之則居之安，居之安則資之深，資之深則取諸左右逢其原，孟子之云爾，非直施於文而已，然亦可記，爲作文之本義。」（卷七十七上〈人書〉）亦可知其論學博涯，左右逢原以自得之也。

然而安石云：「君子之爲政，立善法於天下則天下治，立善法於一國則一國治……使周公知爲政，則宜立學校之法於天下矣。」（卷六十四〈周公〉）是乃知安石立學校之法以取代科考，而其罷詩賦代以經義，是乃欲變士習以趨於用，是皆良法。而新義中亦列有《孟子》，王鳴盛謂「孟子自在諸子，自王安石妄欲比孟，孟始尊矣。」（《蛾術篇》卷二）此說洵然，然《孟子》稱經尤當於程子表章之後。全祖望稱安石「嘗與陳甲之、許允成解論孟，然則去其《字說》之支離，而存其精華，所謂六藝不朽之妙，良不可雷同而詆也。」是安石之解孟子亦自用心，不可因其立於學官而輕忽，全祖望謂「先儒之傳註，未必盡是；王氏之解，未必盡非」（〈記荊公《三經新義》事〉），斯乃持平之論。

（三）著　錄

1.《郡齋讀書志》子部儒家類。
2.《文獻通考・經籍考》。
3.《玉海》卷四十六。
4. 焦竑《經籍志》卷二。
5.《經義考》卷二百卅三。

五、蔣之奇　《孟子解》六卷

（一）作　者

蔣之奇字穎叔，常州宜興人。仁宗天聖九年生，徽宗崇寧三年卒，年七十四（1031～1104）。嘉祐二年進士，又舉賢良方正。哲宗立，拜天章閣待制知源州。紹聖中，知開封府，擢龍圖閣直學士拜翰林學士、兼侍讀。徽宗崇寧元年除觀文殿學士，卒謚文穆。之奇爲人強裕清敏，深得家法，初游於歐陽修之門，熙寧、元祐、崇寧中，推爲博聞強識之儒，著有《文集》、《逸史》、《孟子解》。參見《宋元學案》卷四、《東都事略》卷九十七。

（二）考　述

之奇初受知於歐陽修，後轉交友王安石，此書或即因《新義》出而爲之注解《孟子》，以見知於王安石也？然之奇所學多切於世用，曾在禁林，記諸典章文物之舊，以成《逸史》〔註6〕而史家稱其「爲部使者十二任，六典會府，所至以治辦稱。」〔註7〕是其所擅在於實用。而其上疏神宗陳五事以謹始：「一曰進忠賢，二

〔註6〕見《宋元學案》卷四引全祖望語。
〔註7〕見《宋史》卷三百四十三本傳。

曰退姦邪，三曰納諫諍，四曰遠近習，五曰閉女謁」。神宗云「至于近習之戒，孟子所謂觀遠臣以其所主者也」，之奇對曰「陛下之言及此，天下何憂不治」，是知其所用者也。至於交友王安石，亦涉及釋氏之說，王安石〈答蔣穎叔書〉云：「承手筆訪以所疑，因得聞動止，如某所聞，非神不能變，而變以赴感，特神足耳。所謂性者，若四大是也，所謂無性者，若如來藏是也……。」是知其所疑訪者當涉於釋氏之說。全祖望以爲之奇亦爲北宋一魁儒，然因患姦邪之目，轉劾歐陽修，爲瑜不掩瑕〔註 8〕《宋史》稱其「孜孜以人物爲己任……特以叛歐陽修之故，爲清議所薄。」是知其出入元祐黨籍之因也。

（三）著　錄

1.《宋史・藝文志》卷二百五。
2.《國史經籍志》卷二。
3.《經義考》卷二百卅三。

六、龔原　《孟子解》十卷

（一）作　者

龔原字深父〔註 9〕，處州遂昌人。少與陸佃同師王安石。嘉祐八年進士，元豐中爲國子直講。紹聖初，拜國子司業，旋兼侍講遷秘書少監、起居舍人。歷兵工二部侍郎，除寶文閣待制。卒年六十七。原以經術尊王安石，始終不易。王安石改學校法，引原自助，原亦爲盡力，司馬光召與語，譏切王氏，原反覆辨捄不少衰。爲司業時，請以王氏所撰《字說》、《洪範傳》及王雱《論孟義》刊板傳學者，故一時學校舉子之文，靡然從之。時稱「括蒼先生」，著有《括蒼易傳》、《春秋解》、《論語解》、《孟子解》。詳見《宋史》卷三百五十三、《宋元學案》卷九十八。

（二）考　述

鄒浩於所撰〈括蒼先生《易傳》敘〉云：「先生蓋王文公之高第也……自熙寧以來，凡學易者，靡不以先生爲宗師。」〔註10〕而《玉海》亦於王安石〈易義〉下云「龔原注廿卷」，是原之著易多承王安石之說而解，此《孟子解》或亦如此。又《宋元學案補遺》稱「先生少從王荊公遊，篤志明經，以經學爲邑人倡，是時周程尙隱於濂洛，永嘉先輩，學以經鳴者，淵源皆出於先生。」而原之以經術尊敬王安石，

〔註 8〕同註6。
〔註 9〕《宋史》本傳作深之。諸家所引多作深父，「之」或形近而誤。
〔註10〕見《道鄉集》。

始終不易，亦可知其所守也。王安石〈答龔深父《論語孟子》書〉:「所論及異論，其曉然道德性命，其宗一也。道有君子有小人，德有吉有凶，則命有順有逆，性有善有惡，因其理又何足以疑。」〔註 11〕是原與王安石嘗論及孟子性命者也。而阮元《四庫未收提要》云:「考之宋楊時之說曰龔原本王學二派，其人其書似無足取。」〔註 12〕然楊時好詆王安石〔註 13〕且周必大亦云:「至於守道不阿，倘可推考，方王荊公不喜《春秋》，公則詳為之傳，知非苟從王氏者。」〔註 14〕是知原著此書蓋承王安石之說，然並未獨斷於王氏《新義》也。

(三)著　錄

1.《東都事略》載此為十卷。
2.《宋志》作《孟子解》十卷。
3.《國史經籍志》卷二。
4.《經義考》二百卅三。

七、鄒浩　《孟子節義》十四卷

(一)作　者

鄒浩字志完，常州晉陵人。仁宗嘉祐五年生，徽宗政和元年卒，年五十二(1060～1111)。神宗元豐五年進士，元祐七年除太學博士，歷官起居舍人、中書舍人、吏部尚書、寶文閣待制。以蔡京偽造浩諫立劉妃疏，觸上，謫涪州別駕。浩兩在言路，正朋黨之論寖興，士以言為諱之際，獨能抗章陳列，危言鯁論，聳動四方。浩少以道學行義知名於時。私淑程門，崇尚氣節，操履堅正、忘利害而外生死。其人脩業有行、記覽該博，援筆數千言立就，斯可畏者，然自視如未足，學者稱「道鄉先生」。著有《道鄉文集》、《補遺》、《易解》、《論語解義》、《孟子節義》等。詳見《宋元學案》卷卅五、《龜山集》卷廿五、廿六、《道鄉集》附〈年譜〉。

(二)考　述

浩〈自序〉云:「嘗聞之師曰:誦孟子之書非難，深明其意之前在為難，深明其意之所在非難，能以自任者矜式而行之為難。」其書則多在發明此旨，如解〈公孫丑篇〉「以力假仁者霸」章云:「以力服人者，有意於服人而人不敢不服；以德服人者，無意於服人，而人不能不服，從古以來論王霸者多矣，未有若此章之深

〔註 11〕見《臨川集》。
〔註 12〕見研經室外集。
〔註 13〕參見梁啓超著《王安石》一書第廿章〈荊公之學術〉。
〔註 14〕見《周文忠公集》〈書龔原傳後〉。

切著明者也。」似此多能啓悟學者，以求《孟子》之微言所在。而治〈自序〉稱《孟子傳》道有五：「與太和爲一，而充塞於兩間，上足以配道，下足以配義，其所養之氣有如此者。由父子之仁而極於天道，由可欲之善而極於神，其所造之妙有如此者，於詩則以意逆志，於書則取二、三策，其通經有如此者。敷陳於齊宣梁惠之間，訓告於萬章樂克之徒，曲而中、多而類，其出言有如此者。見與不見，皆不以人枉己；受與不受，皆不以利廢義，其制行如此者。以其所養之氣，發其所造之妙，無施而不可，則其爲通經也、出言也、制行也，皆餘事耳。」又〈答何道鄉書〉云：「聖人之道其不可以口耳授受也久矣，必其反身而誠……其與堯舜禹湯文武周公仲尼、斯異世而處矣，況孟子乎？奈何槃槃焉相期合辯說，又著以爲解，與名家之儒爭譊譊也，顧以分職適在頖宮，又不能不以言之教啓悟學者，使其默而成之，又不能汎汎其間，爲桔槔、爲脂韋，以掠譽而去，姑取其言之訓詁以解潮乎太倉之粟而已！」是知此書之內容大概、然其書今已亡佚，僅就朱熹《集註》所錄以觀，〈離婁篇〉「離婁之明」章錄其「自章首至此，論以仁心仁聞，行先王之道。」「自是以爲仁者至此，所以責其君。」「自詩云天之方蹶至此，所以責其臣。」「此章言爲治者，當有仁心仁聞，以行先王之政，而君臣又當各任其責也。」是知其解義多能逐段論說，章末則統以一章大旨。然鄒浩論學頗重於行事，非徒務記覽而已。〈自序〉云：「昔孔子之門人如仲弓之有聞於仁，則請事斯語，如子張之有聞於行，則必書諸紳。今孟子七篇之所載，非直孔子答問之際一二言而已，學者或尙愧於仲弓子張之賢，則以其所以自任者矜式而行之，其可忽乎！浩不敏，敬受此言久矣，願與諸君子共之，勿徒誦其言，明其意，資以爲速化而已也。」是浩之所慕者亦如顏淵之賢者也〔註15〕惟以時不相助，則退而就閒，著不刊之書以遺億載，即如孟子者〔註16〕。故《論語解義》序云：「聖人體道者也，其發越以撫世，則所以益無疆者，皆見之行事，其韜晦以就閒，則所以規不朽者，惟載之空言，載之空言因不如見之行事爲深切著明也。」清王士禛跋此《文集》云：「先生受學程門，而特嗜禪理，詩文多宗門語。」而浩〈答張子發書〉以「孟子自得而後居安，謂自得乃悟之異名」，是王氏所言不虛。然此書成於紹聖二年，時浩方卅六歲，尙未近佛，故其求居聖人之門之志，多可由此書以觀。

（三）著　錄

1.《經義考》卷二百卅三。

〔註15〕參見《文集》〈自序〉及〈答何道鄉書〉。
〔註16〕參見《文集》〈送王元均序〉。

八、許允成　《孟子新義》十四卷

（一）作　者

許允成，王安石門人。生平不詳。

（二）考　述

晁公武曰：「王安石素喜孟子，自爲之解，其子雱及門人許允成皆有注釋，崇觀間場屋舉子宗之。」是此書之作，一如《三經新義》之作，乃爲試場程式之用，《郡齋讀書志》載此爲《孟子解》，而《宋史・藝文志》則名曰《孟子新義》，蓋視此書如《三經新義》者流也！

（三）著　錄

1. 郡齋讀書後志載爲《孟子解》。
2. 《宋史・藝文志》載《孟子新義》。
3. 《文獻通考・經籍考》則併王安石、王雱二書載爲四十二卷。
4. 《經義考》卷二百卅四。

九、王雱　《孟子注》

（一）作　者

王雱字元澤，安石子，臨川人。仁宗慶曆四年生，神宗熙寧九年卒，年三十三（1044～1076）。爲人氣豪，睥睨一世，超群絕類，性甚敏，未冠已著書數萬言。英宗治平四年進士受詔注詩《書義》，擢天章閣待制兼侍講，龍圖閣直學士，以病辭不拜。作策廿餘篇，極陳天下事。著有《詩義》、《書義》、《南華眞經新傳》、《論語解》、《孟子注》、《文集》。〔註 17〕

（二）考　述

雱承家學，治經亦本王安石「傳之以心、受之以意，切問深思，資所學以施於用」之旨〔註 18〕，而新法以經義取士，亦兼及《論語》、孟子，此書之作或即因此而成。蓋爲試士而作，故所注多發明大義，不復拘守漢唐舊注，亦所謂以意逆志者也〔註 19〕。當王安石行新法，以經義取士，其所頒行《三經新義》，惟《周禮》是

〔註 17〕《宋史本傳》採邵博《聞見錄》之說，以雱性險惡，而言梟韓琦富弼之頭於市新法乃行之事，皆非持平之論，故採李紱《穆堂初稿》〈書邵氏聞見錄後〉及蔡上翔《王荊公年譜考略》之說。

〔註 18〕見梁啓超《王安石》卷廿〈荊公之學術〉。

〔註 19〕晁公武《郡齋讀書志》七經小傳下以爲「王安石經義多本劉敞不守傳注，稍尚新奇之說，而王安石經義正雜以新義，是以意逆志之法」。參見熊師公哲《王安石政略》

其手著，《詩義》、《書義》皆雱所助成〔註20〕。而試士亦兼及《論語》、《孟子》，《玉海》載王安石《論語解》下注云「王雱口義」，是《論語》亦爲雱所助成，《遂初堂書目》載有王雱《論語解》，是可證也，而《孟子》之注解當亦如此，故晁公武曰「崇觀間場屋舉子宗之」，是亦以爲試士之用。然邵博《聞見錄》以爲「雱性險惡，凡王安石所爲不近人性者皆雱所教」，清李紱及蔡上翔辨之已詳〔註21〕，而梁啓超以爲「南渡之後，攻雱者眾，蓋起於學術之爭，因雱乃助安石著經義之人，故攻安石之學術，必當攻雱」〔註22〕。惟北宋諸賢所攻者，非謂經義之不守傳注，別出新意也，特以其定爲科場程式，合者取，不合者黜，未免強天下以同己〔註23〕。然如程頤取其《易解》，朱熹取其《尚書》義，是見王學亦有可取處〔註24〕而讀此書亦不可以人廢言也！

（三）著　錄

1.《郡齋讀書後志》十四卷。
2.《玉海》卷四十六載《孟子注》十四卷。
3.《宋史・藝文志》子部儒家類。
4.《經義考》卷二百卅三。

十、周諝　《孟子節義》

（一）作　者

周諝字希聖，尤溪人。熙寧六年進士，歷知新會縣，王安石行新法，郡縣風靡，獨不奉行，力陳其弊，求歸田里，一時門生稱爲周夫子。著有《孟子節義》、《禮記說》。參見《宋元學案補遺》卷廿一、《宋詩紀事》卷廿五。

（二）考　述

此書《萬姓統譜》載引，而《經義考》亦徵引之，故卷數不詳。宋、元、明三代目錄多不載此書，是該書亡佚甚早。

（三）著　錄

1.《經義考》卷二百三十四。

卷四〈選舉〉。
〔註20〕見蔡絛《鐵圍山叢談》。
〔註21〕同註18。
〔註22〕見梁啓超《王安石》卷十九〈荊公之家庭〉。
〔註23〕見熊師公哲《王安石政略》卷四〈選舉〉。
〔註24〕見馬宗霍《中國經學史》第十篇。

十一、史通　《孟子義》

（一）作　者

史通字子深，眉州青神人。哲宗元祐三年進士。少與兄珣以文學知名。初，貢舉不第，退居楠溪之上，杜門著書，絕人事者數年。後中舉，歷官通州尉、盤石令，有古循吏風，著書甚繁，有《易蓍》、《乾坤別解》、《禮記義》、《禮記詳說》、《書義》、《詩義》、《論語孟子解》、《學史論》、《芻蕘論》，書既出，學者翕然稽之，年五十歲，生卒年不詳。參見《宋元學案補遺別附》、《眉山唐子西先生集》卷十五。

（二）考　述

此書《郡齋讀書志》、《直齋書錄解題》、《文獻通考》、《宋史・藝文志》、《國史經籍志》俱未載，蓋亡佚已早，未曾流傳。今唐子西《文集》中載有此書名，《經義考》當據此而著錄。

（三）著　錄

1.《唐子西文集》卷十五。

2.《經義考》卷二百卅四。

十二、陳暘　《孟子節義》

（一）作　者

陳暘，字晉之，福州人。中紹興制科，授順昌軍節度推官。徽宗初，進《迓衡集》以勸導紹述，得太學博士、秘書省正字。禮部侍郎趙梃之言暘所著《樂書》廿卷貫穿明備，乞援其兄進禮書故事，給札既上，遷太常丞，進駕部員外郎，爲講議司參詳禮樂官。累官禮部侍郎，以顯謨閣待制提舉醴泉觀。卒年六十八，著有《樂書》二百卷、《孟子節義》十四卷。參見《宋史》卷四百卅二，《宋元學案》卷九十八。

（二）考　述

《孟子節義》一書今則未見傳本，就陳暘《樂書》中所引《孟子》以爲訓釋者，計有五卷廿條，如其中言「齊宣王見孟子於雪宮，王曰賢者亦有此樂乎」訓釋之言：「雪宮之樂則獨樂而已，非與民同樂也。」又於「孺子之歌」云：「水之性未嘗不潔，或清或濁，非性之罪也，異其所處以取之而已，人之性未嘗不善，而或仁或不仁，亦非性之罪也，異其所爲而取之而已。」是此書雖論樂，然其中亦有言及《孟子》之旨要。此外如論「金聲玉振」云：「金聲者，孔子之事；玉振者，伯夷，伊尹、柳下惠之事也，以金聲爲始條理則終未必不然，以玉振爲終條理，則始未必然，是善終者未必善始，而善始者未必善終，斯三聖所以善終不善始，而孔子所以集大成而始終之也。」是能以樂理言《孟子》之義。又朱熹《集註》中亦引有四條，其中如云：「孝弟者，人之良知良能，自然之性，堯舜人倫之至，亦率是性而已，豈能加毫末於是哉？」（〈告子篇〉「曹交問」章）是其亦以性爲善，循此善性，則亦能爲堯舜也，又云：「王子所生之母死，厭於嫡母而不敢終喪，其傅爲請於王，欲使得行數月之喪也……按儀禮公子爲其母陳冠麻衣縓緣，既葬除之，疑當時此禮已廢，或即葬而未忍即除，故請之也。」（〈盡心篇〉「齊宣王欲短喪」章）是蓋緣於陳暘長於禮制，而《集註》徵引以爲說。又云：「樂正子固不能無罪矣，然其勇於受責如此，非好善而篤信之，其能若是乎，世有強辯飾非，聞諫愈甚者，又樂正子之罪人也。」（〈離婁篇〉「樂正子從於子敖之齊」章）是則能因文推義，而於理有足可補者。由此，亦可窺其解《孟子》之一斑矣！

（三）著　錄

1 《宋史・藝文志》子部儒家類。

2. 焦竑《國史經籍志》卷二。

3.《經義考》卷二百三十四。

十三、張簡　《點注孟子》

（一）作　者

張簡，晁公武《讀書志》載曰熙寧中蜀州張簡點節經注，而宋張簡有三，皆爲成都府路人。其一乃鶴山全集墓誌錄所誌，爲邛州思安人，早以經學稱，卒年六十七。其二乃陸心源宋詩記事小傳補正引，爲四川遂寧人，嘉定元年（1208）進士。其三乃四川晉原人，紹興進士。然據晁志，考《宋史・地理志》唯晉原屬蜀州，是此《點注孟子》之張簡當爲四川晉原人。又晁公武所稱熙寧中，熙寧計十年，中者以熙寧五年計當在 1072 年左右，而邛州思安之張簡，據鶴山全集所載，於乾道七年（1171）以國子錄楊公甲校士於邛，奇其文，遂以充賦，及三年大比，以策語太訐而黜，自是掃軌大肆于學。如此爲《點注孟子》之張簡者，是其文充賦已年高九十九歲，又何得以百年之高齡爲文充賦參加大比？至於遂寧之張簡乃嘉定元年（1208）進士，此距熙寧中已逾百卅年，是又不可能。而晉原之張簡乃紹興進士，紹興始於 1131 年，距熙寧中（1072），計六十年。是晉原張簡中進士已逾六旬，據此時、地之證，則此《點注孟子》者當爲晉原人之張簡。

（二）考　述

晁公武稱其「點節經注，附以釋文，以教童子」，則此書乃童蒙之書，故並點注及釋文於一書。

然而據晁公武所稱，則此書乃張簡未中進士前所點注者，依陸心源《宋詩記事》〈小傳補正〉所載則張簡中進士當已逾六旬，是此書為張簡早年初學所作，用以啓發童蒙者也。

（三）著　錄

1.《郡齋讀書志》子部儒家類。

2.《經義考》卷二百三十四。

十四、章甫　《孟子節義》十四卷

（一）作　者

章甫，《四庫全書總目》謂宋章甫有二，而著有《孟子節義》者乃建州浦州人之章甫。章甫，字端叔，建州滿城人。仁宗慶曆五年生，徽宗崇寧五年卒，年六十二（1045～1106）。天資穎悟、方幼學已能屬文，年十四即辭親求師友，薄遊江淮間殆十年，能自力，卒以名聞於時。熙寧三年中進士，初調撫州臨川尉，移壽州壽春令，大臣有以《孟子節義》進者，詔付秘書省，除應天府國子監教授，官至都官郎中。崇寧初，黨論復興，義士膠口，無敢竊義者，章甫昌言黨錮之非是，以元祐臣僚削秩投荒皆緣國事，不當復刻名著籍以禁錮其子孫。上雖優容之，然與時論不合。章甫莊重簡默，而接人以和氣，行己蒞官，一本於誠。論天下事不苟不隨，期于當理而已。平生無聲伎珍奇之好，獨讀書萬卷、讐校精至。著有《文集》、《孟子節義》。參見《楊龜山集・墓誌銘》、《宋元學案補遺》、《吳郡志》、《閩中理學源流考》。

（二）評　述

章甫之子章憲、章悊皆遊於楊時、王蘋之門，《宋元學案》列於〈震澤學案〉，《補遺》亦因此而列章甫於〈震澤學案〉，蓋章甫與楊時、王蘋交友，其〈墓誌銘〉亦由章憲轉託楊時而作，是章甫之學當亦近於龜山學派，故二子皆學於楊時師弟王蘋之門。此書既以有司傳進，遂得因此詔付秘書省、除應天府國子教授，亦可想見此書之解義，必有可觀者也。

（三）著　錄

1.《楊龜山集》卷卅五〈墓誌銘〉。

2.《經義考》卷二百卅四。

十五、黃敏 《孟子餘義》一卷

（一）作 者

黃敏，清徐松輯《四庫闕書目》作「王敏」，而趙士煒輯《中興館閣書目》引《玉海》作「黃敏求」。葉德輝輯《四庫闕書目》經部類有「黃敏《九經餘義》」，子部儒家類有「黃敏《孟子餘義》」，《崇文總目》《玉海》引作「黃敏」。清錢東垣《崇文總目輯釋》以爲脫一「求」字。以《玉海》卷四十二引〈實錄〉云「懷安軍鹿鳴人黃敏」，而《遂初堂書目》亦載「黃敏」，是「求」字當爲衍字，而非缺字。

（二）考 述

是書爲《九經餘義》之一，乃於注疏之外，言其餘義。其所謂「餘義」者，蓋摭諸家之說是非者，裁正之。又據《玉海》引「乃轉運使滕陟上於帝前，而命晁迥等詳看，迥等言所著撰可採」。然《玉海》又引書目云「總九經、兼《孝經》、《論語》。」是缺《孟子》一卷，而葉德輝輯《四庫闕書目》則先列《九經餘義》，後於子部儒家類又列《孟子餘義》，注云：「此前經部小學類黃敏《九經餘義》之一。」是《孟子餘義》亦當爲爲《九經餘義》之一。

（三）著 錄

1.《崇文總目・經部・經總類》。
2.《四庫闕書目・子部・儒家類》。
3.《中興館閣書目》。
4.《遂初堂書目》。
5.《玉海》卷四十三。
6.《經義考》卷二百卌四。

十六、蔡參 《孟子廣義》一卷

（一）作 者

生平里氏不可考。

（二）考 述

此書清人徐松輯紹興續編刊《四庫闕書目》卷二載有此書，《經義考》即緣此著錄，是書《文獻通考》以前未見載此書，當早已亡佚。

（三）著 錄

1. 紹興續編刊《四庫闕書目》卷二。
2.《經義考》卷二百三十四。

十七、晁說之 《詆孟》

（一）作 者

晁說之字以道，一字伯以，道州人。仁宗嘉祐四年生，高宗建炎三年卒，年七十一（1059～1129）。神宗元豐五年進士，蘇軾稱其自得之學，發揮五經，理致超然，不踐陳迹，以文章典麗可備著述科，薦之。少慕司馬光爲人，光晚號迂叟，說之因自號「景迂生」。光著《潛虛》未成而病，屬說之補之，遜謝不敢。然司馬光之門傳其《太玄》之學惟說之耳，又從邵雍弟子楊賢寶傳先天之學，和劑斟酌，以窮三易之旨。欽宗靖康間，以中書舍人兼詹事。說之自少日激昂，刻意經術，尊先儒，謹訓詁，晚年頗信佛氏之說，日誦法華，自稱「國安堂主」、「老法華」，又稱「天臺教僧」。著述甚富，惟經靖康兵亂，存者不多，有《易商瞿大傳》、《小傳》、《商瞿易傳》、《外傳》、《京氏易式》、《易玄星紀譜》、《詩晁氏傳》、《書晁氏傳》、《春秋晁氏傳》、《春秋辨文》、《中庸傳》、《論語講義》、《儒言》、《景迂生集》（《嵩山集》）等數十種。詳見《宋元學案》卷廿二〈景迂學案〉、《景迂生（嵩山）集》卷廿後〈雜文〉。

（二）考 述

是書之《詆孟》，乃守司馬光《疑孟》之說，又因惡王安石，而安石最尊《孟子》，遂至《詆孟》。故於孟子所議論者、引詩說者、文章風格者，皆在詆評之列。書雖不傳，然大旨皆師承司馬光，於言雖涉意氣，然亦可見其思慕之篤！說之《詆孟》一書今已不傳，然《景迂生集》中存有《詆孟》之語，由此亦可察知說之《詆孟》之說。《文集》卷十五〈與呂舜州書〉以「孟子樂有賢父兄之說及父子之間不責善則疏之」之說爲「言無所當也」，此其詆孟子議論者。又《文集》卷十一〈詩之序論四〉以孟子曰凱風親之過小者也」，不合〈詩序〉，謂「孟子之言妄」，此其詆孟子之說詩。而於論孟子文章者，卷十五〈答賈子莊書〉稱：「若夫孟子之書則亦不必論其文之如何，是直萬章公孫丑之徒所次耳，何有於孟子哉。足下……如必以文論孟子則可以色論太姜太姒歟，是未爲知言也，而文固大矣，必以孟子論之，則孟子未爲擅場也。」此詆孟子之文，以色擬之，眞詆抑過甚矣！而說之慕司馬光爲人，又學於司馬光，光既有《疑孟》之作，說之因之而有《詆孟》，故《文集》所載其詆孟子之說者多師承司馬光。如司馬光推崇揚雄，乃有《法言集註》，而說之《嵩山集》卷十云：「揚子眞大儒者邪，孔子既沒，知聖人之道者，非揚子而誰，孟與荀殆不之擬，況其餘乎？」又卷十九爲〈揚雄別傳〉，後且云：「揚子傳孔子之道，五言明教，宜其行事甚大昭著無遺。」推崇揚雄一如司馬光者，此其一。又司馬光承《春秋》著《通鑑》，秉大一統思想以疑《孟子》，而說之亦承之以詆孟，《文集》卷三〈奏審皇太子研讀《孝經》《論語》《爾雅》劄子〉云：「臣聞《春秋》尊一王之法以正天下之本，與禮之尊無二上，其司實同，蓋國之于君，家之于父，學者之于孔子，皆當一而不可二者也……。」秉一統思想一如司馬光者，此其二。又司馬光居舊黨之首，與王安石新黨對立，說之於王安石尤多攻訐，《儒言》一書，晁公武謂「爲辯王安石新學而發」〔註25〕、全祖望亦以爲然〔註26〕，因王安石尊孟而詆孟。此因反新學而非孟一如司馬光者，此其三。以此三者皆師承司馬光，是其非孟之言皆有根由。然司馬光篤厚平實，雖對立新黨，然於《孟子》亦僅此於「疑」而已。而說之更甚，乃至於「詆」，《文集》十四〈辨誣〉云：「予不知世所謂孔孟云者，孰自而得耶？」是其於《孟子》不僅於疑。至如《晁氏客語》中以「孟子稱巨擘者爲蚓之大者」，此皆激談之言，近乎穿鑿。雖意在與安石相異，然其推論過當，務與相反，惟以恩怨爲是非，殊不足爲訓〔註27〕。而說之晚年耽於佛氏，日誦法華，此《詆孟》之作當爲早年之作，《宋元學案》稱「論者謂其盛時欲詆孟子，而老不自振……。」既爲「盛時」，故多激言之辯。雖然，其師承司馬光之說以《詆孟》者，亦不可視爲穿鑿矣！

（三）著　錄

1.《齊東野語》卷廿引。

2.《經義考》卷二百卅四。

十八、上官愔　《孟子略解》

（一）作　者

上官愔，字仲雍，一字仲容，邵武人，上官均次子。生卒年不詳。徽宗政和二年進士。高宗建炎中，以「儒學之士通於世務者」遷吏部員外郎（見《大隱集》卷二），出知南劍州，以剛介著政聲。後以親老丐祠。著有《尚書小傳》、《論語、孟子略解》、《史統》、《史旨》。參見《宋元學案》卷十九，《中興館閣錄》卷七、八，《大隱集》卷二、三。

（二）考　述

《閩中理學源流考》卷十三：「（愔）爲文清簡，援筆立就，尤工於詩，典雅遒逸。」而父上官均以不附新法，晚入元祐黨籍奪職，廢居淮南幾廿年，處之夷然，

〔註25〕參見《郡齋讀書志》卷一下〈儒言〉。

〔註26〕《宋元學案》卷廿二《儒言》下全祖望按語：「《儒言》中所述，大抵爲新經而發。」

〔註27〕參見《四庫全書總目》卷九十二子部儒家類二《儒言》下及卷一百廿子部雜家類四《晁氏客語》下。

杜門無他嗜，獨寓志於書，寒暑未嘗釋手，學博而知要，非聖哲之書弗好〔註28〕而愔子悟亦因不屈降金兵而死，故劉克莊以爲「近於天下之善士矣！」是上官家學皆能「通於世務，故爲邵武之大族」。〔註29〕

（三）著　錄

1. 王圻《續文獻通考》不載卷數。
2. 《宋元學案》卷卅不載卷數。
3. 《經義考》卷二百卅四。

十九、陳禾　《孟子傳》十四卷

（一）作　者

陳禾字秀實，明州鄞縣人。生卒年不詳。哲宗元符三年進士，初爲鄆州司法，治獄多平反，調濰州教授，召爲學正博士。時方以傳註記問爲學，禾始崇尚義理，黜抑浮華，擢監察御史左正言。童貫以侍宦用事，禾奏對反復不已，上拂衣起，禾挽上衣願畢其說，衣裾落，曰「上不惜碎衣，臣豈惜碎首以報上」，其剛直如此。以坐陳瓘黨，停官，遇赦，復知舒州，命下而卒，贈中大夫，謚文介。禾性不苟合，立朝挺挺有風操。著有《易傳》、《春秋傳》、《論語孟子解》。詳見《宋史》卷三百六十三，《宋史新編》卷一百十八，《延祐四明志》卷四等。

（二）考　述

此書《宋史》本傳作《孟子解》十卷，《宋史・藝文志》、焦竑《經籍志》載爲《孟子傳》十四卷。據《延祐四明志》卷四所載：「孝宗朝史浩侍經筵，上其所著易春秋語孟解。」則又與《宋史》本傳同爲《孟子解》。至於《宋史》本傳卷數不同於《宋史・藝文志》，蓋脫誤「四」字，故《經義考》乃據《宋史・藝文志》、焦竑《經籍志》作《孟子傳》十四卷。

（三）著　錄

1. 《延祐四明志》卷四（不載卷數）。
2. 《宋史・藝文志・孟子傳》十四卷。
3. 《宋史》本傳《孟子解》十卷。
4. 焦竑《經籍志》卷三作《孟子傳》十四卷。
5. 《經義考》卷二百卅四作《孟子傳》十四卷。

〔註28〕見《閩中理學源流考》卷十三。
〔註29〕見上書卷三〈劉克莊序文〉。

二十、王居正 《孟子疑難》十四卷

（一）作 者

王居正字剛中，揚州廣陵人。哲宗元祐二年生，高宗紹興廿一年卒，年六十五（1087～1151）。徽宗宣和二年進士第，後擢爲饒州安仁縣丞、荊州教授，皆不就。高宗時，除太常博士、遷禮部員外郎，乃次前世聽納事爲集諫十五卷，以開廣帝意，上皆嘉納，權直學士院，又除兵部侍郎。秦檜專國，以目疾請祠，歸陽羨避謗深居，言不及時事，客至，清坐終日談經史而已。檜死，復故職。少嗜學，晝夜不息，嶄然見頭角。遊太學，諸生聞聲爭交驩，時習《新經》、《字說》者，主司則貴高選，居正語人曰「窮達自有時，心之是非可改邪」，乃流落十餘年。居正氣節高亮，儀觀豐偉，聲音洪暢，其學根極六經，楊時器之。學者稱爲「竹西先生」。著有《三經辯學》、《春秋本義》、《論語感發》、《孟子疑難》、《竹西集》、《西垣集》等。參見《宋史》卷三百八十一，《宋元學案》卷廿五，《東萊文集》卷九，《宋史質》卷四十三。

（二）考 述

居正在兵部時，高宗偶言及王安石新學爲士大夫心術之害。居正進曰「臣側聞陛下深惡安石之學久矣，不識聖心灼見其弊安在？」上曰「安石之學雜以霸道，取商鞅富國強兵之說，今日之禍人徒知蔡京王黼之罪，而不知天下之亂生於安石」。居正對曰「禍亂之源，誠如聖訓，然安石所學得罪於萬世者，不止於此」，爲上陳安石訓釋經義「無父無君者」，上作色曰「是豈不害名教，孟子所謂邪說者」。是書之所謂「疑難」者，或即就王安石之說《孟子新經》而辨難之。

東萊呂祖謙云：「公深醇閎肆，以崇是闢非爲己任，自其少年已不爲王氏說所傾動，慨然欲黜其不藏以覺世迷，於是稽參雋義，鈎索聖蘊，摧新學詖淫邪遁之辭，迎筆披靡，雖老於王氏學者莫能自解。」（《東萊文集》卷九）是其頗棄於王氏學。又見楊時於陽羨，時出《三經義辨》示居正曰「吾與其端以告學者而已，子成吾志」。居正愈益感厲，首尾十年，爲《書辯學》、《詩辯學》、《周禮辯學》卌八卷，並《外集》一卷。居正既進其書七卷，而楊時《三經義辨》亦列秘府，二書既行，天下遂不復言王氏學。（參見《宋史》、《宋元學案》）由此可知，居正之學亦如《義辨》，多就王氏新學而發，此書名曰《疑難》，當在疑王氏之學而辨難之，雖書已亡佚，然亦可由此知其大旨矣！

（三）著 錄

1.《東萊文集》卷九。

2.《宋元學案》卷廿五。

3.《經義考》卷二百卅四。

二十一、李撰　《孟子講義》十四卷（附《廣孟子說養氣論》三篇）

（一）作　者

李撰字子約，福州連江人，寓吳縣。仁宗慶曆三年生，徽宗大觀三年卒，年六十七（1043～1109）。神宗熙寧六年進調越州餘姚縣主簿，官至通判袁州。少從曾鞏游，楊時稱其「刻意勵行，務多識以畜德」（〈墓誌銘〉語），撰以興學校爲先務，有文翁、常袞風。若有《毛詩訓解》、《孟子講義》、《文集》、《史贊論》。參見《龜山集》卷卅一、《宋元學案》卷四、《淳熙三山志》卷廿六。

（二）考　述

楊時誌其墓云：「朔方士鮮知學，公爲二州教授，始得名儒爲師，士向風翕然一變。」（《龜山集》卷卅一）是知李撰頗重於鄉學，此書之作或作於教授之時，故名之曰「講義」，然書已亡佚，不復可知其內容大旨矣！

（三）著　錄

1.《龜山集》卷卅一。

2.《淳熙三山志》卷廿六。

3.《宋元學案》卷四馮雲濠案語引。

4.《經義考》卷二百卅四。

附：《廣孟子說養氣論》三篇

按：此書三篇見楊時所撰〈墓誌銘〉中，除《經義考》外，諸家皆未見著錄此書，當於其後不久亦散亡。今《經義考》著錄此書，或轉載自楊時〈墓誌銘〉中，觀其書名當可知其大旨所在。

二十二、羅從彥　《孟子師說》

（一）作　者

羅從彥字仲素，南劍人。神宗熙寧五年生，高宗紹興五年卒，年六十四（1072～1135）。從彥自幼穎悟，不爲言語文字之學，及長堅苦刻厲，篤志求道。以累舉恩爲惠州博羅縣主簿。聞楊時得河南程氏學，乃徒步往學，見時三日，驚汗浹背曰「不至是幾虛過一生矣」。時弟子千餘人，無及從彥者。嘗與時講《易》至「乾九四爻」，云「程頤說甚善」，乃至洛問於程頤，而所聞亦不外楊時之說，於是歸而盡心以事楊時，摳衣侍席廿餘載，盡得不傳之秘。朱熹稱「龜山倡道東南，士之遊其門者甚眾，然潛思力行，任重詣極如仲素，一人而已。」其推崇如此。晚居羅浮山中，靜坐三年，以觀天地萬物之理，清介絕俗，超然自得。學者稱爲「豫章先生」，理宗淳祐間諡「文質」。著有《春秋解》、《毛詩解》、《春秋指歸》、《語孟師說》、《中庸說》、《文集》。詳見《宋史》卷四百廿九、《伊洛淵源續錄》卷一、《宋元學案》卷卅九、《豫章文集》附〈年譜〉。

（二）考　述

《豫章文集》卷十六〈羅革題先生集二程語孟解〉卷後，言其書乃采錄師說編成，然於文中備舉二程、張載、楊時之說，則所集不獨二程之說，其文曰：「得洛中橫渠論說頗多，乃編成語孟二解，記當時對問之語，不加文采，錄其實也。」是可知其書旨矣。

又據羅革所題〈集二程語孟解〉，既集師說編成，疑此書即《經義考》所著錄《孟子師說》。然陳淵《語孟師說》跋稱「自仲素之亡，傳此書者絕少。」所題時日在紹興十一年，其去從彥之亡才六年，而傳者絕少，故而各家《目錄》皆未登載。此書今已不存，然從彥之學猶可見於《文集語錄》中。《文集》卷五〈遵堯錄〉云：「孟子曰以力假仁者霸，霸必有大國；以德行仁者王，王不待大。又曰霸者之民，驩虞如也，王者之民皞皞如也。善乎孟子之言，昔孔子沒，孟子繼之，惟孟子爲知霸者也。」又云：「孟子曰仁言不如仁聲之入人深也，仁言仁聲有以異乎，曰仁言爲政者道其所爲，仁聲民所稱道，此不可不知也。夫子所爲，要須有以風動天下，如漢光武起循吏卓茂而以大傅處之……區區命令，非所以感人也。……」此皆能推明孟子王霸思想、仁義道德。而卷十一〈議論要語〉云：「中人之性，由於所習，見其善則習於爲善，見其惡則習於爲惡，習於爲善則舉世相率而爲善，而不知善之爲是，東漢黨錮之士與夫大學生是也。習於爲惡，則舉世相率而爲惡，而不知惡之爲非，五代君臣是也。」則甚有見地。而從彥云：「學道以思爲主」（《學案》卷卅九引）李侗從之遊學，只令終日靜坐，令從靜中看喜怒哀樂未發時作何氣象，求所謂中者，若是久之而知天下之大本在乎是也，然其靜坐非佛氏之法，黃宗羲云：「蓋所謂靜坐，不是道理只是在靜處以學者入手，從喘吁未定之中，非冥心至靜，何處見此端倪……豫章爲入手者指示頭路，不得不然。」是乃深知其處靜之由。從彥晚年山居有寄傲軒、邀月亭、獨寐龕、濯纓亭、靜亭、白雲亭（參閱《文集》）等，亦可知其篤行靜思之實。其後朱熹聞李侗所謂「默坐澄心體認天理」之語，乃從遊問學，則其所傳亦以靜思學道爲主，雖朱熹後歸程頤之敬，上承程、楊，下開李、朱之傳，則從彥之功亦不可沒矣！

（三）著　錄

1.《經義考》卷二百卅四。

二十三、程迥　《孟子章句》

（一）作　者

程迥字可久，號沙隨，應天府寧陵人，後徙紹興餘姚。年十五丁內外憂，孤貧飄泊，無以自振，廿餘，始知讀書。登高宗紹興元年進士第，歷揚州泰興尉，調信州上饒縣。迥居官臨之以莊、政寬而明，令簡而信，綏強撫弱，導以恩義。暇則賓禮賢士，從容盡歡，進其子弟之秀者與之均禮，爲之陳說《詩》、《書》。迥嘗授經學於王葆、喻樗，著有《古易考》、《古易章句》、《論語章句》、《孟子章句》等十數種。參見《宋史》卷四百卅七、《宋史新編》卷一百六十七、《宋元學案》卷廿五。

（二）考　述

迥所著書多論經學，深通經術。朱子以〈書告迥子絢〉曰：「敬惟先德，博聞至行，追配古人，釋經剖史，開悟後學，當世之務又所通該，非獨章句之儒而已……著書滿家，足以傳世，是亦足以不朽。」《四庫提要》載其《周易古占法》、〈周易章句外編〉云：「朱子作啓蒙多用其例。」是其所著述頗影響朱熹。吳澄云：「沙隨先生經業精深，朱子多取其說，於朱子爲丈人行，故朱子以師禮事之。」則迥之學亦有名於世。而據朱熹所述，是《孟子章句》當爲「釋經」之類矣！

（三）著　錄

1.《宋史》卷四百卅七不載卷數。

2.《宋元學案》卷廿五不載卷數。

3.《經義考》卷二百三十四。

二十四、鄭耕老　《孟子訓釋》

（一）作　者

鄭耕老，字轂叔，莆田人。徽宗大觀二年生，孝宗乾道八年卒，年六十五（1108～1172）。耕老少負才學，紹興十五年進士，補懷安縣主簿，歷明州教授，明州自金人焚蕩後，學陋教弛，耕老詳爲講說，更營學田以爲鄉飲費，士風丕變。以經術薦，孝宗親擢爲國子監主簿，添差福建安撫司機宜文字。秩滿歸，築精廬於邑之南陂。著有《詩易中庸洪範論孟訓釋》。參見《宋元學案》卷四、葉適《水心文集》卷十五。

（二）考　述

耕老頗深於經學，《宋元學案》載其《讀書說》，以九經字數計之，中材之資四年半可畢，天資稍鈍，亦可九年讀畢，謂「立身以力學爲先，力學以讀書爲本」。是可知立身力學之本。葉適誌其墓云：「君學爲用而不求用，可以教而不數，退靜多而進動少，未嘗遠世而世莫之同也，昔孔子謂顏淵舍之則藏，曾晳曰異三子之撰，聖賢之遺意庶幾乎！」又云：「嘗著仁義禮樂扶中截流等論，推明聖人之道，歸於中正不偏。」是其著說亦能合於中道。而王梓材以爲「其闢佛，亦與歐（陽修）公同」，葉適亦誌其語：「佛者以寂滅無爲亂之，此性命道德之蠹。」是其闢佛，亦視佛爲異端。

（三）著　錄

1.《葉水心文集》卷十五不載卷數。

2.《宋元學案》卷四引不載卷數。

3.《經義考》卷二百卅四。

二十五、趙敦臨　《孟子解》

（一）作　者

趙敦臨字庇民，鄞縣人。少入太學，與高閌見楊時於京師。高宗紹興五年第進士，授蕭山縣主簿，郡守使者交薦之，改湖州教授。魏杞、汪大猷皆其門人也。著有《語孟書禮春秋解》，解皆亡存。參見《宋元學案》卷廿五、《延祐四明志》卷四。

（二）考　述

趙敦臨得第於紹興五年，其弟子魏杞得第於紹興二年，是可見其不急仕宦，其〈記奉化學〉曰：「教學不明，禮義消亡，讀書爲官不爲道，仕宦爲身不爲君，父兄之詔告、師友之話言，非富與貴則眾笑之，以爲不知時務，其流禍遂至此極也。」又〈論學者審其是〉曰：「孟子學夫子，人皆信以爲然，子雲學孟子，人皆不與焉，何哉？蓋學者信其行不信其言故也。」（以上均見於《延祐四明志》卷四引）是可知其所志矣。而此書《延祐四明志》已云亡存，是其旨意亦難曉。

（三）著　錄

1.《延祐四明志》卷四引不載卷數。

2.《經義考》卷二百卅四不載卷數。

二十六、黃開　《孟子辨志》

（一）作　者

黃開字必先，號浣溪，紹興諸暨人。高宗紹興廿四年進士，官崇安令。博學好古，邃於經術。著有《語孟發揮》、《周易圖說》、《孟子辨志》、《麟經說論》、《春秋妙旨》、《六經指南》、《諸史決疑》、《浣溪文集》等。參見《宋元學案補遺別附》卷二引《紹興府志》。

（二）考　述

此書宋元明三代目錄皆未見載，《經義考》引此雖注亡佚，然亦未著明卷數，是其所錄當轉自《紹興府志》，故亦未有卷數。

（三）著　錄

1.《經義考》卷二百卌四引。

2.《紹興府志》。

二十七、徐時動　《孟子說》十四卷

（一）作　者

徐時動，字舜鄰，鹽城人。師事胡安國，紹興五年進士第，爲虔州教官，改吉州，未及歲，移疾，遂不復仕。著有《孟子說》、《西江錄》、《師門答問》。參見《宋元學案》卷三十四、《江西通志》。

（二）考　述

此書《經義考》作四十卷，《宋元學案》載爲十四卷，龍雲濠案語云「一本作四十卷」，是或爲「十四」之訛誤，然書已亡佚，亦難知其詳。惟時動爲胡安國高弟，安國乃私淑洛學而大成者（《學案》卷三十四全祖望語），是時動之學當亦有所親承安國者也。

（三）著　錄

1.《宋元學案》卷卌四。

2.《經義考》卷二百卌四。

二十八、劉季裴　《孟子解》

（一）作　者

劉季裴字少度，《淳熙三山志》卷廿八載爲長溪人，《宋史・地理志》卷八十九以長溪屬福州，然紹興十八年《同年小錄》及《南宋館閣錄》卷七皆錄爲開封府人。

按宋室南遷，中原陝右，盡入於金（《宋史・地理志・序》云），劉季裴隸屬開封，或避地遷居長溪，故三山志以爲長溪人，而《同年小錄》及《南宋館閣錄》則載其原籍，乃以爲開封人。〔註30〕。北宋徽宗宣和五年（1123）生，卒年不詳〔註31〕十歲能文，年廿六舉紹興十八年二甲第三名進士，歷官秘書丞、監察御史、起居郎兼太子佐庶子，終秘閣修撰。孝宗乾道年間作十論以進，論何承矩屯田，規畫甚詳，帝方欲屯田兩淮，大見稱賞。經筵顧問，所對皆稱旨，有《論語孟子解》、《周易解》、《頤齋遺稿》。參見《淳熙三山志》卷廿八、紹興十八年《同年小錄》、《南宋館閣錄》卷七、《宋元學案補遺別附》卷二等。

（二）考　述

此書《直齋書錄解題》、《文獻通考》、焦竑《經籍志》皆未載，惟《經義考》引《淳熙三山志》載此書名，然於卷數亦無由得知。

（三）著　錄

1.《淳熙三山志》卷廿八。

2.《經義考》卷二百卅四。

二十九、陸筠　《翼孟音解》九十一條

（一）作　者

陸筠字元禮，一字嘉材，金溪人。紹興十五年進士，年七十六。嘗過豐城僑居南禪寺綠筠軒，爰其名與己協，遂留不去。平生好《孟子》，因著《翼孟音解》。參見《周文忠公集》卷五十二，《宋元學案補遺》卷二。

（二）考　述

周必大《文忠公集》卷五十三云：「（筠）平生篤志孟子，著《翼孟音解》凡九十一條，擇《春秋》左氏傳、莊、列、楚詞、西漢書、說文之存古文者，深思互考，遂成此書。」是此書乃陸筠據古文字以釋孟，如「角招爲韶」，「睟子爲牟」等皆以不識古文，而以今文改之，其所謂「音解」者似以音韻學所稱「語根」者爲據，推而論之。周必大序此書云：「嘉材嗜古，著書有益後覺。」又稱引其中「音解」者，以爲「粲若白黑」，是其於此書推崇備至。

〔註30〕宋人省試有分路取人之法，而開封府得發解人數較福州爲多，故劉氏以隸屬開封爲便，是以《同年小錄》及《館閣錄》皆載爲開封人。參見考選部主編《宋代考選制度》第八章第一節。

〔註31〕此據紹興十八年《同年小錄》推，時劉氏年廿六，是其生年當爲徽宗宣和五年，然卒年諸家皆不載，是以闕如。

（三）著　錄

1.《周文忠公集》卷五十三。

2. 焦竑《經籍志》卷三作《翼孟》二卷。

3. 南昌府志作《翼孟音解》九十一條。

4.《經義考》卷二百卌四。

三十、許升　《孟子說》

（一）作　者

許升，亦名升之〔註32〕，字順之〔註33〕，號存齋，泉州同安人。朱熹簿同安，時爲紹興廿三年〔註34〕，而許升從之遊，年方十三，以此上推，則其生年當爲紹興十年（1140），其後朱熹爲文祭之，繫年於淳熙十六年（1185），當爲其卒年，則年有四十六。朱熹撰〈存齋記〉稱「相從於今六、七年」，則與祭文所稱「逮予秩滿與俱歸，不以千里爲遠，其後別去廿餘年」相符，是其生年短壽，故朱熹深惜之。朱熹稱「其學專用心於內，而世之所屑一毫不以介於其間，嘗竊以爲生之學，蓋有意乎孟氏所謂存其心者，於是以存名其齋。」（《朱文公集》卷七十七〈存齋集〉）乃書「存齋」二字以授。嘗令校程氏《語錄》。遍交四方之士。朱熹稱其爲人「恬淡靜退，無物欲之累」（卷八十八〈祭文〉）。著有《孟子解》、《禮記文解》、《易解》，並湮滅無傳。參見《宋元學案》卷六十九、《朱文公集》卷七十五、七十七、八十八，《朱子門人》頁200。

（二）考　述

朱熹〈存齋記〉云：「人之所以位天地之中，而爲萬物之靈者，心而已矣。心之爲體不可以聞見得，不可以思慮求，謂之有物則不得於言，謂之無物則日用之間無適而非是也，君子於此亦將何所用其力哉，必有事焉而勿正心，勿忘勿助長，則存之之道也，如是而存，存而久，久而熟，心之爲體必將瞭然，有見乎容倚之間，而無一息之存矣……對曰此固升之所願學而病未能者。」此則朱熹因其所病，而勉之以存心，是知其所學之旨。《宋元學案補遺》卷六十九引朱熹之語評此書曰：「順之《孟子說》備見用意之精，但苦於太高，卻失本意。」以朱熹語「其後別去廿餘年」，是此書當爲從遊朱熹時所作，惟不得朱熹「存心」之旨，故「苦於太

〔註32〕《朱文公集》卷七十七〈存齋記〉稱「許生升之」，是其又名「升之」。

〔註33〕「順之」之稱，乃朱熹據《易》升卦象辭而字之，見《朱文公集》卷七十五〈順之序〉。

〔註34〕參見《朱子新學案》。

高、卻失本意」。

（三）著　錄

1.《朱文公集》卷八十八〈祭文〉。

2.《經義考》卷二百三十三。

三十一、晏淵　《孟子注》

（一）作　者

晏淵字亞夫，號蓮塘，一曰蓮蕩，涪州涪陵人。淵性資沈靜，履行清修，深明經學，頗通世務，少從李燾遊，燾愛其志，中年又往建寧從朱熹習易，熹亦愛之，留之門，使與諸孫校書。熹之門人眾，惟淵從之最久，聞其言最詳，記其說最備，故得之最精。嘗應舉於鄉，適遭權臣以朱熹僞學而抑絕之，雖文理優長而有司不敢取。著有《孟子注》。參見《性善堂稿》卷五、《宋元學案》卷六十九、《補遺》卷六十九、《字溪集》卷八、九。

（二）考　述

《字溪集》卷八稱「深明四書之旨，洞究羲畫之蘊奧……先生之易又足以嗣伊川之傳。」以淵聞易於朱熹，又洞究深明之，是其於易尤長，然諸家著錄皆未及者蓋於易未成書。至於此《孟子注》，《宋史・藝文志》、馬端臨《文獻通考》、《國史經籍志》亦未著錄，是其書早已亡佚。《朱文公集》卷六十三有〈與晏亞夫書〉三篇，皆勸其進學持敬、爲學次第之語，而無及《孟子》者。《宋元學案補遺》卷六十九引晏蓮塘說，言及「朱熹年四十八注孟子子產聽鄭國之政」，謂：「成周改歲首而不改月，則晚之確論也，嘗欲更注而其書已行於世，以時令考之，戌亥之月未甚寒，猶可褰裳以涉也。于丑之間，涸陰沍寒，當此之時，而以乘輿濟民，民能免於病涉乎，橋梁道路可以觀政，九月成杠、十月成梁，戒事之辭也，十一月徒杠成，十二月輿梁成，序事之辭也。國語有戒備之意，孟子就凍極之時言之，皆夏時云。」是其解《孟子》者。而〈附錄〉亦引「亞夫曰性如日月，氣濁者如雲霧，朱子以爲然。」是其論性、論氣，一如度正《性善堂稿》所言「得之爲最精」也。

（三）著　錄

1.《宋元學案》卷六十九。

2.《經義考》卷二百三十四。

三十二、鄒補之　《孟子注》

（一）作　者

鄒補之，字公袞，開化人，《儒林宗派》作西安人，然二地均屬衢州。受業朱、呂之門，淳熙初舉進士，通判江寧府。著有《春秋語孟注》、《書說》、《兵書解》、《宋朝職略》等。參見《宋元學案》卷七十一二、《補遺》卷七十三，《宋詩紀事補遺》卷五十五、《朱子門人》頁二八五。

（二）考　述

此書著錄者惟《經義考》而已，同時亦著錄鄒補之《書說》、《春秋注》及《論語注》，然四書皆注云「佚」。此書之著錄最早見於《浙江通志》，《宋元學案》卷七十三及《經義考》卷二百三十四皆引此，書既已亡，後世又無述之者，不知其內容爲何。又鄒補之編有《毘陵志》一書。

（三）著　錄

1.《宋元學案》卷七十三引《浙江通志》。

2.《經義考》卷二百卌四。

三十三、馮椅　《孟子圖》

（一）作　者

馮椅字儀之，一字奇之，號厚齋，南康軍都昌縣人。馮去非父，登高宗紹興四年（1193）進士，仕至江西轉運司幹，家居授徒，著有《易書詩語孟》、《太極圖》、《西銘輯說》、《喪禮小學》、《孝經章句》、《孔子弟子傳》。參見《宋史》卷四百廿五、《宋史新編》卷一百五十六、《考亭淵源錄》卷十四、《朱子門人》頁二七八。

（二）考　述

此書惟《經義考》著錄，而《四庫提要》錄存「馮椅厚齋易學」、「周易輯說明解」二書，朱彝尊《經義考》卷二百八十三以爲馮椅爲傳易弟子，故四庫僅錄其易學著作，而未及於詩書論孟之作。又馮椅雖有《太極圖》、《西銘輯說》等易學之作，然據《四庫提要》所稱多輯說之作（見《提要》經部易類三《厚齋易學》）此書《經義考》名曰《孟子圖》，恐以《宋史》「易書詩語孟太極圖」連句，而誤爲《孟子圖》。《宋史》卷四百廿五於此上有「所註」二字，是此書當爲孟子註，而非《孟子圖》。《四庫提要》雖承《經義考》以馮椅爲傳易弟子，然於《厚齋易學》下亦云「所著《易書詩語孟》輯說等書共二百餘卷」，即不再以《太極圖》連言，恐蹈朱彝尊《經義考》之誤矣。

（三）著　錄

1.《考亭淵源錄》卷十四引。

2.《宋史》卷四百廿五引。

3.《經義考》卷二百卅四引。

三十四、張顯父　《孟子問答》

（一）作　者

張顯父字敬之，南劍人，朱子弟子，著有《經說》。參克《宋元學案》卷六十九、《補遺》卷六十九、《考亭淵源錄》卷廿二。

（二）考　述

顯父此書諸家目錄皆未載，惟《經義考》有之，注引戴銑曰「顯父字敬之」，此書名或《經義考》引自戴銑之說者。顯父生平甚略，《考亭淵源錄》卷廿二引〈朱熹答書〉云：「論聖賢優劣，此亦是癡人比較父祖年甲高下之說，學問工夫都不在此，枉費心思言語之力也。」全祖望稱「朱門授受，偏於南方，李敬子（燔）、張元德（洽）、廖槎溪（德明）、李果齋（方子）皆宿老也，其餘亦多下中之士。」（《宋元學案》卷六十九〈滄洲學案〉語）觀此朱熹答書，顯父在朱門是為下中之士也！

（三）著　錄

《經義考》卷二百三十四。

三十五、劉砥　《孟子注解》

（一）作　者

劉砥字履之，號存庵，福州長樂人。六歲日誦千言，至覽忠孝大節輒激發感慨。十歲通九經傳記，能綴詞賦。孝宗乾道間（1165～1173）與其弟礪俱中童子科。嘗讀釋老書，嘆曰此不足習，乃治舉子業，又嘆曰此不宜專習，因徧取伊洛諸書讀之，遂與弟登朱熹之門，朱熹嘉其篤志敏學，授以先天《太極圖傳》。朱熹晚修禮書，砥與弟礪皆預編次。以時方攻道學，遂無復仕進意，年四十五卒，編有《王朝禮》，《論語孟子注解》。參見《考亭淵源錄》卷十二、《宋元學案》卷六十九、《朱子門人》頁三〇九。

（二）考　述

《經義考》卷二百八十五以為長樂人，然卷二百八十三、四則載為福州三山人，是為衝突。今據《宋元學案》卷卅九〈豫章學案〉載，其祖嘉譽學於李侗，稱長樂人，而《朱子文集》卷八十四〈跋劉司理行實〉亦稱「長樂劉砥及其弟礪」，是砥當爲長樂人。又〈豫章學案〉載「劉世南小從三山林之奇遊」，是朱彝尊《經義考》謂三山人者，或因此而誤。而此書《考亭淵源錄》與《宋元學案》並云「皆未脫稿」，是此書當未完篇。

（三）著　錄

1.《考亭淵源錄》卷十二稱引。

2.《宋元學案》卷六十九稱引。

3.《經義考》卷二百卅四。

三十六、章服　《孟子解》三卷

（一）作　者

章服字德文，其先杭州鹽官人，後徙婺州永康。徽宗崇寧五年生，孝宗乾道九年卒，年六十八（1106～1173）。高宗紹興二年進士，授處州青田主簿，累官兩浙西路提舉常平茶鹽公事，召除尚書吏部員外郎，兼慶王府直講。《龍川集》卷廿六行狀云：「自幼穎悟，讀書不苟，善爲詞賦而窮經旨至廢寢食……因忤上而放罷汀州，在汀七年，杜門觀書，世念泊如也。」按乾道初曾遷郎中，再遷殿中侍御史兼侍講，屢上疏議時政得失，陳亮所云「忤上」當即此時。著有《論語孟子解》、《易解》。參見《龍川文集》卷廿二、廿六。

（二）考　述

章服此書，諸家皆未曾著錄，惟《經義考》有載。然考之《龍川文集》卷廿六行狀所載，則爲二卷，《經義考》載爲三卷，不知何據？然此書今已不見，諸家《目錄》皆不載，並存二說以知其卷數有異。

（三）著　錄

1.《龍川文集》卷廿六稱引載有二卷。

2.《經義考》引爲三卷。

三十七、李彖　《孟子講義》

（一）作　者

李彖字材叔，臨川藍田人。眞宗大中祥符七年生，神宗熙寧九年卒，年六十三（1014～1076）。六、七歲時聞占畢之風而悅之，不俟父兄敦飭而曉夕黽勉，家愈貧而志愈堅。既壯，則以講勸取貲衣食。和而徇禮，信而附義，喜揚人善如恐不足。

於經義無所不悅，而尤用意於詩、易。著有《詩講義》、《易統論》、《孟子講義》。參見《宋元學案補遺別附》卷二、《灌園集》卷十九。

（二）考　述

《經義考》著錄此書未載卷數，當同《宋元學案補遺別附》所引，得自《江西通志》，故無卷數。考宋呂南公撰《灌園集》載李彖著作此書爲十四卷。然此書目錄家皆未載，蓋亡佚已早，《江西通志》編纂之時亦未見此書。

（三）著　錄

1.《宋元學案補遺別附》卷二引《江西通志》。

2.《經義考》卷二百卅五。

三十八、徐珣　《孟子解》

（一）作　者

徐珣字溫甫，號止齋，上饒人。高宗時登進士，授辰州教授，爲刪定編修官，轉池州通判，有美政。不久致仕，三上宰相書，皆道義之言。學者多宗其說，稱止齋先生，著有《語孟易解》。參見《宋元學案補遺別附》卷二。

（二）考　述

《經義考》卷廿五錄有《易解》、卷二百十六錄有《論語解》，卷二百三十五錄有此書，三者皆不詳其卷數，蓋朱彝尊編此當引自《江西通志》，惟三書皆不存，難知其詳。

（三）著　錄

1.《宋元學案補遺別附》卷二引《江西通志》。

2.《經義考》卷二百三十五。

三十九、趙善湘　《孟子解》十四卷

（一）作　者

趙善湘字清臣，號濮園，父不陋從高宗渡江，聞明州多名儒，徙居鄞縣寓焉。寧宗慶元二年舉進士，以近屬轉秉義郎，歷官大宗正丞兼權戶部郎官，直寶文閣、大理少卿、右文殿撰修、集英殿撰修、寶章閣待制、龍圖閣待制、刑部侍郎、兵部尚書。理宗紹定年間李全犯淮東，善湘以討逆復城有功，封天水郡公。淳祐中以觀文殿學士致仕。著有《周易約說》、《周易或問》、《周易補過》、《洪範統論》、《中庸約說》、《大學解》、《論語大意》、《孟子解》、《老子解》、《春秋三傳通議》、《詩詞雜著》等十餘種。參見《宋史》卷四百十三、《宋史新編》卷六十三、《宋元學案補遺》卷六十五、《燭湖集》卷九、《延祐四明志》卷六。

（二）考 述

善湘身為公族，然觀《宋史》所載，是其於群經多所淹通，而於《易》獨多見解。今《四庫全書》存有《洪範統一》（即《洪範統論》）一書，《提要》引其子汝楳言稱：「善湘於易學用力至深。」是善湘長於易學也。又《提要》稱其解「洪範皇極九疇」，並舉朱熹、陸九淵二家之說，謂「分朋講學之時，而超然不預於門戶。」是其為說不專主一家，亦能獨立於眾家之外，別樹一幟。惟此《孟子解》今已不見，《經義考》注云「佚」，求諸較早著錄者亦惟王沂《續文獻通考》而已。此書內容為何，恐亦難知。

（三）著 錄

1.《宋史》本傳引。（〈藝文志〉未著錄）
2. 王沂《續文獻通考》。
3.《經義考》卷二百卅五。

四十、傅子雲 《孟子指義》

（一）作 者

傅子雲，字季魯，號琴山，金溪人。成童，登陸九淵門，陸九淵以其少，使先從鄧約禮。不久，晉弟子之位。九淵歸自京師，子雲亦入太學，道相值，共泛桐江，答問如響應。九淵天山精舍成，學者坐以齒，子雲列末席，九淵令設一席於旁，時命子雲代講，曰「子雲天下英才」，其見重若是。九淵出守荊門，使子雲居精舍，語曰：「書院事俱以相付，其為我善永薪傳」。嘗主甌寧簿，決訟必傅經義，人人服之。又嘗作保社儀，其中言鄭康成註《周禮》，半是諱語、半是莽制，可取者甚少，象山最是其言。著有《易傳》、《論語集傳》、《中庸大學解》、《孟子指義》、《離騷經解》。參見《宋元學案》卷七十七、《宋史翼》卷卅六、《宋元學案補遺》卷七十七。

（二）考 述

子雲學於陸九淵之門，然其學似在師友之間，黃震謂其欲剖判象山及朱晦翁之說，其自任亦果矣。（《宋元學案補遺》卷七十七引）是子雲之學於陸氏一門頗為異出。王沂《續文獻通考》著錄有此書，然不載其卷數，下注云：「學以明善知本為先，言行動中規矩。」而陸門倡「心即理」，多於行動中著手，此子雲之「言行動中規矩」，當學於陸門者也。又九淵為學步驟，先察識而後涵養，純孟子宗風

〔註35〕，子雲既「以明善知本爲先」，是其承自陸門之風！蓋子雲之學親承陸門，而欲於朱、陸間剖判折合，然終歸諸陸門之說而不遠，故後人編《象山文集》有題其名以竄亂者〔註36〕，是可知其得於陸九淵之學矣！

（三）著　錄

1. 王沂《續文獻通考》。
2. 《宋元學案》卷七十七引。
3. 《經義考》卷二百卅五。

四十一、時少章　《孟子大義》

（一）作　者

時少章，字天彝，號所性，金華人。師承呂祖謙，天才絕出，博極群書，談經多出新義，於子史尤精。自負甚高，由鄉貢入太學，年踰五十，登理宗寶祐元年進士，初授麗水縣主簿，改授婺州添差兼麗澤書院山長，未幾，改南康軍教授兼白鹿洞書院山長。逾年，薦史館檢閱。年近六十，爲忌嫉者沮格，改授保寧節度掌書記，既而子女皆喪，落落不偶，感激自傷。著有《易詩書論孟大義》、《論孟贅說》，《所性集》。參見《宋元學案》卷七十三、《宋史翼》卷廿五、《敬鄉錄》卷十一。

（二）考　述

少章年逾五十始登寶祐元年（1253）進士第，而呂祖謙卒於淳熙八年（1181），即以少章寶祐元年爲六十歲，其生年距呂祖議之卒年，尤差十一年，是少章未及見呂祖謙，而《宋元學案》卷七十三引〈金華先民傳〉稱「師事呂祖謙」，頗値商榷。然少章之父瀾，師事呂祖謙，嘗增脩呂祖謙《書說》（見《四庫提要》經部書類一呂祖謙《書說》下稱引），而時氏家學多師承呂祖謙，是少章雖未及見呂祖謙，然以家學淵源，亦承傳自呂祖謙。又元吳師道《敬鄉錄》稱《孟子大義》外，又有《孟子贅說》，明王圻《續文獻通考》云：「孟子大義、孟子贅說，俱時少章著。」是《大義》、《贅說》當爲二書，而《經義考》則於《大義》下注云：「一作《贅說》。」不知朱彝尊所據爲何？然書皆已不存，難以詳考。元吳師道題〈所性文鈔〉後曰：「時子之學根極宏深、貫穿幽邃，凡三代而上帝皇聖賢之奧，秦漢而下成敗治亂、英雄才智設施之略，無所不窺，矧知尊考亭之學而敬其徒，議論未嘗少悖，可謂無忝成公之門者矣。」（《吳正傳先生文集》卷十八）是少章能秉呂祖謙「平心易氣，不欲

〔註35〕參見戴君仁〈王陽明與陸象山〉一文，見載於《宋明理學研究論集》。
〔註36〕參見《四庫提要》卷一百七十四集部別集存目一別本《象山文集》。

逞口舌以與諸公爭，大約在陶鑄同類，以漸化其偏」之學（《宋元學案》卷五十一全祖望「許東萊之學」語），而無愧於呂氏之門矣。

（三）著 錄

1. 元吳師道《敬鄉錄》卷十一稱引《孟子大義》、《孟子贅說》。
2. 明王沂《續文獻通考》稱引二書。
3.《宋元學案》卷七十三引〈金華先民傳〉著錄《孟子大義》。
4.《經義考》引《孟子大義》，注云：「一作贅說。」

四十二、黃宙 《孟子解》

（一）作 者

黃宙字由仲，晉江人。孝宗乾道五年進士，居鄉講授，門人多登科。有論孟解、詩文雜著。參見王沂《續文獻通考》、《閩中理學淵源考》卷卅二，《宋元學案補遺別附》卷二。

（二）考 述

此書各家目錄皆未見記錄，惟王沂《續文獻通考》引此，然亦不載卷數，是王沂當亦未見此書，而《經義考》所著錄當亦承續王沂之說，故注云：「佚」。

（三）著 錄

1. 王沂《續文獻通考》引不載卷數。
2.《經義考》卷二百卅五。

四十三、李惟正 《翼孟》

（一）作 者

李惟正，字仲父，邛州蒲江人。高宗紹興廿二年生，寧宗嘉定五年卒，年六十一（1152～1212）。少力學，不懈晨夕，長遊成都府學，受知於李嘉臣、楊輔，李親授《尚書》，楊亦相與下上其議論，月書季考，率在顏行。孝宗淳熙七年以後，凡四冠鄉舉士之爲科舉者，皆想聞風采，負笈從之遊。光宗紹熙四年進士，時年四十一，猶以讀書未廣。調漢州戶掾，歷仁壽、新津縣令，終簽書劍南西川節度判官。嘗著書翼論孟，《翼孟》猶未成書，乃退而竟其說，內外勞勩，遂得疾以卒，參見《鶴山先生全集》卷七十二。

（二）考 述

《鶴山大全文集》卷七十二，魏了翁誌其墓，文中未云此書卷數，《經義考》引此亦未著錄卷數，其餘諸家書目皆未見錄，是此書宋時當已亡佚，而魏了翁誌墓文之時，則是書或未完篇，亦未可知。然自唐劉軻以《翼孟》名書，欲以羽翼孟子，並尊孔孟，宋亦有陸筠篤志孟子，著《翼孟音解》，此書之名爲《翼孟》，其旨當亦如此，魏了翁稱「著書翼論孟，至是《翼孟》猶未成書」是其所翼者非僅於《孟子》而已，而《翼孟》今亦不見，難知其書之大概，是亦可惜！

（三）著　錄

1.《鶴山先生大全文集》卷七十二李惟正〈墓誌銘〉引。

2.《經義考》卷二百卅五。

四十四、譙仲午　《孟子旨義》

（一）作　者

譙仲午，字仲甫，臨邛人。孝宗乾道三年生，理宗寶慶元年卒，年五十九（1167～1225）。寧宗嘉定四年進士，爲隆州教授，仲午以廉致裕，士心歸重焉。魏了翁居相鄰，學相友，寄書責隆州守曰「有賢寮而不舉何也」，守謝曰「非敢遺之，先生不欲也」。五十七歲即致仕，其高致如此。仲午少不好弄，惟文籍圖書是好，其父築室儲書，仲午從師至休沐，必補葺斷爛、校讎脫誤，忘其日旰。幼志已卓卓不凡，少長，與兄肄業舉子業，學校程試，嘆曰科舉之學殆不過此，乃沉潛經史百氏。著有《孟子旨義》、《漢書補注》、《三國名臣諸論》、《說齋集》。參見《宋元學案》卷八十，《鶴山大全集》卷七十六。

（二）考　述

《鶴山大全集》卷七十六〈墓誌銘〉云：「仲甫嘗抵余書，論今士習之敝，不本之踐履，不求之經史，徒剿取伊洛間方言，以用之科舉之文，問之，則曰先儒語錄也，《語錄》一時門弟子所傳鈔，非文也，徒欲以乘有司之闇而給取之爾。且陸氏之學尤爲乖僻，宜速止之。……里中俊秀從之遊，率勉以篤學實踐，毋徒竊先人語以文淺陋。」是仲午乃棄絕陸氏心性之學者，而其教學弟子，勉以篤學實踐，則頗近於朱熹一門，然不徒以《語錄》爲旨，恐其淪爲學校程試之用，故乃沉潛經史百氏。今此書宋元明書目皆未著錄，而魏了翁亦稱「藏於家」，則當時已不易見！

（三）著　錄

1.《鶴山大全集》卷七十六〈墓誌銘〉引。

2.《宋元學案》卷八十引。

3.《經義考》卷二百三十五。

主要參考書目

甲、經　部

1.《孟子注疏》，漢・趙岐注、題宋孫奭疏，藝文印書館。
2.《孟子音義》，宋・孫奭撰，通志堂經解本。
3.《孟子解》，宋・蘇轍撰，商務影印《四庫全書》本。
4.《孟子傳》，宋・張九成撰，商務影印《四庫全書》本。
5.《尊孟辨、續辨、別錄》，宋・余允文撰，商務影印《四庫全書》本。
6.《四書章句集註》，宋・朱熹撰，商務影印《四庫全書》本。
7.《四書或問》，宋・朱熹撰，商務影印《四庫全書》本。
8.《論孟精義》，宋・朱熹撰，商務影印《四庫全書》本。
9.《孟子要略》，宋・朱熹撰，清・劉傳瑩輯，文海出版社。
10.《癸巳孟子說》，宋・張栻撰，商務影印《四庫全書》本。
11.《孟子集疏》，宋・蔡模撰，商務影印《四庫全書》本。
12.《四書纂疏》，宋・趙順孫撰，通志堂經解本。
13.《孟子集註考證》，元・金履祥撰，商務影印《四庫全書》本。
14.《四書通》，元・胡柄文撰，通志堂經解本。
15.《四書管窺》，元・史伯璿撰，商務影印《四庫全書》本。

乙、史　部

1.《宋史》，元・脱脱等編修，鼎文書局本。
2.《宋史新編》，明・柯維騏撰，龍門書店。
3.《東都事略》，宋・王偁撰，文海出版社。
4.《宋史質》，明・王洙撰，大化書局。

5.《崇文總目輯釋》，清・錢東垣輯，廣文影印書目叢編本。
6.《郡齋讀書志》，宋・晁公武撰，廣文影印書目叢編本。
7.《直齋書錄解題》，宋・陳振孫撰，廣文影印書目叢編本。
8.《遂初堂書目》，宋・尤袤撰，廣文影印書目叢編本。
9.《四庫闕書目》，清・徐松輯，成文影印書目叢編本。
10.《中興館閣書目》，清・陳揆、趙士煒輯，成文影印書目叢編本。
11.《文獻通考經籍志》，元・馬端臨撰，新興書局本。
12.《玉海》，宋・王應麟撰，華文書局本。
13.《國史經籍志》，明・焦竑撰，廣文影印書目叢編本。
14.《續文獻通考・經籍考》，明・王沂撰，文海出版社。
15.《經義考》，清・朱彝尊撰，中華書局本。
16.《經義考補正》，清・翁方綱撰，廣文影印書目叢編本。
17.《四庫全書總目》（附辨證），清・紀昀撰，藝文印書館影印本。

丙、子　部

1.《宋元學案》，清・黄宗羲撰、黄百家、全祖望增補，世界書局本。
2.《宋元學案補遺》，清・王梓材、馮雲濠撰，民國張壽鏞校補，世界書局本。
3.《朱子語類》，宋・黎靖德編，正中書局本。
4.《朱子新學案》，民國・錢穆先生，正中書局本。
5.《日知錄》，清・顧炎武撰，明倫書局印本。
6.《東塾讀書記》，清・陳澧撰，商務人人文庫。

丁、集　部

1.《傳家集》，宋・司馬光撰，《四部叢刊》本。
2.《盱江集》，宋・李覯撰，《四部叢刊》本。
3.《節孝集》，宋・徐積撰，文海出版社。
4.《臨川集》，宋・王安石撰，《四部叢刊》本。
5.《廣陵集》，宋・王令撰，四庫珍本。
6.《景迂生集》，宋・晁説之撰，《四部叢刊》本。
7.《游廌山集》，宋・游酢撰，四庫珍本。
8.《龜山集》，宋・楊時撰，四庫珍本。
9.《北山小集》，宋・程俱撰，四庫珍本。
10.《豫章文集》，宋・羅從彥撰，四部叢編本。

11.《和靖集》，宋・尹焞撰，四庫珍本。
12.《拙齋文集》，宋・林之奇撰，《四部叢刊》本。
13.《止齋文集》，宋・陳傅良撰，《四部叢刊》本。
14.《南軒集》，宋・張栻撰，四庫珍本。
15.《勉齋集》，宋・黃幹撰，《四部叢刊》本。

戊、其　他

1.《朱子四書集註典據考》，日大槻信良撰，學生書局。
2.《朱子門人》，民國・陳榮捷撰，學生書局。
3.《孔子與論語》，民國・錢穆撰，聯經出版社。
4.《論四書章句集註定本》，黃彰健撰，史語所集刊第廿八集。
5.《孟子趙注與朱注之比較研究》，顧健民撰，政大中文碩士論文。
6.《孟子著述及孟學顯晦考》，李旭光撰，臺大中文研究所論文。
7.《四書學考》，傅武光撰，師大國研所集刊第十八集。
8.《孟子的注本》，于大成撰，孔孟月刊十七卷十期。
9.《孟子注疏解經十四卷》，吳哲夫撰，故宮圖書季刊第三卷三期。